LES RUINES,

OU

MÉDITATION SUR LES RÉVOLUTIONS

DES EMPIRES.

PAR C. F. VOLNEY,

COMTE ET PAIR DE FRANCE, MEMBRE DE L'ACADÉMIE FRANÇAISE, HONORAIRE DE LA SOCIÉTÉ ASIATIQUE SÉANTE A CALCUTA.

PARIS,
PARMANTIER, LIBRAIRE, RUE DAUPHINE.
FROMENT, LIBRAIRE, QUAI DES AUGUSTINS.

M DCCC XXVI.

OEUVRES
DE C. F. VOLNEY.

DEUXIÈME ÉDITION COMPLÈTE.

TOME I.

IMPRIMERIE DE FIRMIN DIDOT,
RUE JACOB, N° 24.

NOTICE

SUR LA VIE ET LES ÉCRITS

DE

C.-F. VOLNEY.

> Le sage ramène tout au tribunal de la raison, jusqu'à la raison elle-même.
> KANT.

ON a cherché à établir comme un axiome que la vie d'un homme de lettres était tout entière dans ses écrits.

Il me semble au contraire que la biographie des écrivains doit être l'histoire raisonnée de leurs diverses sensations et de la contradiction de leur conduite avec leurs principes avoués. Si l'on excepte les Éloges des savants par Fontenelle, d'Alembert et Cuvier, presque toutes les notices de ce genre sont moins une analyse du génie et du caractère des hommes célèbres, qu'une liste exacte de leurs ouvrages; cependant, par l'influence même que ces productions ont eue sur leur siècle, les détails sur la vie privée de leurs auteurs rentrent dans le domaine de l'histoire; et l'histoire doit être moins la connaissance des faits, qu'une étude approfondie du cœur de l'homme. Les actions des héros qu'on se plaît à mettre sous nos yeux ne sont-elles pas moins propres à atteindre ce but, que l'exemple des vices ou des vertus dans les hommes qui ont prétendu enseigner la sagesse? Dans les premiers, une action d'éclat n'est souvent que l'élan d'un esprit exalté, que l'exécution rapide d'un dessein extraordinaire et spontané; dans les seconds, tout est le fruit d'une méditation soutenue : la vertu marque le but, la persévérance y conduit.

Pourquoi donc s'être plutôt attaché à nous conserver le souvenir de toutes les sanglantes catastrophes qu'à nous présenter une analyse sévère des mœurs et des sentiments des hommes remarquables? C'est que l'homme aime les images fortes et animées; c'est qu'on peut l'émouvoir plus par la profonde terreur des tableaux sanglants de l'histoire, que par les douces images des vertus privées.

L'étude de la vie des savants est digne de toute notre attention. Il est à la fois curieux et instructif d'examiner comment ont supporté les malheurs de la vie, ceux qui ont enseigné les préceptes d'une philosophie impassible. Leur histoire est un tissu de contradictions singulières. Le citoyen de

Genève, qui consacre ses veilles au bonheur des enfants, abandonne froidement les siens; ennemi déclaré des préjugés, il n'ose les braver; ce *cœur sensible* est sourd aux cris de la nature, et cet *esprit fort* est sans cesse tourmenté par les fantômes bizarres de son imagination fiévreuse. Le plus grand génie de son siècle, Voltaire, qui porte des coups si audacieux au despotisme, sollicite et reçoit la clef de chambellan des mains de Frédéric. Newton, qui voue sa vie à la recherche de la vérité, commente l'Apocalypse. Le chancelier Bacon, le premier philosophe de l'Angleterre, fait un traité sur la Justice, et la vend au plus offrant. On pourrait multiplier les citations; ce ne seraient que de nouvelles preuves de l'imperfection de la nature de l'homme.

Cependant il est des savants qui, joignant l'exemple au précepte, n'ont jamais dévié des principes qu'ils ont enseignés. L'auteur des Ruines est de ce nombre; il nous est doux d'avoir à tracer la vie du philosophe éclairé, du législateur sage, et surtout de l'homme austère dont toute l'ambition fut d'être utile, et qui ne voulut composer son bonheur que de l'idée d'avoir hâté celui des hommes (1).

---

(1) Quelques jours avant de mourir, M. de Volney avait commencé l'histoire de sa vie; tout ce qui est marqué par des guillemets, est copié sur des notes écrites au crayon, et qui furent trouvées parmi ses papiers.

« Les registres publics (1) constatent que M. de
« Volney est né le 3 février 1757 à Craon, petite
« ville du département de la Mayenne. Il reçut les
« prénoms de *Constantin-François*. Son père dé-
« clara dès ce moment qu'il ne lui laisserait point
« porter son nom de famille(2), d'abord parce que
« ce nom ridicule lui avait attiré mille désagré-
« ments dans sa jeunesse, et qu'ensuite, il était
« commun à dix mâles collatéraux dont il ne vou-
« lait point qu'on le rendît solidaire sous ce rap-
« port. Il l'appela *Boisgirais*, et c'est sous ce nom
« que le jeune Constantin-François a été connu
« dans les colléges.

« Son père, *Jacques-René Chassebœuf*, devenu
« veuf deux années après la naissance de son fils,
« le laissa aux mains d'une servante de campagne
« et d'une vieille parente, pour se livrer avec plus
« de liberté à la profession d'avocat au tribunal
« de Craon, d'où sa réputation s'étendit dans toute
« la province.

« Pendant ses absences très-fréquentes, l'en-
« fant reçut les impressions de ses deux gouver-
« nantes, dont l'une le gâtait, l'autre le grondait
« sans cesse, et toutes deux farcissaient son esprit
« de préjugés de toute espèce et surtout de la
« terreur des revenants : l'enfant en resta frappé

---

(1) La Chambre des Pairs, l'Académie.
(2) Chassebœuf.

« au point qu'à l'âge de onze ans il n'osait rester
« seul la nuit. Sa santé se montra dès-lors ce qu'elle
« fut toujours, faible et délicate.

« Il n'avait encore que sept ans, lorsque son
« père le mit à un petit collége tenu à Ancenis
« par un prêtre bas-breton, qui passait pour faire
« de bons latinistes. Jeté là, faible, sans appui,
« privé tout à coup de beaucoup de soins, l'en-
« fant devint chagrin et sauvage. On le châtia ; il
« devint plus farouche, ne travailla point, et resta
« le dernier de sa classe. Six ou huit mois se pas-
« sèrent ainsi ; enfin un de ses maîtres en eut pitié,
« le caressa, le consola ; ce fut une métamorphose
« en quinze jours : Boisgirais s'appliqua si bien,
« qu'il se rapprocha bientôt des premières places,
« qu'il ne quitta plus..... »

Le régime de ce collége était fort mauvais, et la santé des enfants y était à peine soignée ; le directeur était un homme brutal, qui ne parlait qu'en grondant et ne grondait qu'en frappant. Constantin souffrait d'autant plus, qu'il pouvait à peine se plaindre. Jamais son père ne venait le voir, jamais il n'avait paru avoir pour son fils cette sollicitude paternelle qui veille sur son enfant, lors même qu'elle est forcée de le confier à des soins étrangers. Doué d'une ame sensible et aimante, Constantin ne pouvait s'empêcher de remarquer que ses camarades n'avaient pas à déplorer la même indifférence de la part de leurs parents. Les réflexions continuelles qu'il faisait à ce sujet, et les mauvais traitements qu'il éprouvait, le plongeaient dans une mélancolie qui devint habituelle, et qui contribua peut-être à diriger son esprit vers la méditation. Cependant son oncle maternel venait quelquefois le voir. Aussi affligé de l'abandon dans lequel on laissait cet enfant que surpris de sa résignation et de sa douceur, il détermina M. Chassebœuf à retirer son fils de ce collége pour le mettre à celui d'Angers.

Constantin avait alors douze ans; il sentait sa supériorité sur tous ceux de son âge, et loin de s'en prévaloir et de se ralentir, il ne s'adonna au travail qu'avec plus d'ardeur. Il parcourut toutes ses classes d'une manière assez brillante pour qu'on en gardât long-temps le souvenir dans ce collége.

Au bout de cinq années, le jeune Constantin ayant fini ses études, brûlait du désir de se lancer dans le monde. Son père le fit revenir d'Angers, et ses occupations ne lui permettant pas sans doute de s'occuper de son fils, il se hâta de le faire émanciper, de lui rendre compte du bien de sa mère, et de l'abandonner à lui-même.

A peine âgé de dix-sept ans, Constantin se trouva donc maître absolu de ses actions et de onze cents livres de rente. Cette fortune n'était pas suffisante, il fallait prendre une profession; mais, naturellement réfléchi, et voulant tout voir par lui-même avant de se fixer, Constantin se rendit à Paris.

Ce fut un théâtre séduisant et nouveau pour le jeune homme, que cette ville immense où il se trouvait pour la première fois; mais au lieu de se laisser entraîner par le tourbillon, Constantin s'adonnait à l'étude : il passait presque tout son temps dans les bibliothèques publiques; il lisait avec avidité tous les auteurs anciens, il se livrait surtout à une étude approfondie de l'histoire et de la philosophie.

Cependant son père le pressait de prendre une profession, et paraissait désirer qu'il se fît avocat; mais Constantin avait un éloignement marqué pour le barreau, comme s'il avait pressenti que cette profession, quoique très-honorable, était au-dessous de son génie créateur. Il lui répugnait de se charger la mémoire de choses inutiles et qui ne lui paraissaient que des redites continuelles; l'étude des lois n'était en effet à cette époque qu'un immense dédale, qu'un mélange bizarre de lois féodales, de coutumes, et d'arrêts rendus par les parlements. La médecine, plus positive, et qui tend par une suite d'expériences au bonheur de l'homme, convint davantage à son esprit observateur. Il se plaisait à interroger la nature, à tâcher de pénétrer la profondeur de ses secrets, et de découvrir quelques rapports entre le moral et le physique de l'homme. Mais ce n'était pas vers ce seul but que se dirigeaient ses études; il continuait toujours ses recherches savantes, ses lectures instructives; et passant ainsi dans le travail un temps que tous les jeunes gens de son âge perdaient dans les plaisirs, il acquit un fonds immense de connaissances en tout genre.

Il suivit ses cours pendant trois années; ce fut dans cet intervalle qu'il composa un Mémoire sur la Chronologie d'Hérodote, qu'il adressa à l'Académie. Le professeur Larcher, avec lequel Constantin se trouvait en opposition, censura ce petit ouvrage avec amertume; notre jeune savant soutint son opinion avec chaleur, et prouva dans la suite qu'il avait raison quant au fond de la question. Quelques fautes légères s'étaient, il est vrai, glissées dans son ouvrage; mais plus tard, instruit par de longues études, il eut le rare mérite de se redresser lui-même dans ses *Recherches nouvelles sur l'Histoire ancienne*: quoi qu'il en soit, ce Mémoire fit quelque sensation, et mit son auteur en rapport avec ce qu'il y avait alors de plus célèbre à Paris.

Le baron d'Holbach surtout le devina, le prit en amitié, et lui fit faire la connaissance de Franklin. Celui-ci le présenta à madame Helvétius, qui l'invitait souvent à sa maison de Passy, où se réunissaient alors nombre de gens de lettres et de savants distingués. Nul doute que la société de tous ces hommes célèbres, que Constantin fréquentait souvent, n'ait beaucoup contribué à développer les brillantes dispositions dont il était doué. Il se dégoûta de plus en plus de toute espèce de profession : il aspirait, presque à son insu, à quelque chose de plus élevé.

Jeune encore, il avait déja vieilli dans la méditation, et son génie n'attendait que d'être livré à lui-même pour se développer et prendre un essor rapide. L'occasion ne tarda pas à se présenter; une modique succession lui échut : (1) il résolut d'en employer l'argent à entreprendre un long voyage. Comme tous les grands hommes, il dédaigna les routes frayées, et choisit la plus inconnue et la plus périlleuse : il projeta de parcourir l'Égypte et la Syrie.

De tous les pays c'étaient les moins connus; après d'immenses recherches et de graves réflexions, Constantin résolut d'entreprendre de parvenir où tant d'autres avaient échoué. Pour se préparer à ce périlleux voyage, il quitta Paris, et se rendit chez son oncle.

Il ne se dissimulait ni les dangers ni les fatigues qui l'attendaient, mais aussi entrevoyait-il la gloire qu'il devait y acquérir. Il mesura d'abord l'étendue de la carrière, pour calculer, puis acquérir les forces qu'il lui fallait pour la parcourir.

Il s'exerçait à la course, entreprenait de faire

---

(1) A peu près 6,000 fr.

à pied des voyages de plusieurs jours ; il s'habituait à rester des journées entières sans prendre de nourriture, à franchir de larges fossés, à escalader des murailles élevées, à régulariser son pas afin de pouvoir mesurer exactement un espace par le temps qu'il mettait à le parcourir. Tantôt il dormait en plein air, tantôt il s'élançait sur un cheval et le montait sans bride ni selle, à la manière des Arabes; se livrant ainsi à mille exercices pénibles et périlleux, mais propres à endurcir son corps à la fatigue. On ne savait à quoi attribuer son air farouche et sauvage; on taxait d'extravagance cette conduite extraordinaire, attribuant ainsi à la folie ce qui n'était que la fermentation du génie.

Après une année de ces épreuves diverses, il résolut de mettre son grand dessein à exécution. De peur de n'être pas approuvé, il crut devoir le cacher à son père, mais il se hâta d'en faire part à son oncle. A peine lui eut-il communiqué qu'il ne s'agissait rien moins que de visiter des pays presque inconnus aux habitants de l'Europe, et dont les langages sont si différents des nôtres, qu'effrayé de la hardiesse de ce projet qu'il croyait impraticable, son digne ami ne négligea aucun moyen de l'en dissuader, mais en vain : Constantin fut inébranlable. « Ce qui distingue particulièrement un homme de génie, a dit un écrivain,(1)

---

(1) Suard, *Vie du Tasse.*

« c'est cette impulsion secrète qui l'entraîne comme
« malgré lui vers les objets d'étude et d'applica-
« tion les plus propres à exercer l'activité de son
« ame et l'énergie de ses facultés intellectuelles.
« C'est une espèce d'instinct qu'aucune force ne
« peut dompter, et qui s'exalte au contraire par
« les obstacles qui s'opposent à son développe-
« ment. »

Aussi Constantin, loin de se rebuter, n'en était-il que plus impatient d'entreprendre son voyage; il voyait déja en idée des pays nouveaux; déja son imagination ardente franchissait l'espace, devançait le temps, et planait sur ces déserts où il devait jeter les premiers fondements de sa gloire.

Cependant il désirait depuis long-temps de changer de nom; celui que son père lui avait donné lui déplaisait; il résolut d'en prendre un autre. Il faut croire qu'il avait pour cela de fortes raisons; car son oncle l'approuva, s'occupa quelque temps de lui en chercher un convenable, et lui proposa enfin celui de *Volney*. Constantin le prit; et ce fut pour l'immortaliser.

Le jour fixé pour le départ étant arrivé, le jeune voyageur prit congé de ses amis, et s'arracha des bras de son oncle et de sa famille.

Un havre-sac contenant un peu de linge, et qu'il portait à la manière des soldats; une ceinture de cuir contenant six mille francs en or, un fusil sur l'épaule; tel était l'équipage de Volney. A peine fut-il à quelque distance d'Angers et au moment de le perdre de vue, qu'il s'arrêta malgré lui : ses regards se fixèrent sur la ville, ses yeux ne pouvaient s'en détacher; il abandonnait ce qu'il avait de plus cher, et peut-être pour toujours. Ses larmes coulaient en abondance, il sentit chanceler son courage; mais bientôt, rappelant toute son énergie, il se hâta de s'éloigner.

Il arriva bientôt à Marseille, où il s'embarqua sur un navire qui se trouvait prêt à mettre à la voile pour l'Orient.

A peine débarqué en Égypte, Volney se rendit au Caire, où il passa quelques mois à observer les mœurs et les coutumes d'un peuple si nouveau pour lui, mais sans perdre de vue toute l'étendue de la carrière qu'il voulait parcourir.

En méditant cette grande entreprise, l'intrépide voyageur avait non-seulement pour but de s'instruire, mais encore de faire cesser l'ignorance de l'Europe sur des contrées qui en sont si voisines, et cependant aussi inconnues que si elles en étaient séparées par de vastes mers ou d'immenses espaces. Il importait donc qu'il pût tout voir et tout entendre, il fallait pénétrer dans l'intérieur des divers états, et il lui était impossible de le faire avec sûreté sans parler la langue arabe, aussi commune à tous les peuples de l'Orient qu'elle est inconnue parmi nous. Pour surmonter ce nouvel obstacle, le jeune voyageur eut le courage d'aller s'enfermer huit mois chez les Druses, dans un couvent arabe situé au milieu des montagnes du Liban.

Là, il se livra à l'étude avec son ardeur ordinaire. Il eut d'autant plus de difficultés à vaincre qu'il était privé du secours des grammaires et des dictionnaires ; il lui fallait, pour ainsi dire, être son propre maître et se créer une méthode ; il sentit la nécessité et conçut le projet de faciliter un jour aux Européens l'étude des langues orientales.

Il employait ses moments de loisir à converser avec les moines, à s'informer des mœurs des Arabes, des variations du climat et des diverses formes de gouvernement sous lesquelles gémissent les malheureux habitants de ces contrées dévastées. Là, comme en Europe, il ne vit que despotisme, que dilapidation des deniers du peuple ; là, comme en Europe, il vit un petit nombre d'êtres privilégiés s'arroger insolemment le fruit des sueurs du plus grand nombre, et, comptant sur les armes de leurs soldats, n'opposer aux clameurs du peuple que la violence et l'abus de leur force. Ces tristes observations augmentaient sa mélancolie habituelle : trop profond pour ne pas soulever le voile de l'avenir, il ne prévoyait que trop les malheurs qui devaient accabler une patrie qui lui était si chère, et dont il ne s'était éloigné que pour bien mériter d'elle.

Ce ne fut qu'après qu'il put converser en arabe avec facilité, qu'il prit réellement son essor : il fit ses adieux aux moines qui l'avaient accueilli, et, après s'être muni de lettres de recommandation pour différents chefs de tribu, il commença son voyage.

Il prit un guide qui le conduisit dans le désert auprès d'un chef auquel il était particulièrement adressé. Aussitôt qu'il fut arrivé près de lui, Volney présenta une paire de pistolets à son fils, qui accepta ce présent avec reconnaissance. Dès que le chef eut lu la lettre que Volney lui avait remise, il lui serra les mains en lui disant : « Sois le bien « venu ; tu peux rester avec nous le temps qu'il « te plaira. Renvoie ton guide, nous t'en servi- « rons : regarde cette tente comme la tienne, mon « fils comme ton frère, et tout ce qui est ici « comme étant à ton usage. » Volney n'hésita pas à se fier à l'homme qui s'exprimait avec tant de franchise : il eut tout lieu de voir combien les Arabes étaient fidèles à observer religieusement les lois de l'hospitalité, et combien ces hommes que nous nommons des barbares nous sont supérieurs à cet égard. Il resta six semaines au milieu de cette famille errante, partageant leurs exercices et se conformant en tout à leur manière de vivre.

Un jour le chef lui demanda si sa nation était loin du désert, et lorsque Volney eut tâché de lui donner une idée de la distance : « Mais pourquoi es-tu venu ici ? lui dit-il. — Pour voir la terre et admirer les œuvres de Dieu. — Ton pays est-il beau? — Très-beau. — Mais y a-t-il de l'eau dans ton pays? — Abondamment; tu en rencontrerais plusieurs fois dans une journée. — Il y a tant d'eau, et TU LE QUITTES ! »

Lorsqu'ensuite Volney leur parlait de la France, ils l'interrompaient souvent pour témoigner leur surprise de ce qu'il avait quitté un pays où il trouvait tout en abondance, pour venir visiter une contrée aride et brûlante. Notre voyageur eût désiré passer quelques mois parmi ces bons Arabes ; mais il lui était impossible de se contenter comme eux de trois ou quatre dattes et d'une poignée de riz par jour : il avait tellement à souffrir de la faim et de la soif qu'il se sentait souvent défaillir. Il prit congé de ses hôtes, et reçut à son départ des marques de leur amitié. Le père et le fils le reconduisirent à une grande distance, et ne le quittèrent qu'après l'avoir prié plusieurs fois de venir les revoir.

Allant de ville en ville, de tribu en tribu, demandant franchement une hospitalité qu'on ne lui refusait jamais, Volney parcourut toute l'Égypte et la Syrie. Il salua ces pyramides colossales, ces majestueuses ruines de Palmyre disséminées comme autant de rochers dans ces mers de sables, et comme les seules traces des nations puissantes qui peuplaient jadis ces plaines immenses, aujourd'hui si arides.

Observateur impartial et sage, il ne portait jamais de jugements d'après les opinions d'autrui; il voulait voir par lui-même, et il voyait toujours juste, parce que, sans passions et sans préjugés, il ne désirait et ne cherchait que la vérité.

Il employa trois années à faire ce grand voyage, ce qui paraît un prodige lorsqu'on vient à songer à la modique somme qu'il avait pour l'entreprendre. Il ne l'y dépensa pas tout entière, car à son retour il possédait encore vingt-cinq louis. Quelle sagesse ne lui a-t-il pas fallu pour vivre et voyager trois années entières dans un pays ravagé, où tout se paie au poids de l'or! Mais c'est que Volney fréquentait peu la société des villes; il était presque continuellement en voyage, et il voyageait avec la simplicité d'un philosophe et l'austérité d'un Arabe. Toujours à la recherche de la vérité, il avait renoncé à la trouver parmi les hommes; il suivait avec avidité les traces des temps anciens pour découvrir le sort des générations présentes. Occupé de hautes pensées, il aimait à errer au milieu des ruines, il semblait se complaire au milieu des tombeaux. Là il s'abandonnait à des rêveries profondes. Assis sur les monuments presque en poussière des grandeurs passées, il méditait sur la fragilité des grandeurs présentes; il s'accoutumait à suivre les progrès de la destruction générale, à mesurer d'un œil tranquille cet horrible abîme où vont s'engouffrer les empires et les générations, où vont s'évanouir les chimères des hommes. C'est là qu'il apprit à mépriser ce qu'il appelait les *niaiseries humaines*, qu'il puisa ces vérités sublimes qui brillent dans ses nombreux écrits, et cette rigidité de principes qui dirigea toujours ses actions.

Après un voyage de trois années, il revint en Europe, et signala son retour par la publication de son *Voyage en Égypte et en Syrie*. Jamais livre n'obtint un succès plus rapide, plus brillant et moins contesté. Il valut à son jeune auteur l'estime des gens instruits, l'admiration de ses concitoyens et une célébrité européenne : il en reçut des marques flatteuses.

Le baron de Grimm ayant présenté un exemplaire du Voyage en Égypte à Catherine II, eut l'obligeante attention de le faire au nom de Volney. L'impératrice fit offrir à l'auteur une très-belle médaille en or; mais lorsque, quelques années après, Catherine eut pris parti contre la France, Volney se hâta d'écrire à Grimm la lettre suivante en lui renvoyant la médaille :

Paris, 4 décembre 1791.

« Monsieur,

« La protection déclarée que S. M. l'impératrice des Russies accorde à des Français révoltés, les secours pécuniaires dont elle favorise les ennemis de ma patrie, ne me permettent plus de garder en mes mains le monument de générosité qu'elle y a déposé. Vous sentez que je parle de la médaille d'or qu'au mois de janvier 1788 vous m'adressâtes de la part de S. M. Tant que j'ai pu voir dans ce don un témoignage d'estime et d'approbation des principes politiques que j'ai manifestés, je lui ai porté le respect qu'on doit à un noble emploi de la puissance ; mais aujourd'hui que je partage cet or avec des hommes pervers et dénaturés, de quel œil pourrai-je l'envisager ? Comment souffrirai-je que mon nom se trouve inscrit sur le même registre que ceux des déprédateurs de la France ? Sans doute l'impératrice est trompée, sans doute la souveraine qui nous a donné l'exemple de consulter les philosophes pour dresser un code de lois, qui a reconnu pour base de ces lois l'*égalité* et la *liberté*, qui a affranchi ses propres serfs, et qui, ne pouvant briser les liens de ceux de ses boyards, les a du moins relâchés; sans doute Catherine II n'a point entendu épouser la querelle des champions iniques et absurdes de la barbarie superstitieuse et tyrannique des siècles passés; sans doute, enfin, sa religion séduite n'a besoin que d'un rayon pour s'éclairer ; mais en attendant, un grand scandale de contradiction existe, et les esprits droits et justes ne peuvent consentir à le partager : veuillez donc, monsieur, rendre à l'impératrice un bienfait dont je ne puis plus m'honorer; veuillez lui dire que si je l'obtins de son estime, je le lui rends pour la conserver; que les nouvelles lois de mon pays qu'elle persécute ne me permettent d'être ni ingrat ni lâche, et qu'après tant de vœux pour une gloire utile à l'humanité, il m'est douloureux de n'avoir que des illusions à regretter.

« C.-F. VOLNEY. »

Le succès brillant qu'obtint le *Voyage en Égypte et en Syrie*, ne fut pas de ces succès éphémères qui ne sont dus qu'aux circonstances ou à la faveur du moment. Parmi les nombreux témoignages qui vinrent attester l'exactitude des récits et la justesse des observations, le plus remarquable sans doute est celui que rendit le général Berthier dans la *Relation de la campagne d'Égypte* : « Les « aperçus politiques sur les ressources de l'Égypte, « dit-il, la description de ses monuments, l'his- « toire des mœurs et des usages des diverses na- « tions qui l'habitent, ont été traités par le citoyen « Volney avec une vérité et une profondeur qui « n'ont rien laissé à ajouter aux observateurs qui « sont venus après lui. Son ouvrage était le guide « des Français en Égypte; c'est le seul qui ne les « ait jamais trompés. »

Quelques mois après la publication de son voyage, Volney fut nommé pour remplir les

b.

fonctions difficiles et importantes de directeur général de l'agriculture et du commerce en Corse ; il se disposait à se rendre dans cette île, lorsqu'un événement inattendu vint y mettre obstacle.

La France, fatiguée d'un joug imposé par de mauvaises institutions, venait de le briser. Le cri de liberté avait fait tressaillir tous les cœurs français, et fait trembler tous les trônes. De toutes parts les lumières se réunissaient en un seul faisceau pour dissiper les ténèbres de l'ignorance. Le peuple venait de nommer ses mandataires, et Volney fut appelé à siéger parmi les législateurs de la patrie.

Sur une observation que fit Goupil de Préfeln, il s'empressa de donner sa démission de la place qu'il tenait du gouvernement, ne regardant pas, disait-il, un emploi salarié comme compatible avec l'indépendante dignité de mandataire du peuple.

Il prit part à toutes les délibérations importantes, et, fidèle à son mandat, il se montra toujours un des plus fermes soutiens des libertés publiques.

Malouet ayant proposé (1) de se réunir en comité secret afin de ne point discuter devant des étrangers : « Des étrangers ! s'écria Volney, en est-il

---

(1) Moniteur du 28 mai 1789.

« parmi nous? L'honneur que vous avez reçu
« d'eux, lorsqu'ils vous ont nommés députés, vous
« fait-il oublier qu'ils sont vos frères et vos con-
« citoyens? N'ont-ils pas le plus grand intérêt à
« avoir les yeux fixés sur vous? Oubliez-vous que
« vous n'êtes que leurs représentants, leurs fon-
« dés de pouvoirs? et prétendez-vous vous sous-
« traire à leurs regards lorsque vous leur devez
« compte de toutes vos démarches et de toutes
« vos pensées?...... Ah! plutôt, que la présence de
« nos concitoyens nous inspire, nous anime! elle
« n'ajoutera rien au courage de l'homme qui aime
« sa patrie et qui veut la servir, mais elle fera
« rougir le perfide et le lâche que le séjour de la
« cour ou la pusillanimité aurait déjà pu corrom-
« pre. »

Il fut un des premiers à provoquer l'organisation des gardes nationales, celles des communes
et des départements, et fut nommé secrétaire dès
la première année.

Il prit part aux nombreux débats qui s'élevèrent lorsqu'on agita la proposition d'accorder au
roi l'exercice du droit de paix et de guerre (1).

« Les nations, dit-il, ne sont pas créées pour
« la gloire des rois, et vous n'avez vu dans les
« trophées que des sanglants fardeaux pour les
« peuples.....

(1.) Moniteur du 20 mai 1790.

« Jusqu'à ce jour l'Europe a présenté un spec-
« tacle affligeant de grandeur apparente et de mi-
« sère réelle : on n'y comptait que des maisons
« de princes et des intérêts de familles ; les na-
« tions n'y avaient qu'une existence accessoire et
« précaire. On possédait un empire comme des
« troupeaux ; pour les menus plaisirs d'une fête,
« on ruinait une contrée ; pour les pactes de
« quelques individus, on privait un pays de ses
« avantages naturels ; la paix du monde dépendait
« d'une pleurésie, d'une chute de cheval ; l'Inde
« et l'Amérique étaient plongées dans les cala-
« mités de la guerre pour la mort d'un enfant, et
« les rois, se disputant son héritage, vidaient leur
« querelle par le duel des nations. »

Il finit par proposer un décret remarquable qui se terminait par ces mots :

« La nation française s'interdit dès ce moment
« d'entreprendre aucune guerre tendante à ac-
« croître son territoire. »

Cette proposition fait honneur au patriotisme éclairé de Volney, et l'assemblée se hâta d'en consacrer le principe dans la loi qui intervint. Ce fut cette même année que, sur la proposition de Mirabeau, on s'occupa de la vente des domaines nationaux ; Volney publia dans le Moniteur quelques réflexions où il pose ces principes :

« La puissance d'un état est en raison de sa po-
« pulation ; la population est en raison de l'abon-

« dance; l'abondance est en raison de l'activité
« de la culture, et celle-ci en raison de l'intérêt
« personnel et direct, c'est-à-dire de l'esprit de
« propriété : d'où il suit que plus le cultivateur
« se rapproche de l'état passif de mercenaire,
« moins il a d'industrie et d'activité ; au contraire,
« plus il est près de la condition de propriétaire
« libre et plénier, plus il développe les forces et
« les produits de la terre et la richesse générale de
« l'État. »

En suivant ce raisonnement si juste et si péremptoire, on arrive naturellement à cette conséquence, qu'un État est d'autant plus puissant qu'il compte un plus grand nombre de propriétaires, c'est-à-dire, une plus grande division de propriétés.

Jamais aucune assemblée législative n'avait offert une plus belle réunion d'orateurs célèbres. Dans les discussions importantes, ils se pressaient en foule à la tribune; tous brûlaient du désir de soutenir la cause de la liberté, mais de cette liberté sage et limitée, premier droit des peuples.

Tout le monde connaît ce mouvement oratoire de Mirabeau dans une discussion relative au clergé :.... *Je vois d'ici la fenêtre d'où la main sacrilège d'un de nos rois*, etc.;..... mais peu de personnes savent à qui ce mouvement oratoire fut emprunté. Vingt députés assiégeaient les degrés de la tribune nationale. « Vous aussi ! dit Mirabeau à Volney qui tenait un discours à la main. — Je ne vous retarderai pas long-temps; — Montrez-moi ce que vous avez à dire.... Cela est beau, sublime;.... mais ce n'est pas avec une voix faible, une physionomie calme, qu'on tire parti de ces choses-là; donnez-les moi. » Mirabeau fondit dans son discours le passage relatif à Charles IX, et en tira un des plus grands effets qu'ait jamais produits l'éloquence.

C'était peu pour le représentant du peuple de se dévouer tout entier aux intérêts de son pays, il sacrifiait encore ses veilles à l'instruction de ses concitoyens.

Amant passionné de la liberté, ennemi déclaré de tout pouvoir absolu, Volney reconnut qu'il n'y avait que la raison qui pût terrasser le despotisme militaire et religieux. Dans le cours de ses longs voyages, il avait toujours vu la tyrannie croître en raison directe de l'ignorance. Il avait parcouru ces brûlantes contrées, asile des premiers chrétiens, et maintenant patrie des enfants de Mahomet. Il avait suivi avec terreur les traces profondes des maux enfantés par un fanatisme aveugle; il avait vu les peuples d'autant plus ignorants qu'ils étaient plus religieux, d'autant plus esclaves et victimes de préjugés absurdes qu'ils étaient plus attachés à la foi mensongère de leurs aïeux. Il avait vu les hommes plus ou moins plongés dans d'épaisses ténèbres; il conçut le hardi projet de les éclairer du flambeau de la saine philosophie. C'était s'imposer la tâche de saper jusque dans sa base le monstrueux édifice des préjugés et des superstitions ; il fallait pulvériser les traditions absurdes, les prophéties mensongères, réfuter toutes les saintes fables, et parler enfin aux hommes le langage de la raison. Il médita long-temps ce sujet important, et publia (1) le fruit de ses réflexions sous le titre de *Ruines*, ou *Méditation sur les révolutions des empires*.

Dans ce bel ouvrage (2) « il nous ramène à l'état
« primitif de l'homme, à sa condition nécessaire
« dans l'ordre général de l'univers ; il recherche
« l'origine des sociétés civiles et les causes de leurs
« formations, remonte jusqu'aux principes de l'é-
« lévation des peuples et de leur abaissement, dé-
« veloppe les obstacles qui peuvent s'opposer à
« l'amélioration de l'homme. » En philosophe habile, en profond connaisseur du cœur humain, il ne se borne pas à émettre des préceptes arides; il sait captiver l'attention et s'attacher à rendre attrayante l'austère vérité ; il anime ses tableaux. Tout-à-coup il dévoile à nos regards une immense carrière, il représente à nos yeux étonnés une assemblée générale de tous les peuples. Toutes les passions, toutes les sectes religieuses sont en

---

(1) En 1791.
(2) Pastoret, Discours de réception à l'Académie.

présence; c'est un combat terrible de la vérité contre l'erreur. Il dépouille d'une main hardie le fanatisme de son masque hypocrite, il brise les fers honteux forgés par des hommes sacriléges; il les montre toujours guidés par un vil intérêt, établissant leurs jouissances égoïstes sur le malheur des humains, et s'appliquant exclusivement à les maintenir dans une ignorance profonde. Il leur fait apparaître la liberté comme une déesse vengeresse; et comme la tête de Méduse, son nom seul frappe d'effroi tous les oppresseurs, et réveille l'espoir dans le cœur des opprimés. Le premier élan des peuples éclairés est pour la vengeance; mais le sage législateur calme leur fureur, réprime leur impétuosité, en leur apprenant que la *liberté* n'existe que par la *justice*, ne s'obtient que par la *soumission aux lois*, et ne se conserve que par l'*observation de ses devoirs*.

Dès 1790, il avait pressenti les conséquences terribles qu'auraient sur nos colonies les principes, et surtout la conduite de quelques soi-disant amis des noirs. Il conçut que ce pourrait être une entreprise d'un grand avantage public et privé, d'établir dans la Méditerranée la culture des productions du tropique; et parce que plusieurs plages de la Corse sont assez chaudes pour nourrir en pleine terre des orangers de 20 pieds de hauteur, des bananiers, des dattiers, et que des échantillons de coton avaient déja réussi, il conçut le projet d'y cultiver et de susciter par son exemple ce genre d'industrie.

Volney se rendit en Corse en 1792, et y acheta le domaine de la Confina, près d'Ajaccio; il y fit faire à ses frais des essais dispendieux, et bientôt des productions nouvelles vinrent attester que la France, plus que tout autre pays, pourrait prétendre à l'indépendance commerciale, puisque déjà si riche de ses propres produits, elle pourrait encore offrir ceux du Nouveau-Monde. Mais ce n'était pas seulement vers l'amélioration de l'agriculture que se dirigeaient les efforts de Volney : il méditait sur la Corse un ouvrage dont la perfection aurait sans doute égalé l'importance, si nous en jugeons toutefois par les fragments qu'il en a laissés.

Les troubles que Pascal Paoli suscita en Corse, forcèrent Volney d'interrompre ses travaux et de quitter cette île. Le domaine de la Confina, que l'auteur des Ruines appelait ses *Petites-Indes*, fut mis à l'encan par ce même Paoli, qui lui avait donné tant de fois l'assurance d'une sincère amitié.

C'est pendant ce voyage en Corse qu'il fit la connaissance du jeune Bonaparte, qui n'était encore qu'officier d'artillerie. Le jugement qu'il émit dès lors est un de ceux qui démontrent le plus à quel haut degré il portait le génie de l'observation. Quelques années après, ayant appris en Amérique que le commandement de l'armée d'Italie venait de lui être confié : « Pour peu que les circonstances le secondent, dit-il en présence de plusieurs réfugiés français, ce sera la tête de César sur les épaules d'Alexandre. »

Cependant la liberté avait dégénéré en licence; l'anarchie versait sur la France ses poisons destructeurs. Volney, qui ne pouvait plus défendre à la tribune les principes de la justice et de l'humanité, les proclamait dans des écrits pleins d'énergie et de patriotisme, et ne craignit pas de braver les hommes de 93 : tantôt il les accablait sous le poids de l'évidence, et leur reprochait hardiment leurs forfaits journaliers; tantôt, maniant l'arme acérée du sarcasme, il s'écriait :

« Modernes Lycurgues, vous parlez de pain et
« de fer : le fer des piques ne produit que du
« sang; c'est le fer des charrues qui produit du
« pain ! »

C'en était trop sans doute pour ne pas subir le sort de tout homme vertueux, de tout patriote éclairé; Volney fut dénoncé comme *royaliste*, et chargé de fers : sa détention dura dix mois, et il ne dut sa liberté qu'aux événements du 9 thermidor.

Enfin l'horizon s'éclaircit après l'orage, et un gouvernement nouveau parut vouloir mettre tous ses efforts à obtenir le titre de gouvernement réparateur. On donna une forte impulsion à l'instruction publique ; une école nouvelle fut établie en France, et les professeurs en furent choisis parmis les savants les plus illustres.

L'auteur des Ruines, appelé à la chaire d'histoire, accepta cette charge pénible, mais qui portait avec elle une bien douce récompense pour lui, puisqu'elle lui offrait les moyens d'être utile. Tout en enseignant l'histoire, il voulait chercher à diminuer l'influence journalière qu'elle exerce sur les actions et les opinions des hommes; il la regardait à juste titre comme l'une des sources les plus fécondes de leurs préjugés et de leurs erreurs : c'est en effet de l'histoire que dérivent la presque totalité des opinions religieuses et la plupart des maximes et des principes politiques souvent si erronés et si dangereux qui dirigent les gouvernements, les consolident quelquefois, et ne les renversent que trop souvent. Il chercha à combattre ce respect pour l'histoire, passé en dogme dans le système d'éducation de l'Europe, et s'attacha d'autant plus à l'ébranler, qu'éclairé par des recherches savantes, il ajoutait moins de foi à ces *raconteurs des temps passés*, qui écrivaient souvent sur des ouï-dire et toujours poussés par leurs passions. Comment en effet croirons-nous à la véracité des anciens historiens, lorsque nous voyons sans cesse les événements d'hier dénaturés aujourd'hui ?

Dans ses leçons à l'École Normale, Volney se livra à des considérations générales, mais approfondies, et qui n'étaient à ses yeux que des éléments préparatoires aux cours qu'il se proposait de faire. La suppression de cette école déjà célèbre vint interrompre ses travaux.

Libre alors, mais fatigué des secousses journalières d'une politique orageuse, tourmenté du désir d'être utile lors même qu'on lui en ôtait les moyens, Volney sentit renaître en lui cette passion qui dans sa jeunesse l'avait conduit en Égypte et en Syrie. L'Amérique devenue libre marchait à pas de géant vers la civilisation : c'était sans doute un sujet digne de ses observations ; mais, en entreprenant ce nouveau voyage, il était agité de sentiments bien différents de ceux qui l'avaient jadis conduit en Orient.

« En 1785, nous dit-il lui-même, il était parti
« de Marseille, de plein gré, avec cette alacrité,
« cette confiance en autrui et en soi qu'inspire la
« jeunesse ; il quittait gaiement un pays d'abon-
« dance et de paix, pour aller vivre dans un pays
« de barbarie et de misère, sans autre motif que
« d'employer le temps d'une jeunesse inquiète et
« active à se procurer des connaissances d'un genre
« neuf, et à embellir par elles le reste de sa vie
« d'une auréole de considération et d'estime.
« En 1795, au contraire, lorsqu'il s'embarquait
« au Hâvre, c'était avec le dégoût et l'indifférence
« que donnent le spectacle et l'expérience de l'in-
« justice et de la persécution. Triste du passé,

« soucieux de l'avenir, il allait avec défiance chez un
« peuple libre, voir si un ami sincère de cette li-
« berté profanée trouverait pour sa vieillesse un
« asile de paix, dont l'Europe ne lui offrait plus
« l'espérance. »

Mais à peine arrivé en Amérique, après une longue et pénible traversée, loin de se livrer à un repos nécessaire et qu'il semblait y être venu chercher, Volney, toujours avide d'instruction, ne put résister à la vue du vaste champ d'observations qui s'ouvrait devant lui. Il s'était depuis longtemps persuadé de cette vérité, qu'il n'est rien de si difficile que de parler avec justesse du système général d'un pays ou d'une nation, et qu'on ne peut le faire qu'en observant et voyant par soi-même. Il se mit donc en devoir d'explorer cette nouvelle contrée, comme douze années auparavant il avait traversé les pays d'Orient, c'est-à-dire, presque toujours à pied et sans guide. Ce fut ainsi qu'il parcourut successivement toutes les parties des États-Unis, étudiant le climat, les lois, les habitants, les mœurs, et lisant dans le grand livre de la nature les divers changements opérés par la force toute-puissante des siècles.

Le grand Washington, le libérateur des États-Unis, le guerrier patriote qui avait préféré la liberté de son pays à de vains honneurs, Washington ne pouvait voir avec indifférence l'auteur des Ruines; aussi le reçut-il avec distinction, et lui donna-t-il publiquement des marques d'estime et de confiance.

Il n'en fut pas de même de J. Adams, qui exerçait alors les premières fonctions de la république. Volney, toujours sincère, avait critiqué franchement un livre que le président avait publié quelque temps avant d'être élevé à la magistrature quinquennale. On attribua généralement à une petite rancune d'auteur une persécution injuste et absurde que Volney eut à essuyer. Il fut accusé d'être l'agent secret d'un gouvernement dont la hache n'avait cessé de frapper des hommes qui, comme lui, étaient les amis sincères d'une liberté raisonnable. On prétendit qu'il avait voulu livrer la Louisiane au directoire, tandis qu'il avait publié ouvertement que, suivant lui, l'invasion de cette province était un faux calcul politique.

Ce fut dans ce même temps qu'il fut en butte aux attaques du docteur Priestley, aussi célèbre par ses talents que remarquable par une manie de catéchiser que l'incendie de sa maison à Londres n'avait pu guérir. Le physicien anglais n'avait pu lire de sang-froid quelques pages des Ruines sur les diverses croyances des peuples. Pour s'être placé entre deux sectes également extrêmes, il se croyait modéré, quoiqu'il proscrivît, avec toute la violence des hommes les plus exagérés, quiconque ne reconnaissait pas avec lui la divinité des écritures, et ne niait pas celle de J.-C.; Priestley, peut-être jaloux de la réputation de Volney, ne négligea aucun moyen de l'engager dans une controverse suivie, voulant sans doute profiter de la célébrité du philosophe français, pour mieux établir la sienne; le sage voyageur n'opposa d'abord aux attaques souvent grossières du savant anglais que le plus imperturbable silence; mais enfin, pressé vivement par des diatribes où il était traité d'ignorant et de Hottentot, Volney dut se décider à répondre, et ce fut pour dire qu'il ne répondrait plus. Dans cette réponse peu connue (1), il n'opposa aux grossièretés de son adversaire qu'une froide ironie, tempérée par l'urbanité française et soutenue par le langage de la raison; il y refusa de faire sa profession de foi, « parce que, « disait-il, soit sous l'aspect politique, soit sous « l'aspect religieux, l'esprit de doute se lie aux « idées de liberté, de vérité, de génie, et l'esprit « de certitude aux idées de tyrannie, d'abrutis- « sement et d'ignorance. »

Ce concours de persécutions dégoûtait Volney de son séjour aux États-Unis, lorsqu'ayant reçu la nouvelle de la mort de son père, il fit ses adieux à la terre de la liberté, pour venir saluer le sol de la patrie.

A peine arrivé en France (2), son premier soin fut de renoncer à la succession de son père en faveur de sa belle-mère, pour laquelle il avait

---

(1) *Voyez* page 355.
(2) En juin 1798.

toujours eu les sentiments d'un fils, parce qu'elle lui avait montré dans plusieurs occasions la sollicitude d'une mère.

Volney avait signalé son retour d'Égypte par la publication de son Voyage ; on s'attendait généralement à voir paraître la relation de celui qu'il venait de faire en Amérique : cette espérance fut en partie déçue.

A l'époque de l'affranchissement des États-Unis, cette belle contrée attirait l'attention générale ; chacun, fasciné par l'enthousiasme de la liberté, y voyait un pays naissant, mais déja riche à son aurore de tous les fruits de l'âge mûr. C'était, suivant la plupart, le modèle de tout gouvernement ; mais suivant Volney ce n'était qu'une séduisante chimère. Il avait tout vu en homme impartial ; il était revenu riche de remarques neuves, d'observations savantes : il conçut le plan d'un grand ouvrage où il aurait observé la crise de l'indépendance dans toutes ses phases, où il aurait traité successivement des diverses opinions qui partagent les Américains, de la politique de leur nouveau gouvernement, de l'extension probable des États malgré leur division sur quelques points ; enfin il aurait cherché à faire sentir l'erreur romanesque des écrivains modernes, qui appellent peuple neuf et vierge une réunion d'habitants de la vieille Europe, Allemands, Hollandais et surtout Anglais des trois royaumes. Mais cet important ouvrage, dont cependant plusieurs parties étaient achevées, demandait un grand travail et surtout beaucoup de temps dont les affaires publiques et privées ne lui permirent pas de disposer; et d'ailleurs ses opinions différant sur beaucoup de points de celles des publicistes américains, peut-être fut-il aussi arrêté par la crainte trop fondée de se faire de nouveaux ennemis. Il se détermina donc à ne publier que le *Tableau du climat et du sol des États-Unis.*

Le voyage en Égypte et en Syrie avait eu un si brillant succès, que ce ne fut qu'avec défiance que Volney publia le résultat des observations qu'il avait faites en Amérique. Ce dernier ouvrage fut aussi bien accueilli que le premier. L'auteur y embrasse d'un coup d'œil ces vastes régions hérissées de montagnes inaccessibles et couvertes d'immenses forêts; il en trace le plan topographique d'une main hardie; il analyse avec sagacité les variations du climat. Sa définition pittoresque des vents est surtout remarquable. « Il « n'a pas songé à les personnifier, et cependant, « a dit un écrivain (1), ils prennent dans ses des- « criptions animées une sorte de forme et de sta- « ture homériques. Ce sont des puissances; les « fleuves et le continent sont leur empire; ils « commandent aux nuages, et les nuages, comme

---

(1) Laya, Discours de l'Académie.

« un corps d'armée, se rallient sous leurs ordres.
« Les montagnes, les plaines, les forêts devien-
« nent le théâtre bruyant des combats. L'exposi-
« tion des marches, des contre-marches de ces tu-
« multueux courants d'air, qui se brisent les uns
« contre les autres dans des chocs épouvantables,
« ou qui se précipitent entre les monts à pic avec
« une impétuosité retentissante ; tout ce désordre
« de l'atmosphère produit un effet qui saisit à la
« fois l'ame et les sens, et les fait tressaillir d'émo-
« tions nouvelles devant ces nouveaux objets de
« surprise et de terreur. »

Dans cet ouvrage, comme dans son Voyage en Égypte et en Syrie, Volney ne se borne pas à une simple description des pays qu'il parcourt : il se livre à des considérations élevées ; l'utilité des hommes est toujours le but de ses recherches. L'étude qu'il avait faite de la médecine lui donnait un grand avantage sur tous les voyageurs qui l'avaient précédé ; il était plus à même de juger du climat, d'analyser la salubrité de l'air ; il nous retrace les effets de la peste, de la fièvre jaune ; il en recherche les diverses causes, et, s'il ne nous indique pas des moyens de guérir ces terribles épidémies, du moins nons apprend-il comment on pourrait les prévenir.

Différent des autres voyageurs, Volney ne nous entretient jamais de ses aventures personnelles ; il évite avec soin de se mettre en scène, et ne parle même pas des dangers qu'il a courus. Ce n'est cependant qu'exposé à des périls de toute espèce qu'il a pu voyager dans les pays ravagés de l'Orient et dans les sombres forêts de l'Amérique. Il avait d'autant plus à craindre la cruauté des hommes et les attaques des bêtes féroces, qu'il négligeait de prendre les précautions les plus simples qu'indique la prudence; aussi n'échappa-t-il plusieurs fois que par miracle. En traversant une des forêts des États-Unis, il s'endormit au pied d'un chêne; à son réveil, il secoue son manteau, et reste pétrifié à la vue d'un serpent à sonnettes. L'affreux reptile, troublé dans son repos, s'élance et disparaît parmi les arbres; on n'entendait plus le bruit de ses écailles, avant que Volney, glacé de terreur, eût songé à s'enfuir.

Pendant ce voyage, on avait créé en France ce corps littéraire qui sut, en peu d'années, se placer au premier rang des sociétés savantes de l'Europe. L'illustre voyageur fut appelé à siéger à l'Académie : cet honneur lui avait été décerné pendant son absence; il y acquit de nouveaux droits en publiant les observations qu'il avait faites aux États-Unis.

Trois années s'étaient écoulées depuis qu'il avait quitté la France, et les orages politiques n'étaient pas apaisés : les factions s'agitaient encore et dominaient tour à tour. Volney ne voulut pas reparaître sur la scène politique, et chercha dans l'étude des consolations contre les peines que lui causaient les malheurs de sa patrie.

A peu près vers cette époque, il vit arriver chez lui le général Bonaparte, qu'il n'avait pas vu depuis plusieurs années, et que le mouvement des partis avait fait priver de son grade. « Me voilà sans emploi, dit-il à Volney; je me console de ne plus servir un pays que se disputent les factions. Je ne puis rester oisif; je veux chercher du service ailleurs. Vous connaissez la Turquie; vous y avez sans doute conservé des relations; je viens vous demander des renseignements, et surtout des lettres de recommandation pour ce pays: mes services dans l'artillerie peuvent m'y rendre très-utile. C'est parce que je connais ce pays, répondit Volney, que je ne vous conseillerai jamais de vous y rendre. Le premier reproche qu'on vous y fera, sera d'être chrétien: il sera bien injuste sans doute, mais enfin on vous le fera et vous en souffrirez. Vous allez me dire peut-être que vous vous ferez musulman: faible ressource, la tache originelle vous restera toujours; plus vous développerez de talents, et plus vous aurez à souffrir de persécutions. — Hé bien, n'y songeons plus. J'irai en Russie; on y accueille les Français. Catherine vous a donné des marques de considération; vous avez des correspondances avec ce pays, vous y avez des amis. — Le renvoi de ma médaille a détruit toutes ces relations.

D'ailleurs les Français qu'on accueille aujourd'hui en Russie, ne sont pas ceux qui appartiennent à votre opinion. Croyez-moi, renoncez à votre projet; c'est en France que vos talents trouveront le plus de chances favorables : plus les factions se succèdent rapidement dans un pays, moins une destitution y est durable. — J'ai tout tenté pour être réintégré; rien ne m'a réussi. — Le gouvernement va prendre une nouvelle forme, et Laréveillère-Lépeaux y aura sans doute de l'influence : c'est mon compatriote, il fut autrefois mon collègue; j'ai lieu de croire que ma recommandation ne sera pas sans effet auprès de lui. Je vais l'inviter à déjeuner pour demain : trouvez-vous-y, nous ne serons que nous trois. »

Le déjeuner eut lieu en effet; la conversation de Bonaparte frappa Laréveillère, déja prévenu par Volney. Le député présenta le lendemain le général à son collègue Barras, qui le fit réintégrer.

Une liaison intime ne tarda pas à s'établir entre le vertueux citoyen qui voulait par-dessus tout la liberté de son pays, et l'homme extraordinaire qui devait l'asservir; mais Volney, toujours modéré dans sa conduite et ses opinions politiques, était loin d'approuver la pétulante activité de Bonaparte.

Vers la fin de 1799, Volney, convaincu que la liberté allait périr sous les coups de l'anarchie, seconda le 18 brumaire de tous ses efforts. Le surlendemain de cette journée, Bonaparte lui en-

voya en présent un superbe attelage qu'il refusa;
quelques semaines après, il lui fit offrir par un
de ses aides de camp le ministère de l'intérieur.
« Dites au premier consul, répondit Volney, qu'il
« est beaucoup trop bon cocher pour que je puisse
« m'atteler à son char. Il voudra le conduire trop
« vite, et un seul cheval rétif pourrait faire aller cha-
« cun de son côté le cocher, le char et les chevaux. »

Malgré cette indépendance de caractère que le
consul n'était pas accoutumé à trouver dans ceux
qui l'entouraient, Volney continua près de deux
ans à être admis dans son intimité ; il ne tarda pas
à s'apercevoir cependant que l'austérité de son
langage commençait à déplaire, et qu'on voulait
surtout en écarter cette familiarité qu'on avait ac-
cueillie jusqu'alors. Un jour que dans une discussion importante et secrète le côté avantageux
d'une mesure avait été trop vanté, et l'intérêt de
l'humanité beaucoup trop négligé : « C'est encore
« de la cervelle qu'il y a là ! » s'écria Volney en
mettant la main sur le cœur du premier consul.

On a cru généralement que leur rupture avait
éclaté à l'occasion de l'influence que le premier
consul se préparait à rendre au clergé. Il est certain que Volney lui fit quelques observations sur
la nécessité d'une extrême circonspection dans
cette mesure; mais si ces observations furent reçues froidement, on peut assurer que le consul
dissimula une partie du mécontentement qu'elles

lui inspiraient. Les débats furent beaucoup plus vifs sur l'expédition de Saint-Domingue. Volney, qui avait été appelé à la discuter dans un conseil privé, s'y opposa de tout son pouvoir. Il représenta avec force tous les obstacles qu'on aurait à surmonter et tout ce qu'il y aurait encore à craindre, en supposant qu'on parvînt à s'emparer de l'île. « Admettons, ajouta-t-il, que les nègres, « libres depuis douze ans, veuillent bien rentrer « dans la servitude, que Toussaint-Louverture « vous tende les bras, que votre armée s'acclimate sans danger, que votre colonie reprenne « son ancienne activité ; eh bien ! même dans ces « suppositions qui me semblent contraires aux « notions du plus simple bon sens, vous commettrez la plus grave des fautes. Pensez-vous que « les Anglais, aujourd'hui seuls possesseurs des « mers, ne vous feront pas bientôt une nouvelle « guerre pour s'emparer de cette colonie ? Est-ce « donc pour eux que vous voulez faire tant de « sacrifices ? Qu'est-ce qu'un domaine qui n'offre « point à ses maîtres de communication directe « pour l'exploiter, et encore moins pour le défendre ? » Quelques mois après, les désastres de Saint-Domingue furent connus : des amis de cour ne manquèrent pas de répéter au premier consul les propos que Volney avait tenus contre cette expédition dont il avait si clairement prédit les suites ; et, suivant l'usage, ces propos furent commentés et envenimés.

Mais ce qui rompit pour toujours toute communication entre eux, ce fut la conduite que tint le philosophe au moment de l'avénement à l'empire. Volney avait concouru au 18 brumaire, dans l'espoir que la France en recueillerait une paix durable et un gouvernement constitutionnel. Le titre pompeux de Sénat Conservateur avait fasciné les yeux de la nation, et Volney, comme tant d'autres, crut y voir un autel sur lequel on alimenterait le feu de la liberté. Il ne vit dans les sénateurs que les mandataires de la nation, chargés de conserver le dépôt sacré des pactes qui établiraient un juste équilibre entre les droits des peuples et ceux des souverains. Il fut aussi flatté que surpris d'être appelé à siéger sur la chaire curule. Il accepta cette dignité, parce qu'il la considérait moins comme une récompense honorifique que comme une charge importante, et dont les devoirs étaient beaux à remplir. Son illusion dura peu. Il ne dissimula pas à quelques amis intimes sa crainte de voir le sénat devenir un instrument d'oppression pour la liberté individuelle comme pour la liberté publique, et dès lors il crut devoir à sa réputation l'obligation d'un grand acte. Au moment même où l'on proclamait l'empire, il envoya au nouvel empereur et au sénat cette démission qui fit tant de bruit en France et en Europe. L'empereur en fut vivement irrité; mais toujours maître de lui-même quand il n'é-

tait pas pris au dépourvu, il sut contenir sa colère ; et le lendemain, apercevant Volney parmi les sénateurs qui étaient venus en corps lui rendre hommage et prêter serment de fidélité, il perce la foule, le tire à l'écart, et reprenant son ancien ton affectueux : « Qu'avez-vous fait, Vol-
« ney? lui dit-il ; est-ce le signal de la résistance
« que vous avez voulu donner ? Pensez-vous que
« cette démission soit acceptée? Si, comme vous
« le dites, vous désirez vous retirer dans le Midi,
« vos congés seront prolongés tant que vous vou-
« drez. » Quelques jours après, le sénat décréta qu'il n'accepterait la démission d'aucun de ses membres.

Forcé de reprendre sa dignité de sénateur et décoré du titre de comte, Volney, désirant ne plus paraître sur la scène politique, se retira à la campagne, où il reprit ses travaux historiques et philologiques. Il s'y adonna particulièrement à l'étude des langues de l'Asie. Il attribuait à notre ignorance absolue des langues orientales, cet éloignement qui existe et se maintient opiniâtrément depuis tant de siècles entre les Asiatiques et les Européens. En effet, qu'on suppose que l'usage de ces langues devienne tout à coup commun et familier, et cette ligne tranchante de contrastes s'efface en peu de temps ; les relations commerciales n'étant plus entravées par la difficulté de s'entendre, deviendraient plus fréquentes, plus directes; et bientôt s'établirait un nivellement de connaissances, qui amènerait insensiblement un rapprochement de mœurs, d'usages et d'opinions.

Volney nous dit lui-même que le but qu'il s'est proposé en publiant son premier ouvrage intitulé *Simplification des langues orientales*, fut de faire un premier pas fondamental qui pût en faciliter l'étude; mais ce premier pas parut d'une telle importance à la Société asiatique séante à Calcutta, qu'elle s'empressa de compter Volney au nombre de ses membres. Cet hommage flatteur de la seule société savante qui pût juger du mérite de son ouvrage, encouragea Volney à donner plus d'étendue au premier plan qu'il s'était tracé; et il osa entreprendre de résoudre un problème réputé jusqu'à présent insoluble, celui d'un alphabet universel au moyen duquel on pût écrire facilement toutes les langues.

En 1803, le gouvernement français fit entreprendre le grand et magnifique ouvrage de la *Description de l'Égypte*; on devait y joindre une carte géographique sur laquelle on voulait tracer la double nomenclature arabe et française : au premier coup d'œil la chose fut jugée impraticable à cause de la différence des prononciations. Volney fut invité à faire l'application de son système; mais il n'y consentit qu'à condition qu'il serait préalablement examiné par un comité de savants; ne voulant pas, disait-il, hasarder l'honneur d'un monument public pour une petite vanité personnelle. On nomma une commission de douze membres, et le nouveau système de transcription européenne fut admis à une grande majorité.

Ce nouveau succès fut une douce récompense de ses utiles travaux. Il continua de diriger ses recherches vers cette nouvelle branche de savoir, et publia successivement plusieurs autres écrits, où il continua de présenter des développements nouveaux à sa première idée philanthropique de concourir à rapprocher tous les peuples; nous avons de lui l'*Hébreu simplifié*, l'*Alphabet européen*, un *Rapport sur les vocabulaires comparés du professeur Pallas*, et un *Discours sur l'étude philosophique des langues*.

La suppression de l'École Normale avait mis fin aux cours d'histoire que Volney avait ouverts d'une manière si brillante; mais elle n'avait pas interrompu ses nombreuses et profondes recherches sur les anciens historiens. Dès 1781, il avait soumis à l'Académie un Essai sur la chronologie de ces premiers peuples dont il avait été observer les monuments et les traces dans les pays qu'ils avaient habités. En 1814, il publia ses *Nouvelles Recherches sur l'histoire ancienne*. Il y interroge tour à tour les plus anciennes traditions, les combat les unes par les autres, et, par un système continuel de comparaison, il parvient à dégager les faits des nombreuses fables qui les dénaturaient. Peu d'historiens résistent à cette espèce d'enquête juridique; c'est dans leur propre arsenal qu'il va chercher des armes pour les combattre, et il le fait d'une manière victorieuse. Il s'attache surtout à résoudre le grand problème assyrien, et le résout à l'honneur d'Hérodote, qui est démontré l'auteur le plus profond et le plus exact des anciens. Cet ouvrage, fruit d'un travail immense et preuve d'une érudition profonde, eût suffi pour la gloire de Volney.

L'étude opiniâtre à laquelle il se livrait sans cesse, abrégea ses jours. Sa santé, qui avait toujours été délicate, devint languissante, et bientôt il sentit approcher sa fin ; elle fut digne de sa vie.

« Je connais l'habitude de votre profession » dit-il à son médecin trois jours avant de mourir; « mais je ne veux pas que vous traitiez mon ima« gination comme celle des autres malades. Je ne « crains pas la mort. Dites-moi franchement ce « que vous pensez de mon état, parce que j'ai « des dispositions à faire. » Le docteur paraissant hésiter : « J'en sais assez, » reprit Volney, « faites « venir un notaire. »

Il dicta son testament avec le plus grand calme, et n'abandonnant pas à son dernier moment l'idée qui n'avait cessé de l'occuper pendant vingt-cinq ans, et craignant, sans doute, que ses essais ne fussent interrompus après lui, il consacra une somme de vingt-quatre mille francs pour fonder un prix annuel de douze cents francs pour le meilleur ouvrage sur l'étude philosophique des langues.

Volney mourut le 25 avril 1820; les regrets de toute la France se sont mêlés aux larmes d'une épouse, modèle de son sexe, dont la bienfaisance fait oublier aux pauvres la perte de leur protecteur; et dont les vertus rappellent les qualités de celui dont elle sut embellir la vie.

Parvenu aux honneurs et à une brillante fortune, et ne les devant qu'à ses talents supérieurs, Volney n'en faisait usage que pour rendre heureux tous ceux qui l'entouraient. Il se plaisait surtout à encourager et à secourir des hommes de lettres indigents. Le malheureux pouvait réclamer l'appui de ce citoyen vertueux, qui ne résistait jamais au plaisir d'être utile.

Dans sa carrière politique, il se montra toujours ami sincère d'une liberté raisonnable, et ne dévia jamais de ses principes de justice et de modération. Un de ses amis le félicitait un jour sur sa lettre à Catherine : « Et moi, je m'en suis re« penti, » dit-il aussitôt avec une sincérité philoso« phique. « Si, au lieu d'irriter ceux des rois qui « avaient montré des dispositions favorables à la « philosophie, nous eussions maintenu ces dis« positions par une politique plus sage et une

« conduite plus modérée, la liberté n'eût pas « éprouvé tant d'obstacles, ni coûté tant de sang. »

La modestie et la simplicité de son caractère et de ses mœurs ne l'abandonnèrent jamais, et les honneurs dont il fut revêtu ne l'éblouirent pas un instant. « Je suis toujours le même, » écrivait-il à un de ses intimes amis, « un peu comme Jean La « Fontaine, prenant le temps comme il vient et « le monde comme il va; pas encore bien accou- « tumé à m'entendre appeler *monsieur le comte*, « mais cela viendra *avec les bons exemples*. J'ai « pourtant mes armes, et mon cachet dont je « vous régale : deux colonnes asiatiques ruinées, « d'or, bases de ma noblesse, surmontées d'une « hirondelle, emblématique (fond d'argent), *oi-* « *seau voyageur, mais fidèle*, qui chaque année « vient sur ma cheminée chanter printemps et « liberté. »

On a souvent reproché à Volney un caractère morose et une sorte de disposition misanthropique, dont il avait montré des germes dans les premières années de sa vie. Ce reproche, il faut l'avouer, n'a pas toujours été sans fondement; ces dispositions furent quelquefois l'effet d'une santé trop languissante; peut-être aussi doit-on les attribuer à cette étude profonde qu'il avait faite du cœur humain, dans le cours de sa vie politique. « Malheur, » a dit un sage, « malheur à « l'homme sensible qui a osé déchirer le voile de

« la société, et refuse de se livrer à cette illusion
« théâtrale si nécessaire à notre repos! son ame
« se trouve en vie dans le sein du néant; c'est le
« plus cruel de tous les supplices......... » Volney
déchira le voile.

Adolphe BOSSANGE.

INVOCATION.

Je vous salue, ruines solitaires, tombeaux saints, murs silencieux! c'est vous que j'invoque; c'est à vous que j'adresse ma prière. Oui! tandis que votre aspect repousse d'un secret effroi les regards du vulgaire, mon cœur trouve à vous contempler le charme des sentiments profonds et des hautes pensées. Combien d'utiles leçons, de réflexions touchantes ou fortes n'offrez-vous pas à l'esprit qui sait vous consulter! C'est vous qui, lorsque la terre entière asservie se taisait devant les tyrans, proclamiez déja les vérités qu'ils détestent, et qui, confondant la dépouille des rois avec celle du dernier esclave, attestiez le saint dogme de l'ÉGALITÉ. C'est dans votre enceinte, qu'amant solitaire de la LIBERTÉ, j'ai vu m'apparaître son génie, non tel que se le peint un vulgaire insensé, armé de torches et de poignards, mais sous l'aspect auguste de la justice, tenant en ses mains les balances sacrées où se pèsent les actions des mortels aux portes de l'éternité.

O tombeaux! que vous possédez de vertus! vous épouvantez les tyrans : vous empoisonnez d'une terreur secrète leurs jouissances impies; ils fuient votre incorruptible aspect, et les lâches portent loin de vous l'orgueil de leurs palais. Vous punissez l'oppresseur puissant; vous ravissez l'or au concussionnaire avare, et vous vengez le faible qu'il a dépouillé; vous compensez les privations du pauvre, en flétrissant de soucis le faste du riche; vous consolez le malheureux, en lui offrant un dernier asyle; enfin vous donnez à l'ame ce juste équilibre de force et de sensibilité qui constitue la sagesse, la science de la vie. En considérant qu'il faut tout vous restituer, l'homme réfléchi néglige de se charger de vaines grandeurs, d'inutiles richesses : il retient son cœur dans les bornes de l'équité ; et cependant, puisqu'il faut qu'il fournisse sa carrière, il emploie les instants de son existence, et use des biens qui lui sont accordés. Ainsi vous jetez un frein salutaire sur l'élan impétueux de la cupidité ; vous calmez l'ardeur fiévreuse des jouissances qui troublent les sens ; vous reposez l'ame de la lutte fatigante des passions ; vous l'élevez au-dessus des vils intérêts qui tourmentent la foule ; et de vos sommets, embrassant la scène des peuples et des temps, l'esprit ne se déploie qu'à de grandes affections, et ne conçoit que des idées solides de vertu et de gloire. Ah ! quand le songe de la vie sera terminé, à quoi auront servi ses agitations, si elles ne laissent la trace de l'utilité ?

O ruines ! je retournerai vers vous prendre vos leçons ! je me replacerai dans la paix de vos solitudes ; et là, éloigné du spectacle affligeant des passions, j'aimerai les hommes sur des souvenirs ; je m'occuperai de leur bonheur, et le mien se composera de l'idée de l'avoir hâté.

LES RUINES,

OU

MÉDITATION SUR LES RÉVOLUTIONS

DES EMPIRES.

CHAPITRE PREMIER.

Le voyage.

La onzième année du règne d'*Abd-ul-Hamid*, fils d'*Ahmed*, empereur des *Turks*, au temps où les Russes victorieux s'emparèrent de la Krimée et plantèrent leurs étendards sur le rivage qui mène à Constantinople, je voyageais dans l'empire des *Ottomans*, et je parcourais les provinces qui jadis furent les royaumes d'*Égypte* et de *Syrie*.

Portant toute mon attention sur ce qui concerne le bonheur des hommes dans l'état social, j'entrais dans les villes et j'étudiais les mœurs de leurs habitants ; je pénétrais dans les palais, et j'observais la conduite de ceux qui gouvernent; je m'écartais dans les campagnes, et j'examinais la condition des hommes qui cultivent; et partout ne voyant que brigandage et dévastation, que tyrannie et que misère, mon cœur était oppressé de tristesse et d'indignation.

Chaque jour je trouvais sur ma route des champs abandonnés, des villages désertés, des villes en ruines : souvent je rencontrais d'antiques monuments, des débris de temples, de palais et de forteresses; des colonnes, des aquéducs, des tombeaux : et ce spectacle tourna mon esprit vers la méditation des temps passés, et suscita dans mon cœur des pensées graves et profondes.

Et j'arrivai à la ville de *Hems*, sur les bords de l'*Oronte*; et là, me trouvant rapproché de celle de *Palmyre*, située dans le désert, je résolus de connaître par moi-même ses monuments si vantés; et, après trois jours de marche dans des solitudes arides, ayant traversé une vallée remplie de grottes et de *sépulcres*, tout à coup, au sortir de cette vallée, j'aperçus dans la plaine la scène de ruines la plus étonnante : c'était une multitude innombrable de superbes colonnes debout, qui, telles que les avenues de nos parcs, s'étendaient à perte de vue en files symétriques. Parmi ces colonnes étaient de grands édifices, les uns entiers, les autres demi-écroulés. De toutes parts la terre était jonchée de semblables débris, de corniches, de chapiteaux, de fûts, d'entablements, de pilastres, tous de marbre blanc, d'un travail exquis. Après trois quarts d'heure de marche le long de ces ruines, j'entrai dans l'enceinte d'un vaste édifice, qui fut jadis un temple dédié au *soleil*, et je pris l'hospitalité chez de pauvres paysans arabes, qui ont établi leurs chaumières sur le parvis même du temple; et je résolus de demeurer pendant quelques jours pour considérer en détail la beauté de tant d'ouvrages.

Chaque jour je sortais pour visiter quelqu'un des monuments qui couvrent la plaine; et un soir que, l'esprit occupé de réflexions, je m'étais avancé jusqu'à la *vallée des sépulcres*, je montai sur les hauteurs qui la bordent, et d'où l'œil domine à la fois l'ensemble des ruines et l'immensité du désert. — Le soleil venait de se coucher; un bandeau rougeâtre marquait encore sa trace à l'horizon lointain des monts de la Syrie: la pleine lune à l'orient s'élevait sur un fond bleuâtre, aux planes rives de l'Euphrate: le ciel était pur, l'air calme et serein; l'éclat mourant du jour tempérait l'horreur des ténèbres; la fraîcheur naissante de la nuit calmait les feux de la terre embrasée; les pâtres avaient retiré leurs chameaux; l'œil n'apercevait plus aucun mouvement sur la terre monotone et grisâtre; un vaste silence régnait sur le désert; seulement à de longs intervalles on entendait les lugubres cris de quelques oiseaux de nuit et de quelques *chacals*... (1) L'ombre croissait, et déja dans le crépuscule mes regards ne distinguaient plus que les fantômes blanchâtres des colonnes et des murs.... Ces lieux solitaires, cette soirée paisible, cette scène majestueuse, imprimèrent à mon esprit un recueillement religieux. L'aspect d'une grande cité déserte, la mémoire des temps passés, la comparaison de l'état présent, tout éleva mon cœur à de hautes pensées. Je m'assis sur le tronc d'une colonne; et là, le coude appuyé sur le genou, la tête soutenue sur la main, tantôt portant mes regards sur le désert, tantôt les fixant sur les ruines, je m'abandonnai à une rêverie profonde.

CHAPITRE II.

La méditation.

Ici, me dis-je, ici fleurit jadis une ville opulente: ici fut le siége d'un empire puissant. Oui! ces lieux maintenant si déserts, jadis une multitude vivante animait leur enceinte; une foule active circulait dans ces routes aujourd'hui solitaires. En ces murs

---

(1) Espèce de renard qui ne vague que pendant la nuit.

où règne un morne silence, retentissaient sans cesse le bruit des arts et les cris d'allégresse et de fête : ces marbres amoncelés formaient des palais réguliers ; ces colonnes abattues ornaient la majesté des temples ; ces galeries écroulées dessinaient les places publiques. Là, pour les devoirs respectables de son culte, pour les soins touchants de sa subsistance, affluait un peuple nombreux : là, une industrie créatrice de jouissances appelait les richesses de tous les climats, et l'on voyait s'échanger la pourpre de *Tyr* pour le fil précieux de la *Sérique*, les tissus moelleux de *Kachemire* pour les tapis fastueux de la *Lydie*, l'ambre de la Baltique pour les perles et les parfums arabes, l'or d'*Ophir* pour l'étain de *Thulé*.

Et maintenant voilà ce qui subsiste de cette ville puissante, un lugubre squelette! Voilà ce qui reste d'une vaste domination, un souvenir obscur et vain! Au concours bruyant qui se pressait sous ces portiques a succédé une solitude de mort. Le silence des tombeaux s'est substitué au murmure des places publiques. L'opulence d'une cité de commerce s'est changée en une pauvreté hideuse. Les palais des rois sont devenus le repaire des fauves ; les troupeaux parquent au seuil des temples, et les reptiles immondes habitent les sanctuaires des dieux !... Ah! comment s'est éclipsée tant de gloire! Comment se sont anéantis tant de travaux !... Ainsi donc périssent les ouvrages des hommes! ainsi s'évanouissent les empires et les nations!

Et l'histoire des temps passés se retraça vivement à ma pensée; je me rappelai ces siècles anciens où vingt peuples fameux existaient en ces contrées ; je me peignis l'*Assyrien* sur les rives du *Tigre*, le *Kaldéen* sur celles de l'*Euphrate*, le *Perse* régnant de l'*Indus* à la *Méditerranée*. Je dénombrai les royaumes de *Damas* et de l'*Idumée*, de *Jérusalem* et de *Samarie*, et les états belliqueux des *Philistins*, et les républiques commerçantes de la *Phénicie*. Cette *Syrie*, me disais-je, aujourd'hui presque dépeuplée, comptait alors cent villes puissantes. Ses campagnes étaient couvertes de villages, de bourgs et de hameaux (1). De toutes parts l'on ne voyait que champs cultivés, que chemins fréquentés, qu'habitations pressées.... Ah! que sont devenus ces âges d'abondance et de vie? Que sont devenues tant de brillantes créations de la main de l'homme? Où sont-ils ces remparts de *Ninive*, ces murs de *Babylone*, ces palais de *Persépolis*, ces temples de *Balbeck* et de *Jérusalem*? Où sont flottes de *Tyr*, ces chantiers d'*Arad*, ces ateliers de *Sidon*, et cette multitude de matelots, de pilotes, de marchands, de soldats? et ces labou-

---

(1.) D'après les calculs de Josèphe et de Strabon, la Syrie a dû contenir dix millions d'habitants; elle n'en a pas deux aujourd'hui.

reurs, et ces moissons, et ces troupeaux, et toute cette création d'êtres vivants dont s'enorgueillissait la face de la terre? Hélas! je l'ai parcourue, cette terre ravagée! J'ai visité les lieux qui furent le théâtre de tant de splendeur, et je n'ai vu qu'abandon et que solitude.... J'ai cherché les anciens peuples et leurs ouvrages, et je n'en ai vu que la trace, semblable à celle que le pied du passant laisse sur la poussière. Les temples se sont écroulés, les palais sont renversés, les ports sont comblés, les villes sont détruites, et la terre, nue d'habitants, n'est plus qu'un lieu désolé de sépulcres.... Grand Dieu! d'où viennent de si funestes révolutions? Par quels motifs la fortune de ces contrées a-t-elle si fort changé? Pourquoi tant de villes se sont-elles détruites? Pourquoi cette ancienne population ne s'est-elle point reproduite et perpétuée?

Ainsi livré à ma rêverie, sans cesse de nouvelles réflexions se présentaient à mon esprit. Tout, continuai-je, égare mon jugement et jette mon cœur dans le trouble et l'incertitude. Quand ces contrées jouissaient de ce qui compose la gloire et le bonheur des hommes, c'étaient des peuples *infidèles* qui les habitaient : c'était le *Phénicien*, sacrificateur homicide à *Molok*, qui rassemblait dans ses murs les richesses de tous les climats; c'était le *Kaldéen*, prosterné devant un *serpent* (1), qui

---

(1) Le dragon Bel.

subjuguait d'opulentes cités, et dépouillait les palais des rois et les temples des dieux; c'était le *Perse*, adorateur du feu, qui recueillait les tributs de cent nations; c'étaient les habitants de cette ville même, adorateurs du soleil et des astres, qui élevaient tant de monuments de prospérité et de luxe.... Troupeaux nombreux, champs fertiles, moissons abondantes, tout ce qui devait être le prix de la *piété* était aux mains de ces *idolâtres* : et maintenant que des peuples *croyants* et *saints* occupent ces montagnes, ce n'est plus que solitude et stérilité. La terre, sous ces mains bénites, ne produit que des ronces et des absinthes. L'homme sème dans l'angoisse, et ne recueille que des larmes et des soucis; la guerre, la famine, la peste l'assaillent tour à tour... Cependant, ne sont-ce pas là les enfants des prophètes? Ce *musulman*, ce *chrétien*, ce *juif*, ne sont-ils pas les peuples élus du ciel, comblés de grâces et de miracles? Pourquoi donc ces races privilégiées ne jouissent-elles plus des mêmes faveurs? Pourquoi ces terres sanctifiées par le sang des martyrs, sont-elles privées des bienfaits anciens? Pourquoi en sont-ils comme bannis et transférés depuis tant de siècles à d'autres nations, en d'autres pays?..

Et à ces mots, mon esprit suivant le cours des vicissitudes qui ont tour à tour transmis le sceptre du monde à des peuples si différents de cultes et de mœurs, depuis ceux de l'Asie antique jusqu'aux plus récents de l'*Europe*, ce nom d'une terre natale réveilla en moi le sentiment de la *patrie* ; et tournant vers elle mes regards, j'arrêtai toutes mes pensées sur la situation où je l'avais quittée (1).

Je me rappelai ses campagnes si richement cultivées, ses routes si somptueusement tracées, ses villes habitées par un peuple immense, ses flottes répandues sur toutes les mers, ses ports couverts des tributs de l'une et de l'autre Inde; et comparant à l'activité de son commerce, à l'étendue de sa navigation, à la richesse de ses monuments, aux arts et à l'industrie de ses habitants, tout ce que l'Égypte et la Syrie purent jadis posséder de semblable, je me plaisais à retrouver la splendeur passée de l'Asie dans l'Europe moderne ; mais bientôt le charme de ma rêverie fut flétri par un dernier terme de comparaison. Réfléchissant que telle avait été jadis l'activité des lieux que je contemplais : Qui sait, me dis-je, si tel ne sera pas un jour l'abandon de nos propres contrées ? Qui sait si sur les rives de la *Seine*, de la *Tamise*, ou du *Sviderzée*, là où maintenant, dans le tourbillon de tant de jouissances, le cœur et les yeux ne peuvent suffire à la multitude des sensations ; qui sait si un voyageur comme moi ne s'asseoira pas un jour sur de muettes ruines et ne pleurera pas solitaire sur la cendre des peuples et la mémoire de leur grandeur ?

---

(1) En 1782, à la fin de la guerre d'Amérique.

A ces mots mes yeux se remplirent de larmes, et couvrant ma tête du pan de mon manteau, je me livrai à de sombres méditations sur les choses humaines. Ah! malheur à l'homme, dis-je dans ma douleur; une aveugle fatalité se joue de sa destinée! Une nécessité funeste régit au hasard le sort des mortels. Mais non : ce sont les décrets d'une justice céleste qui s'accomplissent! Un Dieu mystérieux exerce ses jugements incompréhensibles! Sans doute il a porté contre cette terre un anathème secret; en vengeance des races passées, il a frappé de malédiction les races présentes. Oh! qui osera sonder les profondeurs de la Divinité (1)?

Et je demeurai immobile, absorbé dans une mélancolie profonde.

CHAPITRE III.

Le fantôme.

Cependant un bruit frappa mon oreille; tel que l'agitation d'une robe flottante et d'une marche à pas lents sur des herbes sèches et frémissantes.

---

(1) La fatalité est le préjugé universel et enraciné des Orientaux : CELA ÉTAIT ÉCRIT, est leur réponse à tout; de là leur apathie et leur négligence, qui sont un obstacle radical à toute instruction et civilisation.

Inquiet, je soulevai mon manteau, et jetant de tous
côtés un regard furtif, tout à coup à ma gauche,
dans le mélange du clair-obscur de la lune, au travers des colonnes et des ruines d'un temple voisin, il me sembla voir un fantôme blanchâtre enveloppé d'une draperie immense, tel que l'on peint
les spectres sortant des tombeaux. Je frissonnai ;
et tandis qu'ému d'effroi j'hésitais de fuir ou de
m'assurer de l'objet, les graves accents d'une voix
profonde me firent entendre ce discours :

« Jusques à quand l'homme importunera-t-il les
cieux d'une injuste plainte? Jusques à quand,
par de vaines clameurs, accusera-t-il le SORT de
ses maux? Ses yeux seront-ils donc toujours fermés à la lumière, et son cœur aux insinuations
de la vérité et de la raison? Elle s'offre partout à
lui, cette vérité lumineuse, et il ne la voit point!
Le cri de la raison frappe son oreille, et il ne l'entend pas! Homme injuste! si tu peux un instant
suspendre le prestige qui fascine tes sens! si ton
cœur est capable de comprendre le langage du
raisonnement, interroge ces ruines! Lis les leçons
qu'elles te présentent!.... Et vous, témoins de
vingt siècles divers, temples saints! tombeaux vénérables! murs jadis glorieux, paraissez dans la
cause de la *nature même!* Venez au tribunal d'un
sain entendement déposer contre une accusation
injuste! venez confondre les déclamations d'une
fausse sagesse ou d'une piété hypocrite, et ven-

gez la terre et les cieux de l'homme qui les calomnie!

« Quelle est-elle, cette *aveugle fatalité*, qui, sans *règle* et sans *lois*, se *joue* du sort des mortels? Quelle est cette nécessité injuste qui confond l'issue des actions, et de la prudence, et de la folie? En quoi consistent ces *anathèmes* célestes sur ces contrées? Où est cette malédiction *divine* qui perpétue l'abandon de ces campagnes? Dites, monuments des temps passés! les cieux ont-ils changé leurs lois, et la terre sa marche? Le soleil a-t-il éteint ses feux dans l'espace? Les mers n'élèvent-elles plus leurs nuages? Les pluies et les rosées demeurent-elles fixées dans les airs? Les montagnes retiennent-elles leurs sources? Les ruisseaux se sont-ils taris? et les plantes sont-elles privées de semences et de fruits? Répondez, race de mensonge et d'iniquité, Dieu a-t-il troublé cet ordre primitif et constant qu'il assigna lui-même à la nature? Le ciel a-t-il dénié à la terre, et la terre à ses habitants, les biens que jadis ils leur accordèrent? Si rien n'a changé dans la création, si les mêmes moyens qui existèrent subsistent encore, à quoi tient donc que les races présentes ne soient ce que furent les races passées? Ah! c'est faussement que vous accusez le sort et la Divinité! c'est à tort que vous reportez à Dieu la cause de vos maux! Dites, race perverse et hypocrite! si ces lieux sont désolés, si des cités puissantes sont réduites en solitudes, est-ce Dieu qui en a causé la ruine? Est-ce sa main qui a renversé ces murailles, sapé ces temples, mutilé ces colonnes; ou est-ce la main de l'homme? Est-ce le bras de Dieu qui a porté le fer dans la ville et le feu dans la campagne, qui a tué le peuple, incendié les moissons, arraché les arbres et ravagé les cultures, ou est-ce le bras de l'homme? Et lorsqu'après la dévastation des récoltes, la famine est survenue, est-ce la vengeance de Dieu qui l'a produite, ou la fureur insensée de l'homme? Lorsque dans la famine le peuple s'est repu d'aliments immondes, si la peste a suivi, est-ce la colère de Dieu qui l'a envoyée, ou l'imprudence de l'homme? Lorsque la guerre, la famine et la peste ont moissonné les habitants, si la terre est restée déserte, est-ce Dieu qui l'a dépeuplée? Est-ce son avidité qui pille le laboureur, ravage les champs producteurs et dévaste les campagnes, ou est-ce l'avidité de ceux qui gouvernent? Est-ce son orgueil qui suscite des guerres homicides, ou l'orgueil des rois et de leurs ministres? Est-ce la vénalité de ses décisions qui renverse la fortune des familles, ou la vénalité des organes des lois? sont-ce enfin ses passions qui, sous mille formes, tourmentent les individus et les peuples, ou sont-ce les passions des hommes? Et si, dans l'angoisse de leurs maux, ils n'en voient pas les remèdes, est-ce l'ignorance de Dieu qu'il en faut inculper, ou leur ignorance? Cessez donc, ô mortels, d'accuser la fatalité du sort ou les jugements de la Divinité! Si Dieu est bon, sera-t-il l'auteur de votre supplice? S'il est juste, sera-t-il le complice de vos forfaits? Non, non; la bizarrerie dont l'homme se plaint n'est point la bizarrerie du destin; l'obscurité où sa raison s'égare n'est point l'obscurité de Dieu; la source de ses calamités n'est point reculée dans les cieux; elle est près de lui sur la terre : elle n'est point cachée au sein de la Divinité; elle réside dans l'homme même; il la porte dans son cœur.

« Tu murmures et tu dis : Comment des peuples infidèles ont-ils joui des bienfaits des cieux et de la terre? Comment des races saintes sont-elles moins fortunées que des peuples impies? Homme fasciné! où est donc la contradiction qui te scandalise? Où est l'énigme que tu supposes à la justice des cieux? Je remets à toi-même la balance des graces et des peines, des causes et des effets. Dis : Quand ces infidèles observaient les lois des cieux et de la terre, quand ils réglaient d'intelligents travaux sur l'ordre des saisons et la course des astres, Dieu devait-il troubler l'équilibre du monde pour tromper leur prudence? Quand leurs mains cultivaient ces campagnes avec soins et sueurs, devait-il détourner les pluies, les rosées fécondantes, et y faire croître des épines? Quand,

LES RUINES,

OU

MÉDITATION SUR LES RÉVOLUTIONS

DES EMPIRES.

pour fertiliser ce sol aride, leur industrie construisait des aqueducs, creusait des canaux, amenait, à travers les déserts, des eaux lointaines, devait-il tarir les sources des montagnes? devait-il arracher les moissons que l'art faisait naître, dévaster les campagnes que peuplait la paix, renverser les villes que faisait fleurir le travail, troubler enfin l'ordre établi par la sagesse de l'homme? Et quelle est cette *infidélité* qui fonda des empires par la prudence, les défendit par le courage, les affermit par la justice; qui éleva des villes puissantes, creusa des ports profonds, dessécha des marais pestilentiels, couvrit la mer de vaisseaux, la terre d'habitants, et, semblable à l'esprit créateur, répandit le mouvement et la vie sur le monde? Si telle est l'*impiété*, qu'est-ce donc que la *vraie croyance*? La sainteté consiste-t-elle à détruire? Le Dieu qui peuple l'air d'oiseaux, la terre d'animaux, les ondes de reptiles; *Dieu* qui anime la nature entière, est-il donc un Dieu de ruines et de tombeaux? Demande-t-il la dévastation pour hommage, et pour sacrifice l'incendie? Veut-il pour hymnes des gémissements, des homicides pour adorateurs, pour temple un monde désert et ravagé? Voilà cependant, races *saintes* et *fidèles*, quels sont vos ouvrages! voilà les fruits de votre *piété*! Vous avez tué les peuples, brûlé les villes, détruit les cultures, réduit la terre en solitude, et vous demandez le salaire de vos œuvres! Il faudra sans doute vous produire des miracles! Il faudra ressusciter les laboureurs que vous égorgez, relever les murs que vous renversez, reproduire les moissons que vous détruisez, rassembler les eaux que vous dispersez, contrarier enfin toutes les lois des cieux et de la terre; ces lois établies par Dieu même, pour démonstration de sa magnificence et de sa grandeur; ces lois éternelles antérieures à tous les codes, à tous les prophètes; ces lois immuables que ne peuvent altérer, ni les passions, ni l'ignorance de l'homme! Mais la *passion* qui les méconnaît, l'*ignorance* qui n'observe point les causes, qui ne prévoit point les effets, ont dit dans la sottise de leur cœur : « Tout vient du hasard, une fatalité aveugle verse le bien et le mal sur la terre, sans que la prudence ou le savoir puisse s'en préserver. » Ou, prenant un langage hypocrite, elles ont dit : « Tout vient de Dieu; il se plaît à tromper la sagesse et à confondre la raison..... » Et l'ignorance s'est applaudie dans sa malignité. « Ainsi, a-t-elle dit, je m'égalerai à la science qui me blesse; je rendrai inutile la prudence qui me fatigue et m'importune. » Et la cupidité a ajouté : « Ainsi j'opprimerai le faible et je dévorerai les fruits de sa peine; et je dirai : *C'est Dieu qui l'a décrété, c'est le sort qui l'a voulu.* » — Mais moi, j'en jure par les lois du ciel et de la terre, et par celles qui régissent le cœur humain! l'hypocrite sera déçu dans sa fourberie, l'injuste dans sa rapacité ; le soleil changera son cours avant que la sottise prévale sur la sagesse et le savoir, et que l'aveuglement l'emporte sur la prudence, dans l'art délicat et profond de procurer à l'homme ses vraies jouissances, et d'asseoir sur des bases solides sa félicité. »

CHAPITRE IV.

L'exposition.

Ainsi parla le Fantôme. Interdit de ce discours, et le cœur agité de diverses pensées, je demeurai long-temps en silence. Enfin, m'enhardissant à prendre la parole, je lui dis : « O Génie des tombeaux et des ruines ! ta présence et ta sévérité ont jeté mes sens dans le trouble ; mais la justesse de ton discours rend la confiance à mon ame. Pardonne à mon ignorance. Hélas ! si l'homme est aveugle, ce qui fait son tourment fera-t-il encore son crime ? J'ai pu méconnaître la voix de la raison ; mais je ne l'ai point rejetée après l'avoir connue. Ah ! si tu lis dans mon cœur, tu sais combien il désire la vérité, tu sais qu'il la recherche avec passion..... Et n'est-ce pas à sa poursuite que tu me vois en ces lieux écartés ? Hélas ! j'ai parcouru la terre; j'ai visité les campagnes et les villes; et voyant partout la misère et la désolation, le sentiment des maux qui tourmentent mes semblables a profondément affligé mon ame. Je me suis dit en soupirant : L'homme n'est-il donc créé que pour l'angoisse et pour la douleur? Et j'ai appliqué mon esprit à la méditation de nos maux, pour en découvrir les remèdes. J'ai dit : Je me séparerai des sociétés corrompues; je m'éloignerai des palais où l'ame se déprave par la satiété, et des cabanes où elle s'avilit par la misère; j'irai dans la solitude vivre parmi les ruines; j'interrogerai les monuments anciens sur la sagesse des temps passés; j'évoquerai du sein des tombeaux l'esprit qui jadis, dans l'Asie, fit la splendeur des États et la gloire des peuples. Je demanderai à la cendre des législateurs *par quels mobiles s'élèvent et s'abaissent les empires ; de quelles causes naissent la prospérité et les malheurs des nations ; sur quels principes enfin doivent s'établir la paix des sociétés et le bonheur des hommes.* »

Je me tus; et, les yeux baissés, j'attendis la réponse du Génie. « La paix, dit-il, et le bonheur descendent sur celui qui pratique la justice. O jeune homme! puisque ton cœur cherche avec droiture la vérité, puisque tes yeux peuvent encore la reconnaître à travers le bandeau des préjugés; ta prière ne sera point vaine : j'exposerai à tes regards cette vérité que tu appelles; j'enseigne rai à ta raison cette sagesse que tu réclames ; je te révélerai la sagesse des tombeaux et la science des siècles... » Alors s'approchant de moi et posant sa main sur ma tête : « Élève-toi, mortel, dit-il, et dégage tes sens de la poussière où tu rampes... » Et soudain, pénétré d'un feu céleste, les liens qui nous fixent ici-bas me semblèrent se dissoudre ; et tel qu'une vapeur légère, enlevé par le vol du Génie, je me sentis transporté dans la région supérieure. Là, du plus haut des airs, abaissant mes regards vers la terre, j'aperçus une scène nouvelle. Sous mes pieds, nageant dans l'espace, un globe, semblable à celui de la lune, mais moins gros et moins lumineux, me présentait l'une de ses faces (1) ; et cette face avait l'aspect d'un disque semé de grandes taches, les unes blanchâtres et nébuleuses, les autres brunes, vertes ou grisâtres ; et tandis que je m'efforçais de démêler ce qu'étaient ces taches : « Homme qui cherches la vérité, me dit le Génie, reconnais-tu ce spectacle ? » — « O Génie ! répondis-je, si d'autre part je ne voyais le globe de la lune, je prendrais celui-ci pour le sien ; car il a les apparences de cette planète vue au télescope dans l'ombre d'une éclipse : on dirait que ces diverses taches sont des mers et des continents.»

« — Oui, me dit-il, ce sont des mers et des

---

(1) Voyez la planche II, qui représente une moitié de la terre.

continents, ceux-là mêmes de l'hémisphère que tu habites... »

« — Quoi! m'écriai-je, c'est là cette terre où vivent les mortels!... »

« — Oui, reprit-il : cet espace brumeux qui occupe irrégulièrement une grande portion du disque, et l'enceint presque de tous côtés, c'est là ce que vous appelez le vaste *Océan*, qui, du pôle du sud s'avançant vers l'équateur, forme d'abord le grand golfe de l'*Inde* et de l'*Afrique*, puis se prolonge à l'orient à travers les îles *Malaises* jusqu'aux confins de la *Tartarie*, tandis qu'à l'ouest il enveloppe les continents de l'*Afrique* et de l'*Europe* jusque dans le nord de l'*Asie*.

« Sous nos pieds, cette presqu'île de forme carrée est l'aride contrée des *Arabes* ; à sa gauche ce grand continent presque aussi nu dans son intérieur, et seulement verdâtre sur ses bords, est le sol brûlé qu'habitent les *hommes noirs* (1). Au nord, par delà une mer irrégulière et longuement étroite (2), sont les campagnes de l'Europe, riche en prairies et en champs cultivés : à sa droite, depuis la Caspienne, s'étendent les plaines neigeuses et nues de la *Tartarie*. En revenant à nous, cet espace blanchâtre est le vaste et triste désert du *Cobi*, qui sépare la *Chine* du reste du monde.

---

(1) L'Afrique.
(2) La Méditerranée.

CHAPITRE IV.

Tu vois cet empire dans le terrain sillonné qui fuit à nos regards sous un plan obliquement courbé. Sur ces bords, ces langues déchirées et ces points épars sont les presqu'îles et les îles des peuples *Malais*, tristes possesseurs des parfums et des aromates. Ce triangle qui s'avance au loin dans la mer, est la presqu'île trop célèbre de l'*Inde*. Tu vois le cours tortueux du *Gange*, les âpres montagnes du *Tibet*, le vallon fortuné de *Kachemire*, les déserts salés du *Persan*, les rives de l'*Euphrate* et du *Tigre*, et le lit encaissé du *Jourdain*, et les canaux du *Nil* solitaire... »

« — O Génie, dis-je, en l'interrompant, la vue d'un mortel n'atteint pas à ces objets dans un tel éloignement... » Aussitôt, m'ayant touché la vue, mes yeux devinrent plus perçants que ceux de l'aigle; et cependant les fleuves ne me parurent encore que des rubans sinueux, les montagnes, des sillons tortueux, et les villes que de petits compartiments semblables à des cases d'échecs.

Et le Génie m'indiquant du doigt les objets : « Ces monceaux, me dit-il, que tu aperçois dans l'aride et longue vallée que sillonne le Nil, sont les squelettes des villes opulentes dont s'enorgueillissait l'ancienne Éthiopie; voilà cette *Thèbes aux cent palais*, métropole première des sciences et des arts, berceau mystérieux de tant d'opinions qui régissent encore les peuples à leur insu. Plus bas, ces blocs quadrangulaires sont les pyramides dont les masses t'ont épouvanté : au delà, le rivage étroit que bornent et la mer et de raboteuses montagnes, fut le séjour des peuples phéniciens. Là furent les villes de *Tyr*, de *Sidon*, d'*Ascalon*, de *Gaze* et de *Beryte*. Ce filet d'eau sans issue est le fleuve du Jourdain, et ces roches arides furent jadis le théâtre d'événements qui ont rempli le monde. Voilà ce désert d'*Horeb* et ce mont *Sinai*, où, par des moyens qu'ignore le vulgaire, un homme profond et hardi fonda des institutions qui ont influé sur l'espèce entière. Sur la plage aride qui confine, tu n'aperçois plus de trace de splendeur, et cependant ici fut un entrepôt de richesses. Ici étaient ces ports iduméens, d'où les flottes phéniciennes et juives, côtoyant la presqu'île arabe, se rendaient dans le golfe Persique, pour y prendre les perles d'Hévila, et l'or de Saba et d'Ophir. Oui, c'est là, sur cette côte d'Oman et de Bahrain, qu'était le siége de ce commerce de luxe, qui, dans ses mouvements et ses révolutions, fit le destin des anciens peuples : c'est là que venaient se fendre les aromates et les pierres précieuses de Ceylan, les schals de Kachemire, les diamants de Golconde, l'ambre des Maldives, le musc du Tibet, l'aloës de Cochin, les singes et les paons du continent de l'Inde, l'encens d'Hadramaût, la myrrhe, l'argent, la poudre d'or et l'ivoire d'Afrique : c'est de là que prenant leur route, tantôt par la mer Rouge, sur les vaisseaux d'Égypte et de Syrie, ces jouissances alimentèrent successivement l'opulence de Thèbes, de Sidon, de Memphis et de Jérusalem; et que, tantôt remontant le Tigre et l'Euphrate, elles suscitèrent l'activité des nations assyriennes, mèdes, kaldéennes et perses; et ces richesses, selon l'abus et l'usage qu'elles en firent, élevèrent ou renversèrent tour à tour leur domination. Voilà le foyer qui suscitait la magnificence de Persépolis, dont tu aperçois les colonnes; d'Ecbatane, dont la septuple enceinte est détruite; de Babylone qui n'a plus que des monceaux de terre fouillée; de Ninive, dont le nom à peine subsiste; de Tapsaque, d'Anatho, de Gerra, de cette désolée Palmyre. O noms à jamais glorieux! champs célèbres, contrées mémorables! combien votre aspect présente de leçons profondes! combien de vérités sublimes sont écrites sur la surface de cette terre! Souvenirs des temps passés, revenez à ma pensée! Lieux témoins de la vie de l'homme en tant de divers âges, retracez-moi les révolutions de sa fortune! Dites quels en furent les mobiles et les ressorts! Dites à quelles sources il puisa ses succès et ses disgraces! Dévoilez à lui-même les causes de ses maux! Redressez-le par la vue de ses erreurs! Enseignez-lui sa propre sagesse, et que l'expérience des races passées devienne un tableau d'instruction et un germe de bonheur pour les races présentes et futures!»

CHAPITRE V.

Condition de l'homme dans l'univers.

Et après quelques moments de silence, le Génie reprit en ces termes :

« Je te l'ai dit, ô ami de la vérité ! l'homme reporte en vain ses malheurs à des *agents obscurs* et *imaginaires*; il recherche en vain à ses maux des *causes mystérieuses*.... Dans l'ordre général de l'univers, sans doute sa condition est assujettie à des inconvénients; sans doute son existence est dominée par des *puissances supérieures;* mais ces puissances ne sont, ni les décrets d'un destin aveugle, ni les caprices d'êtres fantastiques et bizarres : ainsi que le monde dont il fait partie, l'homme est régi par des *lois naturelles*, régulières dans leur cours, conséquentes dans leurs effets, immuables dans leur essence; et ces lois, *source commune des biens et des maux*, ne sont point écrites au loin dans les astres, ou cachées dans des codes mystérieux; inhérentes à la nature des êtres terrestres, identifiées à leur existence, en tout temps, en tout lieu, elles sont présentes à l'homme, elles agissent sur ses sens, elles avertissent son intelligence, et portent à chaque action sa peine et sa récompense. Que l'homme connaisse ces lois! *qu'il comprenne la nature des êtres qui l'environnent, et sa propre nature,* et il connaîtra les moteurs de sa destinée; il saura quelles sont les causes de ses maux et quels peuvent en être les remèdes.

Quand la *puissance secrète* qui *anime l'univers* forma le globe que l'homme habite, elle imprima aux êtres qui le composent des *propriétés essentielles* qui devinrent la *règle* de leurs mouvements individuels, le lien de leurs rapports réciproques, la cause de l'harmonie de l'ensemble; par-là, elle établit un ordre régulier de causes et d'effets, de principes et de conséquences, lequel, *sous une apparence de hasard*, gouverne l'univers et maintient l'équilibre du monde : ainsi, elle attribua au feu le mouvement de l'activité; à l'air, l'élasticité; la pesanteur et la densité à la matière; elle fit l'air plus léger que l'eau, le métal plus lourd que la terre, le bois moins tenace que l'acier; elle ordonna à la flamme de monter, à la pierre de descendre, à la plante de végéter; à l'homme, *voulant l'exposer au choc* de tant d'êtres divers, et cependant *préserver sa vie* fragile, elle lui donna la faculté *de sentir*. Par cette faculté, toute action nuisible à son existence lui porta une sensation de *mal* et de *douleur ;* et toute action favorable, une sensation de *plaisir* et de *bien-être.* Par ces sensations, l'homme, tantôt détourné de ce qui blesse ses sens, et tantôt entraîné vers ce qui les flatte, a été *nécessité d'aimer et de conserver sa vie.* Ainsi, *l'amour de soi, le désir du bien-être, l'aversion de la douleur*, ont été les *lois essentielles et primordiales imposées à l'homme par la* NATURE *même*; les lois que la puissance ordonnatrice quelconque a établies pour le gouverner, et qui, semblables à celles *du mouvement dans le monde physique*, sont devenues le principe simple et fécond de *tout ce qui s'est passé dans le monde moral.*

Telle est donc la condition de l'homme : d'un côté, soumis à l'action des éléments qui l'environnent, il est assujetti à plusieurs maux inévitables; et si dans cet arrêt la NATURE s'est montrée sévère, d'autre part juste, et même indulgente, elle a non-seulement tempéré ces maux par des biens équivalents, elle a encore donné à l'homme le pouvoir d'augmenter les uns et d'alléger les autres; elle a semblé lui dire : « Faible ouvrage de mes mains, je ne te dois rien, et je te donne la vie; le monde où je te place ne fut pas fait pour toi, et cependant je t'en accorde l'usage : tu le trouveras mêlé de biens et de maux; c'est à toi de les distinguer, c'est à toi de guider tes pas dans des sentiers de fleurs et d'épines. Sois l'arbitre de ton sort; je te remets ta destinée. » — Oui, l'homme est devenu l'artisan de sa destinée; lui-même a créé tour à tour les revers ou les succès de sa fortune ; et si, à la vue de tant de douleurs dont il a tourmenté sa vie, il a eu lieu de gémir de sa faiblesse ou de son imprudence, en considérant de quels principes il est parti et à quelle hauteur il a su s'élever, peut-être a-t-il plus droit encore de présumer de sa force et de s'enorgueillir de son génie.

CHAPITRE VI.

État originel de l'homme.

Dans l'*origine*, l'homme formé *nu de corps et d'esprit*, se trouva jeté au hasard sur la terre confuse et sauvage : orphelin délaissé de la *puissance* inconnue qui l'avait produit, il ne vit point à ses côtés des *êtres descendus des cieux* pour l'avertir de *besoins* qu'il ne doit qu'à *ses sens*, pour l'instruire de *devoirs* qui naissent uniquement de *ses besoins*. Semblable aux autres animaux, sans expérience du passé, sans prévoyance de l'avenir, il erra au sein des forêts, guidé seulement et gouverné par les affections de sa nature; par la *douleur* de la *faim*, il fut conduit aux aliments, et il pourvut à sa subsistance ; par les *intempéries de l'air*, il désira de couvrir son corps, et il se fit des vêtements ; par l'*attrait d'un plaisir puissant*, il s'approcha d'un être semblable à lui, et il perpétua son espèce......

Ainsi, les *impressions* qu'il reçut de chaque objet, éveillant ses *facultés*, développèrent par degrés son entendement, et commencèrent d'instruire sa profonde ignorance ; ses besoins suscitèrent son industrie, ses périls formèrent son courage ; il apprit à distinguer les plantes utiles des nuisibles, à combattre les éléments, à saisir une proie, à défendre sa vie, et il allégea sa misère.

Ainsi, *l'amour de soi, l'aversion de la douleur, le désir du bien-être*, furent les mobiles simples et puissants qui retirèrent l'homme de *l'état sauvage* et *barbare* où la NATURE l'avait placé ; et lorsque maintenant sa vie est semée de jouissances, lorsqu'il peut compter chacun de ses jours par quelques douceurs, il a le droit de s'applaudir et de se dire : « C'est moi qui ai produit les biens qui m'environnent, c'est moi qui suis l'artisan de mon bonheur : habitation sûre, vêtements commodes, aliments abondants et sains, campagnes riantes, coteaux fertiles, empires peuplés, tout est mon ouvrage ; sans moi, cette terre livrée au désordre ne serait qu'un marais immonde, qu'une forêt sauvage, qu'un désert hideux. » Oui, *homme créateur*, reçois mon hommage ! Tu as mesuré l'étendue des cieux, calculé la masse des astres, saisi l'éclair dans les nuages, dompté la mer et les orages, asservi tous les éléments : ah! comment tant d'élans sublimes se sont-ils mélangés de tant d'égarements ?

CHAPITRE VII.

Principe des sociétés.

Cependant, errants dans les bois et aux bords des fleuves, à la poursuite des fauves et des poissons, les premiers humains, chasseurs et pêcheurs, entourés de dangers, assaillis d'ennemis, tourmentés par la faim, par les reptiles, par les bêtes féroces, sentirent *leur faiblesse individuelle*; et, mus *d'un besoin* commun *de sûreté* et d'un *sentiment réciproque* de mêmes maux, ils unirent leurs moyens et leurs forces; et quand l'un encourut un péril, plusieurs l'aidèrent et le secoururent; quand l'un manqua de subsistance, un autre le partagea de sa proie : ainsi les hommes *s'associèrent* pour *assurer leur existence*, pour *accroître leurs facultés*, pour *protéger leurs jouissances*; et l'*amour de soi* devint le *principe* de la *société*.

Instruits ensuite par l'épreuve répétée d'accidents divers, par les fatigues d'une vie vagabonde, par les soucis de disettes fréquentes, les hommes raisonnèrent en eux-mêmes, et se dirent: « Pourquoi consumer nos jours à chercher des fruits épars sur un sol avare? Pourquoi nous épuiser à poursuivre des proies qui nous échappent dans l'onde et les bois? Que ne rassemblons-nous sous notre main les animaux qui nous sustentent? Que n'appliquons-nous nos soins à les multiplier et à les défendre? Nous nous alimenterons de leurs produits, nous nous vêtirons de leurs dépouilles, et nous vivrons exempts des fatigues du jour et des soucis du lendemain. » Et les hommes, s'aidant l'un et l'autre, saisirent le chevreau léger, la brebis timide; ils captivèrent le chameau patient, le taureau farouche, le cheval impétueux; et, s'applaudissant de leur industrie, ils s'assirent dans la joie de leur ame, et commencèrent de goûter le repos et l'aisance; et *l'amour de soi, principe de tout raisonnement,* devint *le moteur de tout art et de toute jouissance.*

Alors que les hommes purent couler des jours dans de longs loisirs et dans la communication de leurs pensées, ils portèrent sur la terre, sur les cieux, et sur leur propre existence, des regards de curiosité et de réflexion; ils remarquèrent le cours des saisons, l'action des éléments, les propriétés des fruits et des plantes, et ils appliquèrent leur esprit à multiplier leurs jouissances. Et dans quelques contrées, ayant observé que certaines semences contenaient sous un petit volume une substance saine, propre à se transporter et à se conserver, ils imitèrent le procédé de la nature ; ils confièrent à la terre le riz, l'orge et le blé, qui fructifièrent au gré de leur espérance, et ayant trouvé le moyen d'obtenir, dans *un petit espace*, et *sans déplacement*, *beaucoup de subsistances et de longues provisions*, ils se firent des *demeures sédentaires*; ils construisirent des maisons, des hameaux, des villes, formèrent des peuples, des nations ; et l'*amour de soi* produisit tous les développements du génie et de la puissance.

Ainsi, par l'unique secours de ses facultés, l'homme a su lui-même s'élever à l'étonnante hauteur de sa fortune présente. Trop heureux si, observateur scrupuleux de la loi imprimée à son être, il en eût fidèlement rempli l'unique et véritable objet! Mais, par une imprudence fatale, ayant tantôt méconnu, tantôt transgressé sa limite, il s'est lancé dans un dédale d'erreurs et d'infortunes ; et l'*amour de soi*, tantôt *déréglé* et tantôt *aveugle*, est devenu un principe fécond de calamités.

CHAPITRE VIII.

Source des maux des sociétés.

EN effet, à peine les hommes purent-ils développer leurs facultés, que, *saisis* de *l'attrait* des *objets qui flattent les sens*, ils se livrèrent à des désirs effrénés. Il ne leur suffit plus de la mesure des *sensations douces* que la NATURE avait *attachées à leurs vrais besoins pour les lier à leur existence*: non contents des biens que leur offrait la terre, ou que produisait leur industrie, ils voulurent entasser les jouissances, et convoitèrent celles que possédaient leurs semblables; et un homme *fort s'éleva contre un homme faible*, pour lui ravir les fruits de ses peines; et le *faible* invoqua un *autre faible*, pour *résister* à la *violence*; et deux forts se dirent : « Pourquoi *fatiguer* nos bras à produire des jouissances qui se trouvent dans les mains des faibles? *Unissons-nous*, et *dépouillons-les*; ils fatigueront pour nous, et nous jouirons sans peine. » Et les *forts* s'étant associés pour l'oppression, les *faibles* pour la *résistance*, les hommes se tourmentèrent réciproquement; et il s'établit sur la terre une discorde générale et funeste, dans laquelle les passions, se produisant sous mille formes nouvelles, n'ont cessé de former un enchaînement successif de calamités.

Ainsi, ce *même amour de soi* qui, *modéré et prudent*, était un *principe de bonheur* et de *perfection*, devenu *aveugle* et *désordonné*, se transforma en un poison corrupteur; et la *cupidité*, fille et compagne de l'*ignorance*, s'est rendue la *cause de tous les maux* qui ont désolé la terre.

Oui, l'IGNORANCE ET LA CUPIDITÉ! voilà la double source de tous les tourments de la vie de l'homme! C'est par elles que, se faisant de fausses idées de bonheur, il a *méconnu* ou *enfreint les lois de la nature*, dans les rapports de lui-même aux objets extérieurs, et que, nuisant à son existence, il a violé la *morale individuelle*; c'est par elles que, *fermant son cœur à la compassion* et son esprit à l'équité, il a vexé, affligé son semblable, et violé la *morale* sociale. Par l'*ignorance* et la *cupidité*, l'homme s'est armé contre l'homme, la famille contre la famille, la tribu contre la tribu, et la terre est devenue un théâtre sanglant de discorde et de brigandage : par l'*ignorance* et la *cupidité*, une guerre secrète, fermentant au sein de chaque État, a divisé le citoyen du citoyen; et une même société s'est partagée en oppresseurs et en opprimés, en maîtres et en esclaves : par elles, tantôt insolents et audacieux, les chefs d'une nation ont tiré ses fers de son propre sein, et l'avidité mercenaire a fondé le despotisme po-

3.

litique; tantôt hypocrites et rusés, ils ont fait descendre du ciel des pouvoirs menteurs, un joug sacrilège ; et la cupidité crédule a fondé le despotisme religieux : par elles enfin se sont dénaturées les idées du *bien* et du *mal*, du *juste* et de l'*injuste*, du *vice* et de la *vertu* ; et les nations se sont égarées dans un labyrinthe d'erreurs et de calamités.... La *cupidité* de l'homme et son *ignorance!*.... voilà les *génies malfaisants* qui ont perdu la terre! voilà les *décrets* du *sort* qui ont renversé les empires! voilà les anathèmes célestes qui ont frappé ces murs jadis glorieux, et converti la splendeur d'une ville populeuse en une solitude de deuil et de ruines!.... Mais puisque ce fut du sein de l'homme que sortirent tous les maux qui l'ont déchiré, ce fut aussi là qu'il en dut trouver les remèdes, et c'est là qu'il faut les chercher.

CHAPITRE IX.

Origine des gouvernements et des lois.

En effet, il arriva bientôt que les hommes, fatigués des maux qu'ils se causaient réciproquement, soupirèrent après la paix ; et, réfléchissant sur les causes de leurs infortunes, ils se dirent:

« Nous nous nuisons mutuellement par nos passions, et pour vouloir chacun tout envahir, il résulte que nul ne possède ; ce que l'un ravit aujourd'hui, on le lui enlève demain, et notre cupidité retombe sur nous-mêmes. Établissons-nous des *arbitres*, *qui jugent* nos prétentions et pacifient nos discordes. Quand le fort s'élèvera contre le faible, l'arbitre le réprimera, et il disposera de nos bras pour contenir la violence ; et la vie et les propriétés de chacun de nous seront sous la garantie et la protection communes, et nous jouirons tous des biens de la nature. »

Et, au sein des sociétés, il se forma des *conventions*, tantôt *expresses* et tantôt *tacites*, qui devinrent la *règle* des *actions* des particuliers, la *mesure* de leurs *droits*, la *loi* de leurs rapports réciproques ; et quelques hommes furent préposés pour les faire observer, et le peuple leur confia la *balance* pour peser les droits, et l'*épée* pour *punir* les *transgressions*.

Alors s'établit entre les individus un heureux *équilibre* de forces et d'action, qui fit la *sûreté* commune. Le nom de l'*équité* et de la *justice* fut reconnu et révéré sur la terre ; chaque homme pouvant jouir en paix des fruits de son travail, se livra tout entier aux mouvements de son ame ; et l'activité, suscitée et entretenue par la réalité ou par l'espoir des jouissances, fit éclore toutes les richesses de l'art et de la nature ; les champs se couvrirent de moissons, les vallons de troupeaux, les coteaux de fruits, la mer de vaisseaux, et l'homme fut heureux et puissant sur la terre.

Ainsi le désordre que son imprudence avait produit, sa propre sagesse le répara ; et cette sagesse en lui fut encore l'effet des lois de la nature dans l'organisation de son être. Ce fut pour assurer ses jouissances qu'il respecta celles d'autrui ; et la *cupidité* trouva son correctif dans l'*amour éclairé de soi-même*.

Ainsi l'*amour de soi*, mobile éternel de tout individu, est devenu la base nécessaire de toute association ; et c'est de l'observation de cette *loi naturelle* qu'à dépendu le sort de toutes les nations. Les *lois factices* et *conventionnelles* ont-elles tendu vers son but et rempli ses indications, chaque homme, mû d'un instinct puissant, a déployé toutes les facultés de son être ; et de la *multitude des félicités particulières* s'est composée la *félicité publique*. Ces *lois*, au contraire, ont-elles gêné l'essor de l'homme vers son bonheur, son cœur, privé de ses vrais mobiles, a langui dans l'inaction, et l'*accablement* des individus a fait la *faiblesse publique*.

Or, comme l'*amour de soi*, impétueux et imprévoyant, porte sans cesse l'homme contre son semblable, et tend par conséquent à *dissoudre* la *société*, l'art des *lois* et la vertu de leurs *agents* ont été de *tempérer* le *conflit* des *cupidités*, de maintenir l'équilibre entre les forces, d'assurer à chacun son *bien-être*, afin que, dans le choc de société à société, tous les membres portassent un même *intérêt* à la conservation et à la défense de la *chose publique*.

La splendeur et la prospérité des empires ont donc eu à l'intérieur, pour cause efficace, l'*équité* des gouvernements et des lois; et leur puissance respective a eu pour mesure, à l'extérieur, le nombre des intéressés, et le degré d'intérêt à la chose publique.

D'autre part, la multiplication des hommes, en compliquant leurs rapports, ayant rendu la démarcation de leurs droits difficile; le jeu perpétuel des passions ayant suscité des incidents non prévus; les conventions ayant été vicieuses, insuffisantes ou nulles; enfin les auteurs des *lois* en ayant tantôt méconnu et tantôt dissimulé le but; et leurs ministres, au lieu de contenir la cupidité d'autrui, s'étant livrés à la leur propre; toutes ces causes ont jeté dans les sociétés le trouble et le désordre; et le vice des *lois* et l'*injustice* des gouvernements, dérivés de la *cupidité* et de l'*ignorance*, sont devenus les mobiles des malheurs des peuples et de la subversion des États.

CHAPITRE X.

Causes générales de la prospérité des anciens états.

O JEUNE homme qui demandes la sagesse, voilà quelles ont été les causes des révolutions de ces anciens États dont tu contemples les ruines! Sur quelque lieu que s'arrête ma vue, à quelque temps que se porte ma pensée, partout s'offrent à mon esprit les mêmes principes d'accroissement ou de destruction, d'élévation ou de décadence. Partout, si un peuple est puissant, si un empire prospère, c'est que les *lois* de *convention* y sont conformes aux *lois* de la *nature* ; c'est que le *gouvernement* y procure aux hommes l'*usage respectivement libre de leurs facultés, la sûreté égale de leurs personnes et de leurs propriétés.* Si, au contraire, un empire tombe en *ruines* ou se dissout, c'est que les lois sont vicieuses ou imparfaites, ou que le gouvernement corrompu les enfreint. Et si les lois et les gouvernements, d'abord sages et justes, ensuite se dépravent, c'est que l'alternative du bien et du mal tient à la nature du cœur de l'homme, à la succession de ses penchants, au progrès de ses connaissances, à la

CHAPITRE X.

combinaison des circonstances et des événements, comme le prouve l'histoire de l'espèce.

Dans l'enfance des nations, quand les hommes vivaient encore dans les forêts, soumis tous aux mêmes besoins, doués tous des mêmes facultés, ils étaient tous presque égaux en forces; et cette égalité fut une circonstance féconde et avantageuse dans la composition des sociétés : par elle, chaque individu se trouvant indépendant de tout autre, nul ne fut l'esclave d'autrui, nul n'avait l'idée d'être maître. L'homme novice ne connaissait ni servitude ni tyrannie; muni de moyens suffisants à son être, il n'imaginait pas d'en emprunter d'étrangers. Ne devant rien, n'exigeant rien, il jugeait des droits d'autrui par les siens, et il se faisait des idées exactes de justice : ignorant d'ailleurs l'art des jouissances, il ne savait produire que le nécessaire; et faute de superflu, la cupidité restait assoupie : que si elle osait s'éveiller, l'homme, attaqué dans ses vrais besoins, lui résistait avec énergie, et la seule opinion de cette résistance entretenait un heureux équilibre.

Ainsi, l'*égalité originelle*, à défaut de *convention*, maintenait la *liberté* des personnes, la *sûreté* des propriétés, et produisait les bonnes mœurs et l'ordre. Chacun travaillait par soi et pour soi; et le *cœur de l'homme, occupé, n'errait point en désirs coupables*. L'homme avait peu de jouissances, mais ses besoins étaient satisfaits; et comme la nature indulgente les fit moins étendus que ses forces, le travail de ses mains produisit bientôt l'abondance; l'abondance, la population : les arts se développèrent, les cultures s'étendirent, et la terre, couverte de nombreux habitants, se partagea en divers domaines.

Alors que les rapports des hommes se furent compliqués, l'ordre intérieur des sociétés devint plus difficile à maintenir. Le temps et l'industrie ayant fait naître les richesses, la cupidité devint plus active; et parce que l'égalité, facile entre les individus, ne put subsister entre les familles, l'équilibre naturel fut rompu : il fallut y suppléer par un équilibre factice; il fallut préposer des chefs, établir des lois, et, dans l'inexpérience primitive, il dut arriver qu'occasionées par la cupidité, elles en prirent le caractère; mais diverses circonstances concoururent à tempérer le désordre, et à faire aux gouvernements une nécessité d'être justes.

En effet, les États, d'abord faibles, ayant à redouter des ennemis extérieurs, il devint important aux chefs de ne pas opprimer les sujets : en diminuant l'*intérêt* des citoyens à leurs gouvernement, ils eussent diminué leurs *moyens* de *résistance*, ils eussent facilité les invasions étrangères, et, pour des jouissances superflues, compromis leur propre existence.

A l'intérieur, le caractère des peuples repoussait la tyrannie. Les hommes avaient contracté de trop longues habitudes d'indépendance; ils avaient trop peu de besoins et un sentiment trop présent de leurs propres forces.

Les États étant resserrés, il était difficile de diviser les citoyens pour les opprimer les uns par les autres : ils se communiquaient trop aisément, et leurs intérêts étaient trop clairs et trop simples. D'ailleurs, tout homme étant propriétaire et cultivateur, nul n'avait besoin de se vendre, et le despote n'eût point trouvé de mercenaires.

Si donc il s'élevait des dissensions, c'était de famille à famille, de faction à faction, et les intérêts étaient toujours communs à un grand nombre; les troubles en étaient sans doute plus vifs; mais la crainte des étrangers apaisait les discordes : si l'oppression d'un parti s'établissait, la terre étant ouverte, et les hommes, encore simples, rencontrant partout les mêmes avantages, le parti accablé émigrait, et portait ailleurs son indépendance.

Les anciens États jouissaient donc en eux-mêmes de moyens nombreux de prospérité et de puissance : de ce que chaque homme trouvait son bien-être dans la constitution de son pays, il prenait un vif intérêt à sa conservation; si un étranger l'attaquait, ayant à défendre son champ, sa maison, il portait aux combats la passion d'une cause personnelle, et le dévouement pour soi-même occasionait le dévouement pour la patrie.

De ce que toute action utile au public attirait son estime et sa reconnaissance, chacun s'empressait d'être utile, et l'*amour-propre* multipliait les talents et les vertus civiles.

De ce que tout citoyen contribuait également de ses biens et de sa personne, les armées et les fonds étaient inépuisables, et les nations déployaient des masses imposantes de forces.

De ce que la terre était libre et sa possession sûre et facile, chacun était propriétaire; et la division des propriétés conservait les mœurs en rendant le luxe impossible.

De ce que chacun cultivait pour lui-même, la culture était plus active, les denrées plus abondantes, et la richesse particulière faisait l'opulence publique.

De ce que l'abondance des denrées rendait la subsistance facile, la population fut rapide et nombreuse, et les États atteignirent en peu de temps le terme de leur plénitude.

De ce qu'il y eut plus de production que de consommation, le besoin du commerce naquit, et il se fit, de peuple à peuple, des échanges qui augmentèrent leur activité et leurs jouissances réciproques.

Enfin, de ce que certains lieux, à certaines époques, réunirent l'avantage d'être bien gouvernés à celui d'être placés sur la route de la plus active circulation, ils devinrent des entrepôts florissants de commerce et des siéges puissants de domination. Et sur les rives du Nil et de la Méditerranée, du Tigre et de l'Euphrate, les richesses de l'Inde et de l'Europe, entassées, élevèrent successivement la splendeur de cent métropoles.

Et les peuples, devenus riches, appliquèrent le superflu de leurs moyens à des travaux d'utilité commune et publique; et ce fut là, dans chaque État, l'époque de ces ouvrages dont la magnificence étonne l'esprit; de ces puits de Tyr, de ces digues de l'Euphrate, de ces conduits souterrains de la Médie (1), de ces forteresses du désert, de ces aqueducs de Palmyre, de ces temples, de ces portiques.....' Et ces travaux purent être immenses sans accabler les nations, parce qu'ils furent le produit d'un concours égal et commun des forces d'individus passionnés et libres.

Ainsi, les anciens États prospérèrent, parce que les institutions sociales y furent conformes aux véritables lois de la *nature*, et parce que les hommes, y jouissant de la *liberté* et de la *sûreté* de leurs *personnes* et de leurs *propriétés*, purent déployer toute l'étendue de leurs facultés, toute l'énergie de l'amour de soi-même.

---

(1) Voyez pour ces faits le Voyage en Syrie, tome II, et les Recherches nouvelles sur l'Histoire ancienne, tom. II.

CHAPITRE XI.

Causes générales des révolutions et de la ruine des anciens états.

Cependant la cupidité avait suscité entre les hommes une lutte constante et universelle qui, portant sans cesse les individus et les sociétés à des invasions réciproques, occasiona des révolutions successives et une agitation renaissante.

Et d'abord, dans l'état sauvage et barbare des premiers humains, cette cupidité audacieuse et féroce enseigna la rapine, la violence, le meurtre; et long-temps, les progrès de la civilisation en furent ralentis.

Lorsqu'ensuite les sociétés commencèrent de se former, l'effet des mauvaises habitudes passant dans les lois et les gouvernements, il en corrompit les institutions et le but; et il s'établit des droits arbitraires et factices, qui dépravèrent les idées de justice et la moralité des peuples.

Ainsi, parce qu'un homme fut plus fort qu'un autre, cette inégalité, accident de la nature, fut prise pour sa loi; et parce que le fort put ravir au faible la vie, et qu'il la lui conserva, il s'arrogea sur sa personne un droit de propriété abusif, et *l'esclavage des individus* prépara l'esclavage des nations.

Parce que le chef de famille put exercer une autorité absolue dans sa maison, il ne prit pour règle de sa conduite que ses goûts et ses affections : il donna ou ôta ses biens sans égalité, sans justice; et le *despotisme paternel* jeta les fondements du despotisme politique. Et dans les sociétés formées sur ces bases, le temps et le travail ayant développé les richesses, la cupidité, gênée par les lois, devint plus artificieuse sans être moins active. Sous des apparences d'union et de paix civile, elle fomenta, au sein de chaque État, une guerre intestine, dans laquelle les citoyens, divisés en corps opposés de professions, de classes, de familles, tendirent éternellement à s'approprier, sous le nom de *pouvoir suprême*, la faculté de tout dépouiller et de tout asservir au gré de leurs passions; et c'est cet esprit d'*invasion* qui, déguisé sous toutes les formes, mais toujours le même dans son but et dans ses mobiles, n'a cessé de tourmenter les nations.

Tantôt, s'opposant au pacte social, ou rompant celui qui déja existait, il livra les habitants d'un pays au choc tumultueux de toutes leurs discordes; et les *États dissous* furent, sous le nom d'*anarchie*, tourmentés par les passions de tous leurs membres.

Tantôt, un peuple jaloux de sa liberté, ayant

préposé des *agents* pour administrer, ces *agents* s'approprièrent les pouvoirs dont ils n'étaient que les gardiens : ils employèrent les fonds publics à corrompre les élections, à s'attacher des partisans, a diviser le peuple en lui-même. Par ces moyens, de temporaires qu'ils étaient, ils se rendirent perpétuels; puis d'électifs, héréditaires; et l'État, agité par les brigues des ambitieux, par les largesses des riches factieux, par la vénalité des pauvres oiseux, par l'empirisme des orateurs, par l'audace des hommes pervers, par la faiblesse des hommes vertueux, fut travaillé de tous les inconvénients de la *démocratie*.

Dans un pays, les chefs égaux en force, se redoutant mutuellement, firent des pactes impies, des associations scélérates; et se partageant les pouvoirs, les rangs, les honneurs, ils s'attribuèrent des priviléges, des immunités; s'érigèrent en corps séparés, en classes distinctes; s'asservirent en commun le peuple; et, sous le nom d'*aristocratie*, l'État fut tourmenté par les passions des grands et des riches.

Dans un autre pays, tendant au même but par d'autres moyens, des *imposteurs sacrés* abusèrent de la crédulité des hommes ignorants. Dans l'ombre des temples, et derrière les voiles des autels, ils firent agir et parler les dieux, rendirent des oracles, montrèrent des prodiges, ordonnèrent des *sacrifices*, imposèrent des *offrandes*, prescrivirent des *fondations;* et, sous le nom de *théocratie* et de *religion*, les États furent tourmentés par les *passions* des prêtres.

Quelquefois, lasse de ses désordres ou de ses tyrans, une nation, pour diminuer les sources de ses maux, se donna un seul maître; et alors, si elle limita les pouvoirs du prince, il n'eut d'autre désir que de les étendre; et si elle les laissa indéfinis, il abusa du dépôt qui lui était confié; et, sous le nom de *monarchie*, les États furent tourmentés par les passions des *rois* et des *princes*.

Alors des factieux, profitant du mécontentement des esprits, flattèrent le peuple de l'espoir d'un meilleur maître; ils répandirent les dons, les promesses, renversèrent le despote pour s'y substituer, et leurs disputes pour la succession ou pour le partage, tourmentèrent les États des désordres et des dévastations des *guerres civiles*.

Enfin, parmi ces rivaux, un individu plus habile ou plus heureux, prenant l'ascendant, concentra en lui toute la puissance : par un phénomène bizarre, un seul homme maîtrisa des millions de ses semblables contre leur gré ou sans leur aveu, et l'art de la *tyrannie* naquit encore de la *cupidité*. En effet, observant l'esprit d'égoïsme qui sans cesse divise tous les hommes, l'ambitieux le fomenta adroitement; il flatta la vanité de l'un, aiguisa la jalousie de l'autre, caressa l'avarice de celui-ci, enflamma le ressentiment de celui-là, irrita les passions de tous; opposant les intérêts ou les préjugés, il sema les divisions et les haines, promit au pauvre la dépouille du riche, au riche l'asservissement du pauvre, menaça un homme par un homme, une classe par une classe; et isolant tous les citoyens par la défiance, il fit sa force de leur faiblesse, et leur imposa un joug *d'opinion*, dont ils se serrèrent mutuellement les nœuds. Par l'armée, il s'empara des contributions; par les contributions, il disposa de l'armée; par le jeu correspondant des richesses et des places, il enchaîna tout un peuple d'un lien insoluble, et les États tombèrent dans la consomption lente du *despotisme*.

Ainsi, un même mobile, variant son action sous toutes les formes, attaqua sans cesse la consistance des États, et un cercle éternel de vicissitudes naquit d'un cercle éternel de passions.

Et cet esprit constant d'égoïsme et d'usurpation engendra deux effets principaux également funestes : l'un, que divisant sans cesse les sociétés dans toutes leurs fractions, il en opéra la faiblesse et en facilita la *dissolution;* l'autre, que tendant toujours à concentrer le pouvoir en une seule main, il occasiona un *engloutissement* successif de sociétés et d'États, fatal à leur paix et à leur existence commune.

En effet, de même que dans un État, un parti avait absorbé la nation, puis une famille le parti,

CHAPITRE XI.

un individu la famille ; de même il s'établit d'État à État un mouvement d'absorption, qui déploya en grand, dans l'*ordre politique*, tous les maux particuliers de l'*ordre civil*. Et une *cité* ayant subjugué une cité, elle se l'asservit, et en composa une province ; et deux *provinces* s'étant englouties, il s'en forma un *royaume* : enfin, deux royaumes s'étant conquis, l'on vit naître des *empires* d'une étendue gigantesque ; et dans cette agglomération, loin que la force interne des États s'accrût en raison de leur masse, il arriva, au contraire, qu'elle fut diminuée ; et, loin que la condition des peuples fût rendue plus heureuse, elle devint de jour en jour plus fâcheuse et plus misérable, par des raisons sans cesse dérivées de la nature des choses....

Par la raison qu'à mesure que les États acquièrent plus d'étendue, leur administration devenant plus épineuse et plus compliquée, il fallut, pour remuer ces masses, donner plus d'énergie au pouvoir, et il n'y eut plus de proportion entre les devoirs des souverains et leurs facultés ;

Par la raison que les despotes, sentant leur faiblesse, redoutèrent tout ce qui développait la force des nations, et qu'ils firent leur étude de l'atténuer ;

Par la raison que les nations, divisées par des préjugés d'ignorance et des haines féroces, secondèrent la perversité des gouvernements ; et que, se servant réciproquement de satellites, elles aggravèrent leur esclavage ;

Par la raison que la balance s'étant rompue entre les États, les plus forts accablèrent plus facilement les faibles ;

Enfin, par la raison qu'à mesure que les États se concentrèrent, les peuples, dépouillés de leurs lois, de leurs usages et des gouvernements qui leur étaient propres, perdirent l'esprit de *personnalité* qui causait leur énergie.

Et les despotes, considérant les empires comme des domaines, et les peuples comme des propriétés, se livrèrent aux déprédations et aux déréglements de l'autorité la plus arbitraire.

Et toutes les forces et les richesses des nations furent détournées à des dépenses particulières, à des fantaisies personnelles; et les rois, dans les ennuis de leur satiété, se livrèrent à tous les goûts factices et dépravés : il leur fallut des jardins suspendus sur des voûtes, des fleuves élevés sur des montagnes ; ils changèrent des campagnes fertiles en parcs pour des fauves, creusèrent des lacs dans les terrains secs, élevèrent des rochers dans les lacs, firent construire des palais de marbre et de porphyre, voulurent des ameublements d'or et de diamants. Sous prétexte de religion, leur orgueil fonda des temples, dota des prêtres oiseux, bâtit, pour de vains squelettes, d'extravagants tombeaux, mausolées et pyramides. Pendant des règnes entiers, on vit des millions de bras employés à des *travaux stériles* : et le luxe des princes, imité par leurs parasites et transmis de grade en grade jusqu'aux derniers rangs, devint une source générale de corruption et d'appauvrissement.

Et, dans la soif insatiable des jouissances, les tributs ordinaires ne suffisant plus, ils furent augmentés ; et le cultivateur, voyant accroître sa peine sans indemnité, perdit le courage ; et le commerçant, se voyant dépouillé, se dégoûta de son industrie ; et la multitude, condamnée à demeurer pauvre, restreignit son travail au seul nécessaire, et toute activité productive fut anéantie.

La surcharge rendant la possession des terres onéreuse, l'humble propriétaire abandonna son champ, ou le vendit à l'homme puissant ; et les fortunes se concentrèrent en un moindre nombre de mains. Et toutes les lois et les institutions favorisant cette accumulation, les nations se partagèrent entre un groupe d'oisifs opulents et une multitude pauvre de mercenaires. Le peuple indigent s'avilit, les grands rassasiés se dépravèrent ; et le nombre des intéressés à la conservation de l'État décroissant, sa force et son existence devinrent d'autant plus précaires.

D'autre part, nul objet n'étant offert à l'émulation, nul encouragement à l'instruction, les esprits tombèrent dans une ignorance profonde.

Et l'*administration* étant *secrète* et *mystérieuse*, il n'exista aucun moyen de réforme ni d'amélioration; les chefs ne régissant que par la violence et la fraude, les peuples ne virent plus en eux qu'une *faction* d'ennemis publics, et il n'y eut plus aucune harmonie entre les gouvernés et les gouvernants.

Et tous ces vices ayant énervé les États de l'Asie opulente, il arriva que les peuples vagabonds et pauvres des *déserts* et des *monts* adjacents convoitèrent les jouissances des *plaines fertiles*; et, par une cupidité commune, ayant attaqué les *empires policés*, ils renversèrent les trônes des despotes; et ces révolutions furent rapides et faciles, parce que la politique des tyrans avait amolli les sujets, rasé les forteresses, détruit les guerriers; et parce que les sujets accablés restaient sans intérêt personnel, et les soldats mercenaires sans courage.

Et des hordes barbares ayant réduit des nations entières à l'état d'esclavage, il arriva que les empires formés d'un peuple conquérant et d'un peuple conquis, réunirent en leur sein deux classes essentiellement opposées et ennemies. Tous les principes de la société furent dissous : il n'y eut plus ni intérêt *commun*, ni esprit *public*; et il s'établit une *distinction* de *castes* et de *races*, qui réduisit en système régulier le maintien du désordre; et selon que l'on naquit d'un certain sang,

CHAPITRE XI.

l'on naquit serf ou tyran, *meuble* ou *propriétaire*.

Et les oppresseurs étant moins nombreux que les opprimés, il fallut, pour soutenir ce faux équilibre, perfectionner la *science* de l'*oppression*. L'art de gouverner ne fut plus que celui d'assujettir au plus petit nombre le plus grand. Pour obtenir une obéissance si contraire à l'instinct, il fallut établir des peines plus sévères ; et la cruauté des lois rendit les mœurs atroces. Et la distinction des personnes établissant dans l'État deux codes, deux justices, deux droits ; le peuple, placé entre le penchant de son cœur et le serment de sa bouche, eut deux consciences contradictoires, et les idées du juste et de l'injuste n'eurent plus de base dans son entendement.

Sous un tel régime, les peuples tombèrent dans le désespoir et l'accablement. Et les accidents de la nature s'étant joints aux maux qui les assaillaient, éperdus de tant de calamités, ils en reportèrent les causes à des puissances supérieures et cachées ; et parce qu'ils avaient des tyrans sur la terre, ils en supposèrent dans les cieux ; et la superstition aggrava les malheurs des nations.

Et il naquit des doctrines funestes, des systèmes de religion atrabilaires et misanthropiques, qui peignirent les dieux *méchants* et *envieux* comme les despotes. Et pour les apaiser, l'homme leur offrit le sacrifice de toutes ses jouissances : il s'environna de *privations*, et renversa les lois de la nature. Prenant ses *plaisirs* pour des *crimes*, ses *souffrances* pour des *expiations*, il *voulut aimer la douleur*, *abjurer l'amour de soi-même;* il persécuta ses sens, détesta sa vie ; et une *morale abnégative* et *antisociale* plongea les nations dans l'inertie de la mort.

Mais parce que la nature prévoyante avait doué le cœur de l'homme d'un espoir inépuisable, voyant le bonheur tromper ses désirs sur cette terre, il le poursuivit dans un *autre monde :* par une douce illusion, il se *fit une autre patrie*, un *asile* où, loin des tyrans, il reprit les droits de son être ; de là résulta un nouveau désordre : épris d'un *monde imaginaire*, l'homme méprisa celui de la nature; pour des *espérances* chimériques, il négligea la *réalité*. Sa vie ne fut plus à ses yeux qu'un *voyage fatigant*, qu'un songe *pénible;* son corps qu'une *prison*, obstacle à sa félicité ; et la terre un lieu d'*exil* et de *pèlerinage*, qu'il ne daigna plus cultiver. Alors une *oisiveté sacrée s'établit dans le monde politique;* les campagnes se désertèrent ; les friches se multiplièrent, les empires se dépeuplèrent, les monuments furent négligés ; et de toutes parts l'ignorance, la superstition, le fanatisme, joignant leurs effets, multiplièrent les dévastations et les ruines.

Ainsi, agités par leurs propres passions, les hommes en masse ou en individus, toujours avides et imprévoyants, passant de l'esclavage à la tyrannie, de l'orgueil à l'avilissement, de la présomption au découragement, ont eux-mêmes été les éternels instruments de leurs infortunes.

Et voilà par quels mobiles simples et naturels fut régi le sort des anciens États; voilà par quelle série de causes et d'effets liés et conséquents, ils s'élevèrent ou s'abaissèrent, selon que les lois *physiques* du cœur humain y furent observées ou enfreintes; et dans le cours successif de leurs vicissitudes, cent peuples divers, cent empires tour à tour abaissés, puissants, conquis, renversés, en ont répété pour la terre les instructives leçons... Et ces leçons aujourd'hui demeurent perdues pour les générations qui ont succédé! Les désordres des temps passés ont reparu chez les races présentes! les chefs des nations ont continué de marcher dans des voies de mensonge et de tyrannie! les peuples de s'égarer dans les ténèbres des superstitions et de l'ignorance!

Eh bien! ajouta le Génie en se recueillant, puisque l'expérience des races passées reste ensevelie pour les races vivantes, puisque les fautes des aïeux n'ont pas encore instruit leurs descendants, les exemples anciens vont reparaître : la terre va voir se renouveler les scènes imposantes des temps oubliés. De nouvelles révolutions vont agiter les peuples et les empires. Des trônes puissants vont être de nouveau renversés, et des catastrophes terribles rappelleront aux hommes que ce n'est point en vain qu'ils enfreignent les lois de la nature et les préceptes de la sagesse et de la vérité.

CHAPITRE XII.

Leçons des temps passés répétées sur les temps présents.

Ainsi parla le Génie : frappé de la justesse et de la cohérence de tout son discours; assailli d'une foule d'idées, qui en choquant mes habitudes captivaient cependant ma raison, je demeurai absorbé dans un profond silence... Mais tandis que, d'un air triste et rêveur, je tenais les yeux fixés sur l'Asie, soudain du côte du nord, aux rives de la *mer Noire* et dans les champs de la *Krimée*, des tourbillons de fumée et de flammes attirèrent mon attention : ils semblaient s'élever à la fois de toutes les parties de la presqu'île : puis, ayant passé par l'isthme dans le continent, ils coururent, comme chassés d'un vent d'ouest, le long du lac fangeux d'*Azof*, et furent se perdre dans les plaines herbageuses du Kouban ; et considérant de plus près la marche de ces tourbillons, je m'aperçus qu'ils étaient précédés ou suivis de pelotons d'êtres mouvants, qui, tels que des fourmis ou des sauterelles troublées par le pied d'un passant, s'agitaient avec vivacité : quelquefois ces pelotons semblaient marcher les uns vers les autres et se heurter; puis, après le choc, il en restait plusieurs sans mouvement..... Et tandis qu'inquiet de tout ce spectacle, je m'efforcais de distinguer les objets: — Vois-tu, me dit le Génie, ces feux qui courent sur la terre, et comprends-tu leurs effets et leurs causes?—O Génie! répondis-je, je vois des colonnes de flammes et de fumée, et comme des insectes qui les accompagnent; mais quand déja je saisis à peine les masses des villes et des monuments, comment pourrais-je discerner de si petites créatures? seulement on dirait que ces insectes simulent des combats; car ils vont, viennent, se choquent, se poursuivent. — Ils ne les simulent pas, dit le Génie, ils les réalisent.— Et quels sont, repris-je, ces animalcules insensés qui se détruisent? ne périront-ils pas assez tôt, eux qui ne vivent qu'un jour?..... Alors le Génie me touchant encore une fois la vue et l'ouïe : *Vois*, me dit-il, *et entends*. — Aussitôt, dirigeant mes yeux sur les mêmes objets: Ah! malheureux, m'é-criai-je, saisi de douleur, ces colonnes de feux! ces insectes! ô Génie! ce sont les hommes, ce sont les ravages de la guerre!...... Ils partent des villes et des hameaux, ces torrents de flammes! Je vois les cavaliers qui les allument, et qui, le sabre à la main, se répandent dans les campagnes; devant eux fuient des troupes éperdues d'enfants, de femmes, de vieillards; j'aperçois d'autres cavaliers qui, la lance sur l'épaule, les accompagnent et les guident. Je reconnais même à leurs chevaux en laisse, à leurs *kalpaks*, à leur touffe de cheveux, que ce sont des *Tartares* ; et sans doute ceux qui les poursuivent, coiffés d'un chapeau triangulaire et vêtus d'uniformes verts, sont des *Moscovites*. Ah ! je le comprends, la guerre vient de se rallumer entre l'empire des *tsars* et celui des *sultans*. — « Non, pas encore, répliqua le Génie. Ce n'est qu'un préliminaire. Ces Tartares ont été et seraient encore des voisins incommodes, on s'en débarrasse ; leur pays est d'une grande convenance, on s'en arrondit ; et pour prélude d'une autre révolution, le trône des *Guérais* est détruit. »

Et en effet, je vis les étendards russes flotter sur la Krimée ; et leur pavillon se déploya bientôt sur l'*Euxin*.

Cependant aux cris des Tartares fugitifs, l'empire des Musulmans s'émut. « On chasse nos frères, s'écrièrent les enfants de Mahomet : on outrage le peuple du Prophète ! des infidèles occupent une terre consacrée, et profanent les temples de l'Islamisme. Armons-nous ; courons aux combats pour venger la gloire de Dieu et notre propre cause. »

Et un mouvement général de guerre s'établit dans les deux empires. De toutes parts on assembla des hommes armés, des provisions, des munitions, et tout l'appareil meurtrier des combats fut déployé; et, chez les deux nations, les temples, assiégés d'un peuple immense, m'offrirent un spectacle qui fixa mon attention. D'un côté, les Musulmans assemblés devant leurs mosquées, se lavaient les mains, les pieds, se taillaient les ongles, se peignaient la barbe; puis étendant par terre des tapis, et se tournant vers le midi, les bras tantôt ouverts et tantôt croisés, ils faisaient des génuflexions et des prostrations; et dans le souvenir des revers essuyés pendant leur dernière guerre, ils s'écriaient : « Dieu clément, Dieu miséricordieux ! as-tu donc abandonné ton peuple fidèle ? Toi qui a promis au Prophète l'empire des nations et signalé ta religion par tant de triomphes, comment livres-tu les *vrais croyants* aux armes des infidèles ? » et les *Imans* et les *Santons* disaient au peuple : « C'est le châtiment de vos péchés. Vous mangez du porc, vous buvez du vin ; vous touchez les choses immondes : Dieu vous a punis. Faites pénitence, purifiez-vous, dites la *profession de foi*(1), jeûnez de l'aurore au coucher, donnez la dîme de vos biens aux mosquées, allez à la Mekke, et Dieu vous rendra la victoire.» Et le peuple, reprenant courage, jetait de grands cris : Il n'y a qu'un Dieu, dit-il saisi de fureur, et Mahomet est son prophète : anathème à quiconque ne croit pas !....

---

(1) Il n'y a qu'un Dieu, et Mahomet est son prophète.

« Dieu de bonté, accorde-nous d'exterminer ces chrétiens : c'est pour ta gloire que nous combattons, et notre mort est un martyre pour ton nom. »
— Et alors, offrant des victimes, ils se préparèrent aux combats.

D'autre part, les Russes, à genoux, s'écriaient : « Rendons graces à Dieu, et célébrons sa puissance; il a fortifié notre bras pour humilier ses ennemis. Dieu *bienfaisant*, exauce nos prières : pour te plaire, nous passerons trois jours sans manger ni viande ni œufs. Accorde-nous d'exterminer ces Mahométans impies, et de renverser leur empire; nous te donnerons la dîme des dépouilles, et nous t'élèverons de nouveaux temples. » Et les prêtres remplirent les églises de nuages de fumée, et dirent au peuple : « Nous prions pour vous, et Dieu agrée notre encens et bénit vos armes. Continuez de jeûner et de combattre; dites-nous vos fautes secrètes; donnez vos biens à l'église : nous vous absoudrons de vos péchés, et vous mourrez en état de grace. » Et ils jetaient de l'eau sur le peuple, lui distribuaient des petits os de morts pour servir d'amulettes et de talismans; et le peuple ne respirait que guerre et combats.

Frappé de ce tableau contrastant des mêmes passions, et m'affligeant de leurs suites funestes, je méditais sur la difficulté qu'il y avait pour le juge commun d'accorder des demandes si contraires, lorsque le Génie saisi d'un mouvement de colère s'écria avec véhémence :

« Quels accents de démence frappent mon oreille? quel délire aveugle et pervers trouble l'esprit des nations? Prières sacriléges, retombez sur la terre! et vous, Cieux, repoussez des vœux homicides, des actions de graces impies! Mortels insensés? est-ce donc ainsi que vous révérez la Divinité! Dites! comment celui que vous appelez votre père commun doit-il recevoir l'hommage de ses enfants qui s'égorgent? Vainqueurs! de quel œil doit-il voir vos bras fumants du sang qu'il a créé? Et vous, vaincus! qu'espérez-vous de ces gémissements inutiles? Dieu a-t-il donc le cœur d'un mortel, pour avoir des passions changeantes? est-il, comme vous, agité par la vengeance ou la compassion, par la fureur ou le repentir? O quelles idées basses ils ont conçues du plus élevé des êtres! A les entendre, il semblerait que, bizarre et capricieux, *Dieu* se fâche ou s'apaise comme un homme; que tour à tour il aime ou il hait; qu'il bat ou qu'il caresse; que, faible ou méchant, il couve sa haine; que, contradictoire et perfide, il tend des piéges pour y faire tomber; qu'il punit le mal qu'il permet; qu'il prévoit le crime sans l'empêcher; que, juge partial, on le corrompt par des offrandes; que, despote imprudent, il fait des lois qu'ensuite il revoque; que, tyran farouche, il ôte ou donne ses graces sans raison, et ne se-

fléchit qu'à force de bassesses... Ah! c'est maintenant que j'ai reconnu le mensonge de l'homme! En voyant le tableau qu'il a tracé de la Divinité, je me suis dit : Non, non, ce n'est point *Dieu qui a fait l'homme à son image, c'est l'homme qui a figuré Dieu sur la sienne;* il lui a donné son esprit, l'a revêtu de ses penchants, lui a prêté ses jugements...... Et lorsqu'en ce mélange il s'est surpris contradictoire à ses propres principes, affectant une humilité hypocrite, il a taxé d'impuissance sa raison, et nommé *mystère de Dieu* les absurdités de son entendement.

« Il a dit : Dieu est *immuable,* et il lui a adressé des vœux pour le *changer.* Il l'a dit *incompréhensible,* et il l'a sans cesse interprété.

« Il s'est élevé sur la terre des *imposteurs* qui se sont dits *confidents de Dieu,* et qui, s'érigeant en docteurs des peuples, ont ouvert des voies de mensonge et d'iniquité : ils ont attaché des mérites à des pratiques indifférentes ou ridicules; ils ont érigé en vertu de prendre certaines postures, de prononcer certaines paroles, d'articuler de certains noms; ils ont transformé en délit, de manger de certaines viandes, de boire certaines liqueurs à tels jours plutôt qu'à tels autres. C'est le juif qui mourrait plutôt que de *travailler un jour de sabbat;* c'est le Perse qui se laisserait suffoquer avant de *souffler le feu* de son *haleine;* c'est l'Indien qui place la suprême perfection à se *frotter* de *fiente* de *vache*, et à *prononcer* mystérieusement *Aûm*; c'est le musulman qui croit avoir tout réparé en se lavant la tête et les bras, et qui dispute, le sabre à la main, s'il faut *commencer* par le *coude* ou par le *bout des doigts*; c'est le chrétien qui se croirait damné s'il mangeait de la graisse au lieu de lait ou de beurre. O doctrines sublimes et vraiment célestes! ô morales parfaites et dignes du martyre et de l'apostolat! je passerai les mers pour enseigner ces lois admirables aux peuples sauvages, aux nations reculées; je leur dirai : *Enfants de la nature! jusques à quand marcherez-vous dans le sentier de l'ignorance?* Jusques à quand méconnaîtrez-vous les vrais principes de la morale et de la religion? Venez en chercher les leçons chez les peuples pieux et savants, dans des pays civilisés; ils vous apprendront comment, pour plaire à Dieu, il faut, en certains mois de l'année, languir de soif et de faim tout le jour; comment on peut verser le sang de son prochain, et s'en purifier en faisant une profession de foi et une ablution méthodique; comment on peut lui dérober son bien, et s'en absoudre en le partageant avec certains hommes qui se vouent à le dévorer.

« *Pouvoir souverain et caché de l'univers! moteur mystérieux de la nature! ame universelle des êtres!* toi que, sous tant de noms divers, les mortels ignorent et révèrent; *être incompréhensible*,

5.

infini; Dieu qui, dans l'immensité des cieux, diriges la marche des mondes, et peuples les abîmes de l'espace de millions de soleils tourbillonnants, dis, que paraissent à tes yeux ces insectes humains que déja ma vue perd sur la terre! Quand tu t'occupes à guider les astres dans leurs orbites, que sont pour toi les vermisseaux qui s'agitent sur la poussière? Qu'importent à ton immensité leurs distinctions de partis, de sectes? et que te font les subtilités dont se tourmente leur folie?

« Et vous, hommes crédules, montrez-moi l'efficacité de vos pratiques! Depuis tant de siècles que vous les suivez ou les altérez, qu'ont changé vos *recettes* aux lois de la nature? Le soleil en a-t-il plus lui? le cours des saisons est-il autre? la terre en est-elle plus féconde? les peuples sont-ils plus heureux? Si Dieu est bon, comment se plaît-il à vos pénitences? S'il est infini, qu'ajoutent vos hommages à sa gloire? Si ses décrets ont tout prévu, vos prières en changent-elles l'arrêt? Répondez, hommes inconséquents!

« Vous, vainqueurs, qui dites servir Dieu, a-t-il donc besoin de votre aide? S'il veut punir, n'a-t-il pas en main les tremblements, les volcans, la foudre? et le Dieu clément ne sait-il corriger qu'en exterminant?

« Vous, musulmans, si Dieu vous châtie pour le viol des *cinq* préceptes, comment élève-t-il les Francs qui s'en rient? Si c'est par le *Qôran* qu'il régit la terre, sur quels principes jugea-t-il les nations avant le prophète, tant de peuples qui buvaient du vin, mangeaient du porc, n'allaient point à la *Mekke*, à qui cependant il fut donné d'élever des empires puissants? Comment jugea-t-il les *Sabéens de Ninive* et de *Babylone*; le *Perse*, adorateur du feu; le *Grec*, le *Romain*, idolâtres; les *anciens royaumes du Nil*, et vos propres aïeux *Arabes et Tartares*? Comment juge-t-il encore maintenant tant de nations qui méconnaissent ou ignorent votre culte, les nombreuses castes des Indiens, le vaste empire des Chinois, les noires tribus de l'Afrique, les insulaires de l'Océan, les peuplades de l'Amérique?

« Hommes présomptueux et ignorants, qui vous arrogez à vous seuls la terre! si Dieu rassemblait à la fois toutes les générations passées et présentes, que seraient, dans leur océan, ces sectes soi-disant universelles du chrétien et du musulman? Quels seraient les jugements de sa justice égale et commune sur l'universalité réelle des humains? C'est là que votre esprit s'égare en systèmes incohérents, et c'est là que la vérité brille avec évidence; c'est là que se manifestent les lois puissantes et simples de la nature et de la raison; lois d'un *moteur commun, général;* d'un Dieu impartial et juste, qui, pour pleuvoir sur un pays, ne demande point quel est son prophète; qui fait luire également son soleil sur toutes les races des

5.

hommes, sur le *blanc* comme sur le *noir*, sur le juif, sur le musulman, sur le chrétien et sur l'idolâtre; qui fait prospérer les moissons là où des mains soigneuses les cultivent; qui multiplie toute nation chez qui règnent l'industrie et l'ordre; qui fait prospérer tout empire où la justice est pratiquée, où l'homme puissant est lié par les lois, où le pauvre est protégé par elles, où le faible vit en sûreté, où chacun enfin jouit des droits qu'il tient de la *nature* et d'un *contrat* dressé avec équité.

« Voilà par quels principes sont jugés les peuples! voilà la vraie religion qui régit le sort des empires, et qui, de vous-mêmes, Ottomans, n'a cessé de faire la destinée! Interrogez vos ancêtres! demandez-leur par quels moyens ils élevèrent leur fortune, alors qu'*idolâtres*, peu nombreux et pauvres, ils vinrent des déserts tartares camper dans ces riches contrées; demandez si ce fut par l'islamisme, jusque-là méconnu par eux, qu'ils vainquirent les Grecs, les Arabes, ou si ce fut par le courage, la prudence, la modération, l'esprit d'union, vraies *puissances de l'état social*. Alors le sultan lui-même rendait la justice et veillait à la discipline; alors étaient punis le juge prévaricateur, le gouverneur concussionnaire, et la multitude vivait dans l'aisance ; le cultivateur était garanti des rapines du janissaire, et les campagnes prospéraient; les routes publiques étaient assurées,

CHAPITRE XII. 69

et le commerce répandait l'abondance. Vous étiez des brigands ligués, mais entre vous, vous étiez justes : vous subjuguiez les peuples ; mais vous ne les opprimiez pas. Vexés par leurs princes, ils préféraient d'être vos tributaires. Que m'importe, disait le chrétien, que *mon maître aime ou brise les images, pourvu qu'il me rende justice ? Dieu jugera sa doctrine aux cieux.*

« Vous étiez sobres et endurcis ; vos ennemis étaient énervés et lâches : vous étiez savants dans l'art des combats ; vos ennemis en avaient perdu les principes : vos chefs étaient expérimentés, vos soldats aguerris, dociles : le butin excitait l'ardeur ; la bravoure était récompensée ; la lâcheté, l'indiscipline punies ; et tous les ressorts du cœur humain étaient en activité : ainsi vous vainquîtes cent nations, et d'une foule de royaumes conquis, vous fondâtes un immense empire.

« Mais d'autres mœurs ont succédé ; et dans les revers qui les accompagnent, ce sont encore les lois de la nature qui agissent. Après avoir dévoré vos ennemis, votre cupidité, toujours allumée, a réagi sur son propre foyer ; et, concentrée dans votre sein, elle vous a dévorés vous-mêmes. Devenus riches, vous vous êtes divisés pour le partage et la jouissance ; et le désordre s'est introduit dans toutes les classes de votre société. Le sultan, enivré de sa grandeur, a méconnu l'objet de ses fonctions ; et tous les vices du pouvoir arbitraire se sont développés. Ne rencontrant jamais d'obstacles à ses goûts, il est devenu un être dépravé; homme faible et orgueilleux, il a repoussé de lui le peuple, et la voix du peuple ne l'a plus instruit et guidé. Ignorant, et pourtant flatté, il a négligé toute instruction, toute étude, et il est tombé dans l'incapacité; devenu inepte aux affaires, il en a jeté le fardeau sur des mercenaires, et les mercenaires l'ont trompé. Pour satisfaire leurs propres passions, ils ont stimulé, étendu les siennes; ils ont agrandi ses besoins, et son luxe énorme a tout consumé; il ne lui a plus suffi de la table frugale, des vêtements modestes, de l'habitation simple de ses aïeux; pour satisfaire à son faste, il a fallu épuiser la mer et la terre; faire venir du pôle les plus rares fourrures; de l'équateur, les plus chers tissus; il a dévoré, dans un mets, l'impôt d'une ville; dans l'entretien d'un jour, le revenu d'une province. Il s'est investi d'une armée de femmes, d'eunuques, de satellites. On lui a dit que la vertu des rois était la libéralité, la magnificence; et les trésors des peuples ont été livrés aux mains des adulateurs. A l'imitation du maître, les esclaves ont aussi voulu avoir des maisons superbes, des meubles d'un travail exquis, des tapis brodés à grands frais, des vases d'or et d'argent pour les plus vils usages, et toutes les richesses de l'empire se sont englouties dans le *Seraï*.

« Pour suffire à ce luxe effréné, les *esclaves* et

les *femmes* ont vendu leur crédit, et la vénalité a introduit une dépravation générale : ils ont vendu la faveur suprême au visir, et le visir a vendu l'empire. Ils ont vendu la loi au cadi, et le cadi a vendu la justice. Ils ont vendu au prêtre l'autel, et le prêtre a vendu les cieux; et l'or conduisant à tout, l'on a tout fait pour obtenir l'or : pour l'or, l'ami a trahi son ami; l'enfant, son père; le serviteur, son maître; la femme, son honneur; le marchand, sa conscience; et il n'y a plus eu dans l'État ni bonne foi, ni mœurs, ni concorde, ni force.

« Et le pacha, qui a payé le gouvernement de sa province, l'a considérée comme une ferme, et il y a exercé toute concussion. A son tour, il a vendu la perception des impôts, le commandement des troupes, l'administration des villages; et comme tout emploi *a été passager*, la rapine, répandue de grade en grade, a été hâtive et précipitée. Le douanier a rançonné le marchand, et le négoce s'est anéanti; l'aga a dépouillé le cultivateur, et la culture s'est amoindrie. Dépourvu d'avances, le laboureur n'a pu ensemencer : l'impôt est survenu, il n'a pu payer; on l'a menacé *du bâton*, il a emprunté; le numéraire, faute de sûreté, s'est trouvé caché; l'*intérêt* a été énorme, et l'usure du riche a aggravé la misère de l'ouvrier.

« Et des accidents de saison, des sécheresses,

excessives ayant fait manquer les récoltes, le gouvernement n'a fait pour l'impôt ni délai ni grace; et la détresse s'appesantissant sur un village, une partie de ses habitants a fui dans les villes; et leur charge, reversée sur ceux qui ont demeuré, a consommé leur ruine, et le pays s'est dépeuplé.

« Et il est arrivé que, poussés à bout par la tyrannie et l'outrage, des villages se sont révoltés; et le pacha s'en est réjoui : il leur a fait la guerre, il a pris d'assaut leurs maisons, pillé leurs meubles, enlevé leurs animaux; et quand la terre a demeuré déserte, *que m'importe?* a-t-il dit, *je m'en vais demain.*

« Et la terre manquant de bras, les eaux du ciel ou des torrents débordés ont séjourné en marécages; et sous ce climat chaud, leurs exhalaisons putrides ont causé des épidémies, des pestes, des maladies de toute espèce; et il s'en est suivi un surcroît de dépopulation, de pénurie et de ruine.

« Oh, qui dénombrera tous les maux de ce règne tyrannique!

« Tantôt les pachas se font la guerre, et, pour leurs querelles personnelles, les provinces d'un État identique sont dévastées. Tantôt, redoutant leurs maîtres, ils tendent à l'indépendance, et attirent sur leurs sujets les châtiments de leur révolte. Tantôt, redoutant ces sujets, ils appellent et soudoient des étrangers, et, pour se les affider, ils leur permettent tout brigandage. En un lieu, ils intentent un procès à un homme riche, et le dépouillent sur un faux prétexte ; en un autre, ils apostent de faux témoins, et imposent une contribution pour un délit imaginaire : partout ils excitent la haine des sectes, provoquent leurs délations pour en retirer des *avanies*; ils extorquent les biens, frappent les personnes ; et quand leur avarice imprudente a entassé en un monceau toutes les richesses d'un pays, le gouvernement, par une perfidie exécrable, feignant de venger le peuple opprimé, attire à lui sa dépouille dans celle du coupable, et verse inutilement le sang pour un crime dont il est complice.

« O scélérats, monarques ou ministres, qui vous jouez de la vie et des biens du peuple ! est-ce vous qui avez donné le souffle à l'homme, pour le lui ôter ? est-ce vous qui faites naître les produits de la terre, pour les dissiper ? fatiguez-vous à sillonner le champ ? endurez-vous l'ardeur du soleil et le tourment de la soif, à couper la moisson, à battre la gerbe ? veillez-vous à la rosée nocturne comme le pasteur ? traversez-vous les déserts comme le marchand ? Ah ! en voyant la cruauté et l'orgueil des puissants, j'ai été transporté d'indignation, et j'ai dit, dans ma colère : Eh quoi, il ne s'élèvera pas sur la terre des hommes qui vengent les peuples et punissent les tyrans ! Un petit nombre de brigands dévorent la multitude, et la multitude se laisse dévorer! O peuples avilis! connaissez vos droits! *Toute autorité vient de vous*, toute puissance *est* la *vôtre*. Vainement les rois vous commandent de *par Dieu* et de par *leur lance*, soldats, restez immobiles : puisque Dieu *soutient le sultan*, votre secours est inutile; puisque son épée lui suffit, il n'a pas besoin de la vôtre : voyons ce qu'il peut par lui-même.... Les soldats ont baissé les armes ; et voilà les *maîtres du monde* faibles comme le dernier de *leurs sujets!* Peuples! sachez donc que ceux qui vous gouvernent sont vos *chefs* et non pas vos *maîtres*, vos *préposés* et non pas vos *propriétaires*, qu'ils n'ont d'autorité *sur vous* que par *vous* et *pour votre* avantage; que vos richesses sont *à vous*, et qu'ils vous en sont *comptables;* que rois ou sujets, Dieu a fait tous les hommes *égaux*, et que nul des mortels n'a droit d'opprimer son semblable.

« Mais cette nation et ses chefs ont méconnu ces vérités saintes..... Eh bien! ils subiront les conséquences de leur aveuglement..... L'arrêt en est porté ; le jour approche où ce colosse de puissance, brisé, s'écroulera sous sa propre masse : oui, j'en jure par les *ruines de tant d'empires détruits! l'empire du Croissant* subira le sort des États dont il a imité le régime. Un peuple étranger chassera les sultans de leur métropole ; le *trône d'Orkhan sera renversé, le dernier rejeton de sa race sera retranché*, et la horde des *Oguzians*,

privée de chef, se dispersera comme celle des *Nogais* : dans cette dissolution, les peuples de l'empire, déliés du joug qui les rassemblait, reprendront leurs anciennes distinctions; et une anarchie générale surviendra comme il est arrivé dans l'empire des *Sophis*, jusqu'à ce qu'il s'élève chez l'Arabe, l'Arménien ou le Grec, des législateurs qui recomposent de nouveaux États.... Oh! s'il se trouvait sur la terre des hommes profonds et hardis ! quels éléments de grandeur et de gloire!...... Mais déja l'heure du destin sonne. Le cri de la guerre frappe mon oreille, et la catastrophe va commencer. Vainement le sultan oppose ses armées; ses guerriers ignorants sont battus, dispersés : vainement il appelle ses *sujets*; les cœurs sont glacés ; les sujets répondent ; *Cela est écrit ; et qu'importe qui soit notre maître? nous ne pouvons perdre à changer.* Vainement les vrais croyants invoquent les cieux et le Prophète : le Prophète est mort, et les cieux, sans pitié, répondent : « Cessez de nous invoquer ; vous avez
« fait vos maux, guérissez-les vous-même. La na-
« ture a établi des lois, c'est à vous de les prati-
« quer : observez, raisonnez, profitez de l'expé-
« rience. C'est la folie de l'homme qui le perd,
« c'est à sa sagesse de le sauver. Les peuples sont
« ignorants, qu'ils s'instruisent; leurs chefs sont
« pervers, qu'ils se corrigent et s'améliorent ; »
car tel est l'arrêt de la *nature: Puisque les maux*

des sociétés viennent de la cupidité et de l'ignorance, les hommes ne cesseront d'être tourmentés qu'ils ne soient éclairés et sages; qu'ils ne pratiquent l'art de la justice, fondé sur la connaissance de leurs rapports et des lois de leur organisation. »

CHAPITRE XIII.

L'espèce humaine s'améliorera-t-elle ?

A CES mots, oppressé du sentiment douloureux dont m'accabla leur sévérité : « Malheur aux nations! m'écriai-je en fondant en larmes ; malheur à moi-même! Ah! c'est maintenant que j'ai désespéré du bonheur de l'homme. Puisque ses maux procèdent de son cœur, puisque lui seul peut y porter remède, malheur à jamais à son existence! Qui pourra, en effet, mettre un frein à la cupidité du fort et du puissant? Qui pourra éclairer l'ignorance du faible? Qui instruira la multitude de ses droits, et forcera les chefs de remplir leurs devoirs? Ainsi, la race des hommes est pour toujours dévouée à la souffrance! Ainsi, l'individu ne cessera d'opprimer l'individu, une nation d'attaquer une autre nation ; et jamais il ne renaîtra pour ces contrées des jours de prospérité et de gloire. Hélas! des conquérants viendront ; ils chasseront les oppresseurs et s'établiront à leur place; mais, succédant à leur pouvoir, ils succéderont à leur rapacité, et la terre aura changé de tyrans sans changer de tyrannie. »

Alors me tournant vers le Génie : « O Génie! lui dis-je ; le désespoir est descendu dans mon ame : en connaissant la nature de l'homme, la *perversité de ceux qui gouvernent* et *l'avilissement* de ceux qui sont gouvernés, m'ont dégoûté de la vie ; et quand il n'est de choix que d'être complice ou victime de l'oppression, que reste-t-il à l'homme vertueux, que de joindre sa cendre à celle des tombeaux! »

Et le Génie, gardant le silence, me fixa d'un regard sévère mêlé de compassion ; et, après quelques instants, il reprit : « Ainsi, c'est à mourir que la vertu réside! L'homme pervers est infatigable à consommer le crime, et l'homme juste se rebute au premier obstacle à faire le bien!.... Mais tel est le cœur humain ; un succès l'enivre de confiance, un revers l'abat et le consterne : toujours entier à la sensation du moment, il ne juge point des choses par leur nature, mais par l'élan de sa passion. Homme qui désespères du genre humain, sur quel calcul profond de faits et de raisonnements as-tu établi ta sentence? As-tu scruté l'organisation de l'être sensible, pour déterminer avec précision si les mobiles qui le portent au bonheur sont essentiellement plus faibles que ceux qui l'en repoussent? Ou bien, embrassant d'un coup d'œil l'histoire de l'espèce, et jugeant du futur par l'exemple du passé, as-tu constaté que tout progrès lui est impossible? Réponds! depuis leur origine, les sociétés n'ont-elles fait aucun pas vers l'instruction et un meilleur sort? Les hommes sont-ils encore dans les forêts, manquant de tout, ignorants, féroces, stupides? Les nations sont-elles encore toutes à ces temps où, sur le globe, l'œil ne voyait que des brigands brutes ou des brutes esclaves? Si, dans un temps, dans un lieu, des individus sont devenus meilleurs, pourquoi la masse ne s'améliorerait-elle pas? Si des sociétés partielles se sont perfectionnées, pourquoi ne se perfectionnerait pas la société générale? Et si les premiers obstacles sont franchis, pourquoi les autres seraient-ils insurmontables?

« Voudrais-tu penser que l'espèce va se détériorant? Garde-toi de l'illusion et des paradoxes du *misanthrope* : l'homme mécontent du présent, suppose au passé une perfection mensongère, qui n'est que le masque de son chagrin. Il loue les morts en haine des vivants, il bat les enfants avec les ossements de leurs pères.

« Pour démontrer une prétendue perfection rétrograde, il faudrait démentir le témoignage des faits et de la raison ; et s'il reste aux faits passés de l'équivoque, il faudrait démentir le fait subsistant de l'organisation de l'homme ; il faudrait prouver qu'il naît avec un usage éclairé de ses sens ; qu'il sait, sans expérience, distinguer du poison l'aliment ; que l'enfant est plus sage que le vieillard, l'aveugle plus assuré dans sa marche que le clairvoyant ; que l'homme civilisé est plus malheureux que l'anthropophage ; en un mot, qu'il n'existe pas d'échelle progressive d'expérience et d'instruction.

« Jeune homme, crois-en la voix des tombeaux et le témoignage des monuments : des contrées sans doute ont déchu de ce qu'elles furent à certaines époques ; mais si l'esprit sondait ce qu'alors même furent la sagesse et la félicité de leurs habitants, il trouverait qu'il y eut dans leur gloire moins de réalité que d'éclat ; il verrait que dans les anciens États, même les plus vantés, il y eut d'énormes vices, de cruels abus, d'où résulta précisément leur fragilité ; qu'en général les principes des gouvernements étaient atroces ; qu'il régnait de peuple à peuple un brigandage insolent, des guerres barbares, des haines implacables ; que le droit naturel était ignoré ; que la moralité était pervertie par un fanatisme insensé, par des superstitions déplorables ; qu'un songe, qu'une vision, un oracle, causaient à chaque instant de vastes commotions : et peut-être les nations ne sont-elles pas encore bien guéries de tant de maux ; mais du moins l'intensité en a diminué, et l'expérience du passé n'a pas été totalement perdue.

Depuis trois siècles surtout, les lumières se sont accrues, propagées; la civilisation, favorisée de circonstances heureuses, a fait des progrès sensibles; les inconvénients mêmes et les abus ont tourné à son avantage; car si les conquêtes ont trop étendu les États, les peuples, en se réunissant sous un même joug, ont perdu cet esprit d'isolement et de division qui les rendait tous ennemis : si les pouvoirs se sont concentrés, il y a eu, dans leur gestion, plus d'ensemble et plus d'harmonie : si les guerres sont devenues plus vastes dans leurs masses, elles ont été moins meurtrières dans leurs détails : si les peuples y ont porté moins de personnalité, moins d'énergie, leur lutte a été moins sanguinaire, moins acharnée; ils ont été moins libres, mais moins turbulents; plus amollis, mais plus pacifiques. Le despotisme même les a servis; car si les gouvernements ont été plus absolus, ils ont été moins inquiets et moins orageux; si les trônes ont été des propriétés, ils ont excité, à titre d'héritage, moins de dissensions, et les peuples ont eu moins de secousses; si enfin les despotes, jaloux et mystérieux, ont interdit toute connaissance de leur administration, toute concurrence au maniement des affaires, les passions, écartées de la carrière politique, se sont portées vers les arts, les sciences naturelles, et la sphère des idées en tout genre s'est agrandie : l'homme, livré aux études abstraites, a mieux saisi sa place dans la nature, ses rapports dans la société; les principes ont été mieux discutés, les fins mieux connues, les lumières plus répandues, les individus plus instruits, les mœurs plus sociales, la vie plus douce : en masse, l'espèce, surtout dans certaines contrées, a sensiblement gagné; et cette amélioration désormais ne peut que s'accroître, parce que ses deux principaux obstacles, ceux-là mêmes qui l'avaient rendue jusque-là si lente et quelquefois rétrograde, la difficulté de transmettre et de communiquer rapidement les idées, sont enfin levés.

« En effet, chez les anciens peuples, chaque canton, chaque cité, par la *différence de son langage*, étant isolé de tout autre, il en résultait un chaos favorable à l'ignorance et à l'anarchie. Il n'y avait point de communications d'idées, point de participation d'invention, point d'harmonie d'intérêts ni de volontés, point d'unité d'action, de conduite : en outre, tout moyen de répandre et de transmettre les idées se réduisant *à la parole fugitive et limitée, à des écrits longs d'exécution, dispendieux et rares*, il s'ensuivait empêchement de toute instruction pour le présent, perte d'expérience de génération à génération, instabilité, rétrogradation de lumières, et perpétuité de chaos d'enfance.

Au contraire, dans l'état moderne, et surtout dans celui de l'Europe, de grandes nations ayant contracté l'alliance d'un même langage, il s'est établi de vastes communautés d'opinions ; les esprits se sont rapprochés, les cœurs se sont entendus ; il y a eu accord de pensées, unité d'action : ensuite *un art sacré, un don divin du génie, l'imprimerie*, ayant fourni le moyen de répandre, de communiquer en un même instant une même idée à des millions d'hommes, et de la fixer d'une manière durable, sans que la puissance des tyrans pût l'arrêter ni l'anéantir, il s'est formé une masse progressive d'instruction, une atmosphère croissante de lumières, qui désormais assure solidement l'amélioration. Et cette amélioration devient un effet nécessaire des lois de la nature ; car, par *la loi de la sensibilité*, l'homme tend aussi invinciblement à se *rendre heureux*, que le *feu à monter*, que la *pierre* à graviter, que l'eau *à se niveler*. Son obstacle est son *ignorance*, qui l'égare dans les moyens, qui le trompe sur les effets et les causes. A force d'expérience il s'éclairera ; à force d'erreurs il se redressera ; il deviendra sage et bon, *parce qu'il est de son intérêt de l'être* ; et, dans une nation, les idées se communiquant, des classes entières seront instruites, et la science deviendra vulgaire ; et tous les hommes connaîtront quels sont les principes du bonheur individuel et de la félicité publique ; ils sauront quels sont leurs rapports, leurs droits, leurs devoirs dans l'ordre social ; ils apprendront à se garantir des illusions de la cupidité ; ils concevront que la *mo-*

rale est une *science physique*, composée, il est vrai, d'éléments compliqués dans leur jeu, mais simples et invariables dans leur nature, parce qu'ils sont les éléments mêmes de l'organisation de l'homme. Ils sentiront qu'ils doivent être *modérés* et *justes*, parce que là est l'avantage et la sûreté de chacun; que vouloir jouir aux dépens d'autrui est un faux calcul d'ignorance, parce que de là résultent des représailles, des haines, des vengeances, et que l'improbité est l'effet constant de la sottise.

« Les particuliers sentiront que le bonheur individuel est lié au bonheur de la société;

« Les faibles, que, loin de se diviser d'intérêts, ils doivent s'unir, parce que l'égalité fait leurs forces ;

« Les riches, que la mesure des jouissances est bornée par la constitution des organes, et que l'ennui suit la satiété;

« Le pauvre, que c'est dans l'emploi du temps et la paix du cœur que consiste le plus haut degré du bonheur de l'homme.

« Et l'opinion publique atteignant les rois jusque sur leurs trônes, les forcer de se contenir dans les bornes d'une autorité régulière.

« Le hasard même, servant les nations, leur donnera tantôt *des chefs incapables, qui, par faiblesse, les laisseront devenir libres;* tantôt *des chefs éclairés, qui, par vertu, les affranchiront.*

« Et alors qu'il existera sur la terre de *grands individus*, des *corps de nations éclairées* et *libres*, il arrivera à l'espèce ce qui arrive à ses éléments: la communication des lumières d'une portion s'étendra de proche en proche, et gagnera le tout. Par *la loi de l'imitation*, *l'exemple d'un premier peuple sera suivi par les autres; ils adopteront son esprit, ses lois*. Les despotes même, voyant qu'ils ne peuvent plus maintenir leur pouvoir sans la justice et la bienfaisance, adouciront leur régime par besoin, par rivalité ; et la civilisation deviendra générale.

« Et il s'établira de peuple à peuple *un équilibre de forces*, qui, les contenant tous dans le respect de leurs droits réciproques, fera cesser leurs barbares usages de guerre, et soumettra *à des voies civiles le jugement de leurs contestations* ; et l'espèce entière deviendra une *grande société*, une même *famille* gouvernée par un même esprit, par de communes lois, et jouissant de toute la félicité dont la nature humaine est capable.

« Ce grand travail sans doute sera long, parce qu'il faut qu'un même mouvement se propage dans un corps immense; qu'un même levain assimile une énorme masse de parties hétérogènes, mais enfin ce mouvement s'opérera, et déja les présages de cet avenir se déclarent. Déja la *grande société*, parcourant dans sa marche les mêmes phases que les *sociétés partielles*, s'annonce pour tendre aux mêmes résultats. Dissoute d'abord en toutes ses parties, elle a vu long-temps ses membres sans cohésion ; et l'isolement général des peuples forma *son premier âge d'anarchie et d'enfance* : partagée ensuite au hasard en sections irrégulières d'États et de royaumes, elle a subi les fâcheux effets de l'extrême *inégalité* des richesses, des conditions; et l'*aristocratie des grands empires* a formé son *second âge* : puis, ces *grands privilégiés* se disputant la prédominance; elle a parcouru la période du *choc* des *factions*. Et maintenant les partis, las de leurs discordes, sentant le besoin des lois, soupirent après l'époque de l'ordre et de la paix. Qu'il se montre un *chef* vertueux! qu'un *peuple puissant et juste* paraisse! et la terre l'élève au pouvoir suprême : la terre attend un *peuple législateur*; elle le désire et l'appelle, et mon cœur l'attend..... » Et tournant la tête du côté de l'occident...... « Oui, continua-t-il, déja un bruit sourd frappe mon oreille : un cri de *liberté*, prononcé sur des rives lointaines, a retenti dans l'ancien continent. A ce cri, un murmure secret contre l'oppression s'élève chez une grande nation ; une inquiétude salutaire l'alarme sur sa situation; elle s'interroge sur ce qu'elle est, sur ce qu'elle devrait être; et surprise de sa faiblesse, elle recherche quels sont ses droits, ses moyens; quelle a été la conduite de ses chefs..... Encore un jour, une réflexion :..... et un mouvement immense va naître; un siècle nouveau va s'ouvrir! siècle d'étonnement pour le vulgaire, de surprise et d'effroi pour les tyrans, d'affranchissement pour un grand peuple, et d'espérance pour toute la terre! »

CHAPITRE XIV.

Le grand obstacle au perfectionnement.

Le génie se tut.... Cependant, prévenu de noirs sentiments, mon esprit demeura rebelle à la persuasion; mais craignant de le choquer par ma résistance, je demeurai silencieux.... Après quelque intervalle, se tournant vers moi et me fixant d'un regard perçant :..... Tu gardes le silence, reprit-il, et ton cœur agite des pensées qu'il n'ose produire!.... Interdit et troublé : « O Génie! lui dis-je, pardonne ma faiblesse : sans doute ta bouche ne peut proférer que la vérité; mais ta céleste intelligence en saisit les traits là où mes sens grossiers ne voient que des nuages. J'en fais l'aveu : la conviction n'a point pénétré dans mon ame, et j'ai craint que mon *doute* ne te fût une offense.

« Et qu'a le *doute*, répondit-il, qui en fasse un crime ? l'homme est-il maître de sentir autrement qu'il n'est affecté?..... Si une vérité est palpable et d'une pratique importante, plaignons celui qui

CHAPITRE XIV.   87

la méconnaît : sa peine naîtra de son aveuglement. Si elle est incertaine, équivoque, comment lui trouver le caractère qu'elle n'a pas? Croire sans évidence, sans démonstration, est un acte d'ignorance et de sottise : le crédule se perd dans un dédale d'inconséquences; l'homme sensé examine, discute, afin d'être d'accord dans ses opinions; et l'homme de bonne foi supporte la contradiction, parce qu'elle seule fait naître l'évidence. La violence est l'argument du mensonge; et imposer d'autorité une croyance, est l'acte et l'indice d'un tyran. »

Enhardi par ces paroles : « O Génie, répondis-je, puisque ma raison est libre, je m'efforce en vain d'accueillir l'espoir flatteur dont tu la consoles : l'ame vertueuse et sensible se livre aisément aux rêves du bonheur, mais sans cesse une réalité cruelle la réveille à la souffrance et à la misère : plus je médite sur la nature de l'homme, plus j'examine l'état présent des sociétés, moins un monde de sagesse et de félicité me semble possible à réaliser. Je parcours de mes regards toute la face de notre hémisphère : en aucun lieu je n'aperçois le germe, ou ne pressens le mobile d'une heureuse révolution. L'Asie entière est ensevelie dans les plus profondes ténèbres. Le Chinois, avili par le *despotisme* du *bambou*, aveuglé par la superstition astrologique, entravé par un code immuable de gestes, par le vice radical d'une langue et surtout d'une écriture mal construites, ne m'offre, dans sa civilisation avortée, qu'un peuple automate. L'Indien, accablé de préjugés, enchaîné par les liens sacrés de ses castes, végète dans une apathie incurable. Le Tartare, errant ou fixé, toujours ignorant et féroce, vit dans la barbarie de ses aïeux. L'Arabe, doué d'un génie heureux, perd sa force et le fruit de sa vertu dans l'anarchie de ses tribus et la jalousie de ses familles. L'Africain, dégradé de la condition d'homme, semble voué sans retour à la servitude. Dans le nord, je ne vois que des serfs avilis, que des peuples *troupeaux*, dont se jouent de grands *propriétaires*. Partout l'ignorance, la tyrannie, la misère, ont frappé de stupeur les nations ; et les habitudes vicieuses, dépravant les sens naturels, ont détruit jusqu'à l'instinct du bonheur et de la vérité : il est vrai que dans quelques contrées de l'Europe, la raison a commencé de prendre un premier essor; mais là même, les lumières des particuliers sont-elles communes aux nations? L'habileté des gouvernements a-t-elle tourné à l'avantage des peuples? Et ces peuples qui se disent policés, ne sont-ils pas ceux qui, depuis trois siècles, remplissent la terre de leurs injustices? ne sont-ce pas eux qui, sous des prétextes de commerce, ont dévasté l'Inde, dépeuplé le nouveau continent, et soumettent encore aujourd'hui l'Afrique au plus barbare des esclavages ? La liberté naîtra-t-elle du sein des tyrans, et la justice sera-t-elle rendue par des mains spoliatrices et avares ? O Génie ! j'ai vu les pays civilisés, et l'illusion de leur sagesse s'est dissipée devant mes regards : j'ai vu les richesses entassées dans quelques mains, et la multitude pauvre et dénuée : j'ai vu tous les droits, tous les pouvoirs concentrés dans certaines *classes*, et la masse des peuples passive et précaire : j'ai vu des *maisons de prince*, et point de *corps de nation*; des intérêts de *gouvernement*, et point d'intérêt ni d'esprit publics : j'ai vu que toute la science de ceux qui commandent consistait à *opprimer prudemment*; et la servitude raffinée des peuples policés m'a paru plus irrémédiable.

« Un obstacle surtout, ô Génie! a profondément frappé ma pensée : en portant mes regards sur le globe, je l'ai vu partagé en vingt systèmes de cultes différents : chaque nation a reçu ou s'est fait des opinions religieuses opposées; et chacune, s'attribuant exclusivement la vérité, veut croire toute autre en erreur. Or si, comme il est de fait, dans leur discordance, le grand nombre des hommes se trompe, et se trompe de bonne foi, il s'ensuit que notre esprit se *persuade du mensonge comme de la vérité;* et alors, quel moyen de l'éclairer? Comment dissiper le préjugé qui d'abord a saisi l'esprit? Comment, surtout, écarter son bandeau, quand le premier article de chaque croyance, le premier dogme de toute religion, est la proscription absolue du *doute*, *l'interdiction de l'examen*, *l'abnégation* de son propre jugement? Que fera la vérité pour être reconnue? Si elle s'offre avec les preuves du raisonnement, l'homme pusillanime récuse sa conscience; si elle invoque l'autorité des puissances célestes, l'homme préoccupé lui oppose une autorité du même genre, et traite toute innovation de blasphème. Ainsi l'homme, dans son aveuglement, rivant sur lui-même ses fers, s'est à jamais livré sans défense au jeu de son ignorance et de ses passions. Pour dissoudre des entraves si fatales, il faudrait un concours inouï d'heureuses circonstances; il faudrait qu'une nation entière, guérie du délire de la superstition, fût inaccessible aux impulsions du fanatisme; qu'affranchi du joug d'une fausse doctrine, un peuple s'imposât lui-même celui de la vraie morale et de la raison; qu'il fût à la fois *hardi* et *prudent*, instruit et docile; que chaque individu, connaissant ses droits, n'en transgressât pas la limite; que le pauvre sût résister à la séduction, le riche à l'avarice; qu'il se trouvât des chefs désintéressés et justes; que les oppresseurs fussent saisis d'un esprit de démence et de vertige; que le *peuple*, recouvrant ses pouvoirs, sentît qu'il ne les peut exercer, et qu'il se constituât des organes; que, créateur de ses magistrats, il sût à la fois les censurer et les respecter; que, dans la réforme subite de toute une nation vivant d'abus, chaque individu disloqué souffrît patiemment les privations et le changement de ses habitudes; que cette nation enfin fût assez courageuse pour conquérir sa liberté, assez instruite pour l'affermir, assez puissante pour la défendre, assez généreuse pour la partager : et tant de conditions pourront-elles jamais se rassembler? Et lorsqu'en ses combinaisons infinies, le sort produirait enfin celle-là, en verrai-je les jours fortunés? et ma cendre ne sera-t-elle pas dès long-temps refroidie? ».

A ces mots, ma poitrine oppressée se refusa à la parole.... Le Génie ne me répondit point; mais j'entendis qu'il disait à voix basse : « Soutenons l'espoir de cet homme; car si celui qui aime ses semblables se décourage, que deviendront les nations? Et peut-être le passé n'est-il que trop propre à flétrir le courage? Eh bien! anticipons le temps à venir; dévoilons à la vertu le siècle étonnant près de naître, afin qu'à la vue du but qu'elle désire, ranimée d'une nouvelle ardeur, elle redouble l'effort qui doit l'y porter. »

CHAPITRE XV.

Le siècle nouveau.

A peine eut-il achevé ces mots, qu'un bruit immense s'éleva du côté de l'occident; et, y tournant mes regards, j'aperçus à l'extrémité de la Méditerranée, dans le domaine de l'une des nations de l'Europe, un mouvement prodigieux; tel qu'au sein d'une vaste cité, lorsqu'une sédition violente éclate de toutes parts, on voit un peuple innombrable s'agiter et se répandre à flots dans les rues et les places publiques. Et mon oreille, frappée de cris poussés jusqu'aux cieux, distingua par intervalles ces phrases :

« Quel est donc ce prodige nouveau? quel est ce fléau cruel et mystérieux? Nous sommes une nation nombreuse, et nous manquons de bras! nous avons un sol excellent, et nous manquons de denrées! nous sommes actifs, laborieux, et nous vivons dans l'indigence! nous payons des tributs énormes, et l'on nous dit qu'ils ne suffisent pas! nous sommes en paix au dehors, et nos personnes et nos biens ne sont pas en sûreté au dedans! Quel est donc l'ennemi caché qui nous dévore? »

CHAPITRE XV.

Et des voix parties du sein de la multitude répondirent : Élevez un étendard distinctif autour duquel se rassemblent tous ceux qui, par d'utiles travaux, entretiennent et nourrissent la société, et vous connaîtrez l'ennemi qui vous ronge. »

- Et, l'étendard ayant été levé, cette nation se trouva tout à coup partagée en *deux corps inégaux*, et d'un aspect contrastant : *l'un innombrable* et presque *total*, offrait, dans la pauvreté générale des vêtements et l'air maigre et hâlé des visages, les indices de la misère et du travail; l'autre, *petit groupe*, *fraction* insensible, présentait, dans la richesse des habits chamarrés d'or et d'argent, et, dans l'embonpoint des visages, les symptômes du loisir et de l'abondance.

Et, considérant ces hommes plus attentivement, je reconnus que le *grand corps* était composé de laboureurs, d'artisans, de marchands, de toutes les professions laborieuses et studieuses utiles à la société, et que, dans le *petit groupe*, il ne se trouvait que des ministres du culte de tout grade (moines et prêtres), que des gens de finance, d'armoirie, de livrée, des chefs militaires et autres salariés du gouvernement.

Et ces deux corps en présence, front à front, s'étant considérés avec étonnement, je vis, d'un côté, naître la colère et l'indignation; de l'autre, un mouvement d'effroi; et le *grand corps* dit au *plus petit:*

« Pourquoi êtes-vous séparés de nous? N'êtes-vous donc pas de notre nombre? »

« Non, répondit le groupe : vous êtes le *peuple;* nous autres, nous sommes un corps distinct, *une classe privilégiée*, qui avons nos lois, nos usages, nos droits à parts. »

LE PEUPLE.

Et de quel travail viviez-vous dans notre société?

LES PRIVILÉGIÉS.

Nous ne sommes pas faits pour travailler.

LE PEUPLE.

Comment avez-vous donc acquis tant de richesses?

LES PRIVILÉGIÉS.

En prenant le soin de vous gouverner.

LE PEUPLE.

Quoi, nous *fatiguons*, et vous *jouissez!* nous *produisons*, et vous *dissipez!* Les richesses viennent de nous, vous les absorbez, et vous appelez cela *gouverner!*...... *Classe* privilégiée, corps distinct qui nous êtes étranger, formez votre nation à part, et voyons comment vous subsisterez.

Alors le petit groupe délibérant sur ce cas nouveau, quelques hommes justes et généreux dirent : Il faut nous rejoindre au peuple, et partager ses fardeaux; car ce sont des hommes comme nous, et nos richesses viennent d'eux. Mais d'autres dirent avec orgueil : Ce serait une honte de nous confondre avec la foule, elle est faite pour nous servir; ne sommes-nous pas la *race noble* et *pure* des conquérants de cet empire? Rappelons à cette multitude nos droits et son origine.

LES NOBLES.

Peuple! oubliez-vous que nos ancêtres ont conquis ce pays, et que votre race n'a obtenu la vie qu'à condition de nous servir? Voilà notre contrat social; voilà le gouvernement *constitué* par l'usage et prescrit par le temps.

LE PEUPLE.

Race *pure* des conquérants! montrez-nous vos généalogies! nous verrons ensuite si ce qui, dans un individu, est *vol* et *rapine*, devient vertu dans une nation.

Et à l'instant, des voix élevées de divers côtés commencèrent d'appeler par leurs noms une foule d'individus *nobles;* et, citant leur origine et leur parenté, elles racontèrent comment l'aïeul, le bisaïeul, le père lui-même, nés marchands, artisans, après s'être enrichis par des moyens quelconques, avaient acheté, à prix d'argent, la noblesse : en sorte qu'un très-petit nombre de familles étaient réellement de souche ancienne. Voyez, disaient ces voix, voyez ces roturiers parvenus qui renient leurs parents; voyez ces recrues plébéiennes qui se croient des vétérans illustres! Et ce fut une rumeur de risée.

Pour la détourner, quelques hommes astucieux s'écrièrent : Peuple doux et fidèle, reconnaissez l'autorité légitime : *le Roi veut, la loi ordonne.*

LE PEUPLE.

Classe privilégiée, courtisans de la fortune, laissez les rois s'expliquer; les rois ne peuvent vouloir que le *salut* de l'immense multitude, qui est le *peuple;* la loi ne saurait être que le vœu de l'*équité.*

Alors les privilégiés militaires dirent : La multitude ne sait obéir qu'à la force, il faut la châtier. Soldats, frappez ce peuple rebelle!

LE PEUPLE.

Soldats! vous êtes notre sang! frapperez-vous vos parents, vos frères? Si le peuple périt, qui nourrira l'armée?

Et les soldats, baissant les armes, dirent : Nous sommes aussi le peuple, montrez-nous l'ennemi! Alors les privilégiés ecclésiastiques dirent : Il n'y a plus qu'une ressource : le peuple est superstitieux; il faut l'effrayer par les noms de Dieu et de religion.

Nos chers frères! nos enfants! Dieu nous a établis pour vous gouverner.

CHAPITRE XV.
LE PEUPLE.

Montrez-nous vos pouvoirs célestes.

LES PRÊTRES.

Il faut de la foi : la raison égare.

LE PEUPLE.

Gouvernez-vous sans raisonner?

LES PRÊTRES.

Dieu veut la paix : la religion prescrit l'obéissance.

LE PEUPLE.

La paix suppose la justice; l'obéissance veut la conviction d'un devoir.

LES PRÊTRES.

On n'est ici-bas que pour souffrir.

LE PEUPLE.

Montrez-nous l'exemple.

LES PRÊTRES.

Vivrez-vous sans dieux et sans rois?

LE PEUPLE.

Nous voulons vivre sans oppresseurs.

LES PRÊTRES.

Il vous faut des *médiateurs*, des *intermédiaires*.
LE PEUPLE.
Médiateurs près de *Dieu* et des *rois! courtisans*

7

et *prêtres*, vos services sont trop dispendieux; nous traiterons désormais directement nos affaires.

Et alors le petit groupe dit : *Tout est perdu, la multitude est éclairée.*

Et le peuple répondit : Tout est sauvé, car si nous sommes éclairés, nous n'abuserons pas de notre force : nous ne voulons que nos droits. Nous avons des ressentiments, nous les oublions : nous étions esclaves, nous pourrions commander; nous ne voulons qu'être libres, et la *liberté* n'est que la *justice*.

CHAPITRE XVI.

Un peuple libre et législateur.

A lors, considérant que toute puissance publique était suspendue, que le régime habituel de ce peuple cessait tout à coup, je fus saisi d'effroi par la pensée qu'il allait tomber dans la dissolution de l'anarchie; mais tout à coup des voix s'élevèrent et dirent :

« Ce n'est pas assez de nous être affranchis des parasites et des oppresseurs, il faut empêcher qu'il n'en renaisse. Nous sommes *hommes*, et l'expérience nous a trop appris que chacun de nous tend sans cesse à dominer et à jouir aux dépens d'autrui. Il faut donc nous prémunir contre un penchant auteur de discorde; il faut établir des *règles certaines* de nos *actions* et de nos *droits*: or, la *connaissance* de ces droits, le *jugement* de ces actions sont des choses abstraites, difficiles, qui exigent tout le temps et toutes les facultés d'un homme. Occupés chacun de nos travaux, nous ne pouvons vaquer à de telles études, ni exercer par nous-mêmes de telles fonctions. Choisissons donc parmi nous quelques hommes dont ce soit l'emploi propre. *Déléguons*-leur nos pouvoirs communs pour nous créer un gouvernement et des lois; constituons-les *représentants* de nos *volontés* et de nos *intérêts*. Et, afin qu'en effet ils en soient une représentation aussi exacte qu'il sera possible, choisissons-les *nombreux et semblables à nous*, pour que la diversité de nos volontés et de nos intérêts se trouve rassemblée en eux. »

Et ce peuple, ayant choisi dans son sein une troupe nombreuse d'hommes qu'il jugea propres à son dessein, il leur dit : « Jusqu'ici nous avons vécu en une *société* formée *au hasard*, sans *clauses fixes*, sans conventions libres, sans stipulation de droits, sans engagements réciproques; et une foule de désordres et de maux ont résulté de cet état précaire. Aujourd'hui nous voulons, de dessein réfléchi, former un contrat régulier; nous vous avons choisis pour en dresser les articles : examinez donc avec maturité quelles doivent être ses bases et ses conditions ; recherchez avec soin *quel est le but*, quels sont les principes *de toute association* : connaissez les *droits* que chaque membre y porte, les facultés qu'il y *engage*, et celles qu'il y doit conserver : tracez-nous des *règles* de conduite, des *lois* équitables ; dressez-nous un système nouveau de gouvernement, car nous sentons que les principes qui nous ont guidés jusqu'à ce jour, sont vicieux. Nos pères ont marché dans des sentiers d'*ignorance*, et l'*habitude* nous a égarés sur leurs pas : tout s'est fait par violence, par fraude, par séduction, et les vraies lois de la morale et de la raison sont encore obscures : démêlez-en donc le chaos, découvrez-en l'enchaînement, publiez-en le code, et nous nous y conformerons. »

Et ce peuple éleva un trône immense en forme de pyramide ; et y faisant asseoir les hommes qu'il avait choisis, il leur dit : « Nous vous élevons aujourd'hui au-dessus de nous, afin que vous découvriez mieux l'ensemble de nos rapports, et que vous soyez hors de l'atteinte de nos passions.

« Mais souvenez-vous que vous êtes nos semblables ; que le pouvoir que nous vous conférons est à nous ; que nous vous le donnons en dépôt, non en propriété ni en héritage ; que les lois que vous ferez, vous y serez les premiers soumis ; que demain vous redescendrez parmi nous, et que nul droit ne vous sera acquis, que celui de l'estime et de la reconnaissance. Et pensez de quel tribut de gloire l'univers qui révère *tant d'apôtres d'erreur*, honorera la *première assemblée d'hommes raisonnables* qui aura solennellement déclaré les principes immuables de la justice, et consacré, à la face des tyrans, les droits des nations ! »

CHAPITRE XVII.

Base universelle de tout droit et de toute loi.

ALORS les *hommes choisis* par le peuple pour rechercher les vrais principes de la morale et de la raison procédèrent à l'objet sacré de leur mission ; et, après un long examen, ayant découvert un principe universel et fondamental, il s'éleva un législateur qui dit au peuple ; « Voici la *base primordiale*, l'origine *physique* de toute justice et de tout droit.

«, *Quelle que soit la puissance active, la cause motrice qui régit l'univers, ayant donné à tous les hommes les mêmes organes, les mêmes sensations, les mêmes besoins*, elle a, par ce fait même, déclaré qu'elle leur *donnait à tous les mêmes droits* à l'usage *de ses biens, et que tous les hommes sont égaux dans l'ordre de la nature.*

« En second lieu, de ce qu'elle a donné à chacun des *moyens suffisants* de pourvoir à son existence, il résulte avec évidence qu'elle les a tous constitués *indépendants* les uns des autres; qu'elle les a créés *libres;* que nul n'est soumis à autrui; que chacun est *propriétaire absolu* de son être.

« Ainsi, l'*égalité* et la *liberté* sont deux *attributs essentiels de l'homme;* deux *lois* de la *Divinité*, *inabrogeables* et *constitutives* comme les *propriétés* physiques des éléments.

« Or, de ce que tout individu est *maître absolu* de sa personne, il s'ensuit que la *liberté* pleine de son *consentement* est une condition inséparable de tout contrat et de tout engagement.

« Et de ce que tout individu est *égal* à un autre, il suit que la balance de ce qui est rendu à ce qui est donné, doit être rigoureusement en *équilibre*: en sorte que l'idée de liberté contient essentiellement celle de *justice*, qui naît de l'*égalité*.

« *L'égalité et la liberté* sont donc les *bases physiques* et inaltérables de toute *réunion d'hommes en société*, et, par suite, le *principe nécessaire* et *régénérateur* de toute loi et de tout système de gouvernement régulier.

« C'est pour avoir dérogé à cette base que chez vous, comme chez tout peuple, se sont introduits les désordres qui vous ont enfin soulevés. C'est en revenant à cette règle que vous pourrez les réformer, et reconstituer une association heureuse.

CHAPITRE XVII.

« Mais observez qu'il en résultera une grande secousse dans vos habitudes, dans vos fortunes, dans vos préjugés. Il faudra dissoudre des contrats vicieux, des droits abusifs; renoncer à des distinctions injustes, à de fausses propriétés; rentrer enfin un instant dans l'état de la nature. Voyez si vous saurez consentir à tant de sacrifices. »

Alors, pensant à la *cupidité* inhérente au cœur de l'homme, je crus que ce peuple allait renoncer à toute idée d'amélioration.

Mais, dans l'instant, une foule d'hommes généreux et des plus hauts rangs, s'avançant vers le trône, y firent abjuration de *toutes leurs distinctions* et de toutes *leurs richesses* : « Dictez-nous, dirent-ils, les lois de *l'égalité* et de *la liberté;* nous ne voulons plus rien posséder qu'au titre sacré de *la justice.*

« *Égalité, justice, liberté;* voilà quel sera désormais notre code et notre étendard. »

Et sur-le-champ le peuple éleva un drapeau immense, inscrit de ces trois mots, auxquels il assigna *trois couleurs.* Et l'ayant planté sur le siége du législateur, l'étendard de la *justice universelle* flotta pour la première fois sur la terre; et le peuple dressa en avant du siége un *autel nouveau,* sur lequel il plaça une balance d'or, une épée et un livre, avec cette inscription :

A LA LOI ÉGALE, QUI JUGE ET PROTÉGE.

Puis, ayant environné le siége et l'autel d'un

amphithéâtre immense, cette nation s'y assit tout entière pour entendre la publication de la loi. Et des millions d'hommes, levant à la fois les bras vers le ciel, firent le serment solennel de vivre *libres et justes; de respecter leurs droits récipro-ques, leurs propriétés; d'obéir à la loi et à ses agents régulièrement préposés.*

Et ce spectacle si imposant de force et de grandeur, si touchant de générosité, m'émut jusqu'aux larmes; et m'adressant au Génie : « Que je vive « maintenant, lui dis-je, car désormais je puis es- « pérer. »

CHAPITRE XVIII.

Effroi et conspiration des tyrans.

CEPENDANT, à peine le cri solennel de l'*égalité* et de la *liberté* eut-il retenti sur la terre, qu'un mouvement de trouble et de surprise s'excita au sein des nations; et d'une part la multitude émue de désir, mais indécise entre l'espérance et la crainte, entre le sentiment de ses droits et l'habitude de ses chaînes, commença de s'agiter; d'autre part, les rois réveillés subitement du sommeil de l'indolence et du despotisme, craignirent de voir renverser leurs trônes; et partout *ces classes de tyrans civils et sacrés* qui trompent les rois et oppriment les peuples, furent saisies de rage et d'effroi; et tramant des desseins perfides : « Malheur à nous, dirent-ils, si le cri funeste de la *liberté* parvient à l'oreille de la multitude ! Malheur à nous, si ce pernicieux esprit de *justice* se propage !..... » Et voyant flotter l'étendard : « Concevez-vous l'essaim de maux renfermés dans ces seules paroles ? Si tous les hommes sont *égaux*, où sont nos *droits exclusifs* d'honneur et de puissance ? Si tous sont ou doivent être *libres*, que deviennent nos *esclaves*, nos *serfs*, nos *propriétés* ? Si tous sont *égaux* dans l'état civil, où sont nos prérogatives de *naissance*, d'*hérédité* ? et que devient *la noblesse* ? S'ils sont tous égaux devant Dieu, où est le besoin de *médiateurs* ? et que devient le *sacerdoce* ? Ah ! pressons-nous de détruire un germe si fécond, si contagieux ! Employons tout notre art contre cette calamité ; effrayons les rois, pour qu'ils s'unissent à notre cause. Divisons les peuples, et suscitons-leur des troubles et des guerres. Occupons-les de *combats*, de *conquêtes* et de *jalousies*. Alarmons-les sur la puissance de cette nation libre. Formons une grande ligue contre l'ennemi commun. Abattons cet étendard sacrilége, renversons ce trône de rébellion, et étouffons dans son foyer cet incendie de révolution. »

Et en effet, les tyrans civils et sacrés des peuples formèrent une ligue générale; entraînant sur leurs pas une multitude contrainte ou séduite, ils se portèrent d'un mouvement hostile contre la nation libre, et investirent à grands cris l'*autel* et le *trône de la loi naturelle :* « Quelle est, dirent-ils, cette doctrine hérétique et nouvelle? Quel est cet autel impie, ce culte sacrilége?.... Sujets fidèles et croyants! ne semblerait-il pas que ce fût d'aujourd'hui que l'on vous découvre la vérité, que jusqu'ici vous eussiez marché dans l'erreur, que ces rebelles, plus heureux que vous, ont seuls le privilége d'être sages! Et vous, *peuple égaré*, ne voyez-vous pas que vos nouveaux chefs vous trompent, qu'ils *altèrent* les *principes* de *votre foi*, qu'ils *renversent* la *religion* de *vos pères?* Ah! tremblez que le courroux du ciel ne s'allume, et hâtez-vous, par un prompt repentir, de réparer votre erreur. »

Mais, inaccessible à la suggestion comme à la terreur, la nation libre garda le silence; et, se montrant tout entière en armes, elle tint une attitude imposante.

Et le législateur dit *aux chefs des peuples :* « Si, lorsque nous marchions *un bandeau sur les yeux*, la lumière éclairait nos pas, pourquoi, aujourd'hui qu'il est levé, fuira-t-elle nos regards qui la cherchent? Si les chefs qui prescrivent aux hommes d'être clairvoyants, les trompent et les égarent, que font ceux qui ne veulent guider que des *aveugles?* Chefs des peuples! si vous possédez la vérité, faites-nous la voir : nous la recevrons avec reconnaissance; car nous la cherchons avec désir, et nous avons intérêt de la trouver : nous *sommes hommes*, et nous pouvons nous tromper; mais vous êtes hommes aussi, et vous êtes *également* faillibles. Aidez-nous donc dans ce labyrinthe où, depuis tant de siècles, erre l'humanité; aidez-nous à dissiper l'illusion de tant de préjugés et de vicieuses habitudes; concourez avec nous, dans le choc de tant d'opinions qui se disputent notre croyance, à démêler le caractère propre et distinctif de la vérité. Terminons dans un jour les combats si longs de l'erreur : établissons entre elle et la vérité une lutte solennelle : appelons les opinions des hommes de toutes les nations : convoquons l'assemblée générale des peuples : qu'ils soient juges eux-mêmes dans la cause qui leur est propre; et que, dans le débat de tous les systèmes, nul défenseur, nul argument ne manquant aux préjugés ni à la raison, le sentiment d'une évidence générale et commune fasse enfin naître la concorde universelle des esprits et des cœurs. »

CHAPITRE XIX.

Assemblée générale des peuples.

Ainsi parla le législateur; et la multitude, saisie de ce mouvement qu'inspire d'abord toute proposition raisonnable, ayant applaudi, les tyrans, restés sans appui, demeurèrent confondus.

Alors s'offrit à mes regards une scène d'un genre étonnant et nouveau : tout ce que la terre compte de peuples et de nations, tout ce que les climats produisent de races d'hommes divers, accourant de toutes parts, me sembla se réunir dans une même enceinte; et là, formant un immense congrès, distingué en groupes par l'aspect varié des costumes, des traits du visage, des teintes de la peau, leur foule innombrable me présenta le spectacle le plus extraordinaire et le plus attachant.

D'un côté, je voyais l'Européen, à l'habit court et serré, au chapeau pointu et triangulaire, au menton rasé, aux cheveux blanchis de poudre; de l'autre, l'Asiatique, à la robe traînante, à la longue barbe, à la tête rase et au turban rond. Ici j'observais les peuples Africains, à la peau d'ébène, aux cheveux laineux, au corps ceint de pagnes blancs et bleus, ornés de bracelets et de colliers de corail, de coquilles et de verre : là les races septentrionales, enveloppées dans leurs sacs de peau; le *Lapon*, au bonnet pointu, aux souliers de raquette; le *Samoyède*, à l'odeur forte et au corps brûlant; le *Tongouze*, au bonnet cornu, portant ses idoles pendues sur son sein; le *Yakoute*, au visage piqueté; le *Calmouque*, au nez aplati, aux petits yeux renversés. Plus loin étaient le *Chinois*, au vêtement de soie, aux tresses pendantes; le *Japonais*, au sang mélangé; le *Malais*, aux grandes oreilles, au nez percé d'un anneau, au vaste chapeau de feuilles de palmier; et les habitants *tatoués* des îles de l'Océan et du continent antipode. Et l'aspect de tant de variétés d'une même espèce, de tant d'inventions bizarres d'un même entendement, de tant de modifications différentes d'une même organisation, m'affecta à la fois de mille sensations et de mille pensées. Je considérais avec étonnement cette gradation de couleurs, qui, de l'incarnat vif passe au brun clair, puis foncé, fumeux, bronzé, olivâtre, plombé, cuivré, enfin jusqu'au noir d'ébène et du jais; et trouvant le *Kachemirien*, au teint de roses, à côté de l'*Indou* hâlé, le *Géorgien* à côté du *Tartare*, je réfléchissais sur les effets du climat chaud ou froid, du sol élevé ou profond, marécageux ou sec, découvert ou ombragé; je comparais l'homme nain du pôle au géant des zones tempérées; le corps grêle de l'*Arabe* à l'ample corps du *Hollandais;* la taille épaisse et courte du *Samoyède* à la *taille* svelte du *Grec* et de l'*Esclavon;* la laine grasse et noire du *Nègre* à la soie dorée du *Danois;* la face aplatie du *Calmouque*, ses petits yeux en angle, son nez écrasé, à la face ovale et saillante, aux grands yeux bleus, au nez aquilin du *Circassien* et de l'*Abasan*. J'opposais aux toiles peintes de l'*Indien*, aux étoffes savantes de l'*Européen*, aux riches fourrures du *Sibérien*, les pagnes d'écorce, les tissus de jonc, de feuilles, de plumes, des nations sauvages, et les figures bleuâtres de serpents, de fleurs et d'étoiles dont leur peau était imprimée. Et tantôt le tableau bigarré de cette multitude me retraçait les prairies émaillées du Nil et de l'Euphrate, lorsqu'après les pluies ou le débordement, des millions de fleurs naissent de toutes parts; tantôt il me représentait, par son murmure et son mouvement, les essaims innombrables de sauterelles qui, du désert, viennent au printemps couvrir les plaines du *Hauran*.

Et, à la vue de tant d'êtres animés et sensibles, embrassant tout à coup l'immensité des pensées et des sensations rassemblées dans cet espace; d'autre part, réfléchissant à l'opposition de tant de préjugés, de tant d'opinions, au choc de tant de passions d'hommes si mobiles, je flottais entre l'étonnement, l'admiration et une crainte secrète...., quand le législateur, ayant réclamé le silence, attira toute mon attention.

« Habitants de la terre, dit-il, une *nation libre et puissante* vous adresse des paroles de *justice* et de *paix*, et elle vous offre de sûrs gages de ses intentions dans sa conviction et son expérience. Long-temps affligée des mêmes maux que vous, elle en a recherché la source; et elle a trouvé qu'ils dérivaient tous de la violence et de l'injustice, érigées en lois par l'inexpérience des races passées, et maintenues par les préjugés des races présentes : alors, annulant ses institutions factices et arbitraires, et remontant à l'origine de tout droit et de toute raison, elle a vu qu'il existait dans l'*ordre même de l'univers*, et dans la constitution physique de l'homme, des lois éternelles et immuables, qui n'attendaient que ses regards pour le rendre heureux. O hommes! élevez les yeux vers ce ciel qui vous éclaire! jetez-les sur cette terre qui vous nourrit! Quand ils vous offrent à tous les mêmes dons, quand vous avez reçu de la *puissance qui les meut* la même vie, les mêmes organes, n'en avez-vous pas reçu les mêmes droits à l'usage de ses bienfaits? Ne vous a-t-elle pas, par-là même, *déclarés* tous *égaux* et *libres*? Quel mortel osera donc refuser à son semblable ce que lui accorde la nature? O nations! bannissons toute tyrannie et toute discorde; ne formons plus qu'une même société, qu'une grande famille; et puisque le genre humain n'a qu'une même constitution, qu'il n'existe plus pour lui qu'une loi, celle de la *nature;* qu'un même code, celui de la *raison;* qu'un même trône, celui de la *justice;* qu'un même autel, celui de l'*union.* »

Il dit; et une acclamation immense s'éleva jusqu'aux cieux : mille cris de bénédiction partirent du sein de la multitude; et les peuples, dans leurs transports, firent retentir la terre des mots d'*égalité*, de *justice*, d'*union.* Mais bientôt à ce premier mouvement en succéda un différent; bientôt les docteurs, les chefs des peuples, les excitant à la dispute, je vis naître d'abord un murmure, puis une rumeur, qui, se communiquant de proche en proche, devint un vaste désordre; et chaque nation élevant des prétentions exclusives, réclamait la prédominance pour son code et son opinion.

« Vous êtes dans l'erreur, se disaient les partis en se montrant du doigt les uns les autres; nous seuls possédons la vérité et la raison; nous seuls avons la vraie loi, la vraie règle de tout droit, de toute justice, le seul moyen du bonheur, de la perfection; tous les autres hommes sont des aveugles ou des rebelles. » Et il régnait une agitation extrême.

Mais le législateur ayant réclamé le silence : « Peuples, dit-il, quel mouvement de passion vous agite? Où vous conduira cette querelle? Qu'attendez-vous de cette dissension! Depuis des siècles la terre est un champ de dispute, et vous avez versé des torrents de sang pour des opinions chimériques : qu'ont produit tant de combats et de larmes? Quand le fort a soumis le faible à son opinion, qu'a-t-il fait pour la vérité et pour l'évidence? O nations! prenez conseil de votre propre sagesse! Quand, parmi vous, une contestation divise des individus, des familles, que faites-vous pour les concilier? Ne leur donnez-vous pas des arbitres? » *Oui*, s'écria unanimement la multitude. « Eh bien! donnez-en de même aux auteurs de vos dissentiments. Ordonnez à ceux qui se font vos instituteurs, et qui vous imposent leur croyance, d'en débattre devant vous les raisons. Puisqu'ils invoquent vos intérêts, connaissez comment ils les traitent. Et vous, chefs et docteurs des peuples, avant de les entraîner dans la lutte de vos systèmes, discutez-en contradictoirement les preuves. Établissons une controverse solennelle, une recherche publique de la vérité, non devant le tribunal d'un individu corruptible ou d'un parti passionné, mais en face de toutes les lumières et de tous les intérêts dont se compose l'humanité, et que le sens *naturel* de toute l'espèce soit notre arbitre et notre juge. »

CHAPITRE XX.

La recherche de la vérité.

Et les peuples ayant applaudi, le législateur dit: « Afin de procéder avec ordre et sans confusion, laissez dans l'arène, en avant de l'*autel* de l'*union* et de la *paix*, un spacieux demi-cercle libre; et que chaque système de religion, chaque secte élevant un étendard propre et distinctif, vienne le planter aux bords de la circonférence; que ses chefs et ses docteurs se placent autour, et que leurs sectateurs se placent à la suite sur une même ligne. »

Et le demi-cercle ayant été tracé et l'ordre publié, à l'instant il s'éleva une multitude innombrable d'étendards, de toutes couleurs et de toutes formes; tel qu'en un port fréquenté de cent nations commerçantes, l'on voit aux jours de fêtes des milliers de pavillons et de flammes flotter sur une forêt de mâts. Et à l'aspect de cette diversité prodigieuse, me tournant vers le Génie : Je croyais, lui dis-je, que la terre n'était divisée qu'en huit ou dix systèmes de croyance, et je désespérais de toute conciliation : maintenant que je vois des milliers de partis différents, comment espérer la

CHAPITRE XX.

concorde?... Et cependant, me dit-il, ils n'y sont pas encore tous : et ils veulent être intolérants!...

Et à mesure que les groupes vinrent se placer, me faisant remarquer les symboles et les attributs de chacun, il commença de m'expliquer leurs caractères en ces mots :

« Ce premier groupe, me dit-il, formé d'étendards verts, qui portent *un croissant, un bandeau et un sabre*, est celui des sectateurs du prophète arabe. *Dire qu'il y a un Dieu* (sans savoir ce qu'il est), *croire aux paroles d'un homme* (sans entendre sa langue), *aller dans un désert prier Dieu* (qui est partout), *laver ses mains d'eau* (et ne pas s'abstenir de sang), *jeûner le jour* (et manger de nuit), *donner l'aumône de son bien* (et ravir celui d'autrui) : tels sont les moyens de perfection institués par *Mahomet*, tels sont les cris de ralliement de ses fidèles croyants. Quiconque n'y répond pas est un réprouvé, frappé d'anathème et dévoué au glaive. *Un Dieu clément, auteur de la vie*, a donné ces lois d'oppression et de meurtre : il les a faites pour tout l'univers, quoiqu'il ne les ait révélées qu'à un homme : il les a établies de toute éternité, quoiqu'il ne les ait publiées que d'hier : elles suffisent à tous les besoins, et cependant il y a joint un volume : ce volume devait répandre la lumière, montrer l'évidence, amener la perfection, le bonheur ; et cependant, du vivant même de l'apôtre, ses pages offrant à chaque phrase des sens obscurs, ambigus, contraires, il a fallu l'expliquer, le commenter; et ses interprètes, divisés d'opinions, se sont partagés en sectes opposées et ennemies. L'une soutient qu'*Ali* est le vrai successeur; l'autre défend *Omar* et *Aboubekre*: celle-ci nie *l'éternité du Qóran*, celle-là la nécessité des ablutions, des prières: le *Carmate* proscrit le pèlerinage et permet le vin; le *Hakemite* prêche la transmigration des ames: ainsi jusqu'au nombre de soixante-douze partis, dont tu peux compter les enseignes. Dans cette opposition, chacun s'attribuant exclusivement l'évidence, et taxant les autres d'hérésie, de rébellion, a tourné contre tous son apostolat sanguinaire. Et cette religion qui célèbre un Dieu clément et miséricordieux, auteur et père commun de tous les hommes, devenue un flambeau de discorde, un motif de meurtre et de guerre, n'a cessé depuis douze cents ans d'inonder la terre de sang, et de répandre le ravage et le désordre d'un bout à l'autre de l'ancien hémisphère.

« Ces hommes remarquables par leurs énormes turbans blancs, par leurs amples manches, par leurs longs chapelets, sont les *imams*, les *mollas*, les *muphtis*, et près d'eux les *derviches* au bonnet pointu, et les *santons* aux cheveux épars. Les voilà qui font avec véhémence la profession de foi, et commencent de disputer sur les *souillures graves* ou *légères*, sur la matière et la forme des *ablutions*, sur les attributs de Dieu et ses perfections, sur le *chaítan* et les anges méchants ou bons, sur la mort, la résurrection, l'*interrogatoire dans le tombeau*, le jugement, le *passage du pont étroit comme un cheveu*, la *balance des œuvres*, les peines de l'enfer et les délices du paradis.

« A côté, ce second groupe, encore plus nombreux, composé d'étendards à fond blanc, parsemés de croix, est celui des adorateurs de *Jésus*. Reconnaissant le même Dieu que les musulmans, fondant leur croyance sur les mêmes livres, admettant comme eux un premier homme qui perd tout le genre humain en mangeant une pomme, ils leur vouent cependant une sainte horreur, et par piété ils se traitent mutuellement de blasphémateurs et d'*impies*. Le grand point de leur dissension réside surtout en ce qu'après avoir admis un Dieu *un* et *indivisible*, les chrétiens le divisent ensuite en *trois* personnes, qu'ils veulent être chacune *un Dieu entier et complet*, sans cesser de former entre elles un *tout* identique. Et ils ajoutent que cet *être*, *qui remplit l'univers*, s'est *réduit* dans le corps d'un *homme*, et qu'il a pris des organes matériels, périssables, circonscrits, sans cesser d'être immatériel, éternel, infini. Les musulmans, qui ne comprennent pas ces *mystères*, quoiqu'ils conçoivent l'éternité du Qôran et la mission du Prophète, les taxent de folie, et les rejettent comme des visions de cerveaux malades; et de là des haines implacables.

« D'autre part, divisés entre eux sur plusieurs points de leur propre croyance, les chrétiens forment des partis non moins divers; et les querelles qui les agitent sont d'autant plus opiniâtres et plus violentes, que les objets sur lesquels elles se fondent étant inaccessibles aux sens, et par conséquent d'une démonstration impossible, les opinions de chacun n'ont de règle et de base que dans le caprice et la volonté. Ainsi, convenant que *Dieu* est un être *incompréhensible, inconnu*, ils *disputent* néanmoins sur son essence, sur sa manière d'agir, sur ses attributs : convenant que la transformation qu'ils lui supposent en homme, est une énigme au-dessus de l'entendement, ils disputent cependant sur la confusion ou la distinction des *deux volontés* et des *deux natures*, sur le *changement* de *substance*, sur la *présence réelle* ou *feinte*, sur le *mode de l'incarnation*, etc.

« Et de là des sectes innombrables, dont deux ou trois cents ont déja péri, et dont trois ou quatre cents autres, qui subsistent encore, t'offrent cette multitude de drapeaux où ta vue s'égare. Le premier en tête, qu'environne ce groupe d'un costume bizarre, ce mélange confus de robes violettes, rouges, blanches, noires, bigarrées, de têtes à tonsures, à cheveux courts ou rasés, à chapeaux rouges, à bonnets carrés, à mitres pointues, même à longues barbes, est l'étendard du pontife de Rome, qui, appliquant au sacerdoce la prééminence de sa ville dans l'ordre civil, a érigé sa *suprématie* en point de religion, et a fait un article de foi de son orgueil.

« A sa droite tu vois le pontife grec, qui, fier de la rivalité élevée par sa métropole, oppose d'égales prétentions, et les soutient contre l'Église d'Occident par l'antériorité de l'Église d'Orient. A gauche, sont les étendards de deux chefs récents (1), qui, secouant un joug devenu tyrannique, ont, dans leur réforme, dressé autels contre autels, et soustrait au pape la moitié de l'Europe. Derrière eux sont les sectes subalternes qui subdivisent encore tous ces grands partis, les *nestoriens*, les *eutychéens*, les *jacobites*, les *iconoclastes*, les *anabaptistes*, les *presbytériens*, les *viclefites*, les *osiandrins*, les *manichéens*, les *méthodistes*, les *adamites*, les *contemplatifs*, les *trembleurs*, les *pleureurs*, et cent autres semblables; tous partis distincts, se persécutant quand ils sont forts, se tolérant quand ils sont faibles, se haïssant au nom d'un Dieu de paix; se faisant chacun un paradis exclusif dans une religion de charité universelle, se vouant réciproquement dans l'autre monde à des peines sans fin, et réalisant dans

---

(1) Luther et Calvin.

celui-ci l'enfer que leurs cerveaux placent dans celui-là. »

Après ce groupe, voyant un seul étendard de couleur hyacinthe, autour duquel étaient rassemblés des hommes de tous les costumes de l'Europe et de l'Asie : « Du moins, dis-je au Génie, trouverons-nous ici de l'humanité. — Oui, me répondit-il, au premier aspect, et par cas fortuit et momentané : ne reconnais-tu pas ce système de culte ? » Alors apercevant le monogramme du nom de Dieu en lettres hébraïques, et les palmes que tenaient en main les rabbins : « Il est vrai, lui dis-je, ce sont les enfants de Moïse dispersés jusqu'à ce jour, et qui, abhorrant toute nation, ont été partout abhorrés et persécutés. — Oui, reprit-il, et c'est par cette raison que, n'ayant ni le temps ni la liberté de disputer, ils ont gardé l'apparence de l'unité ; mais à peine, dans leur réunion, vont-ils confronter leurs principes et raisonner sur leurs opinions, qu'ils vont, comme jadis, se partager au moins en deux sectes principales(1), dont l'une, s'autorisant du silence du législateur, et s'attachant au sens littéral de ses livres, niera tout ce qui n'y est point clairement exprimé, et, à ce titre, rejettera, comme invention des *circoncis*, la *survivance de l'ame* au corps, et sa *transmigration* dans des lieux de peines ou

---

(1) Les saducéens et les pharisiens.

de délices, et sa résurrection, et le jugement final, et les bons et les mauvais anges, et la révolte du mauvais génie, et tout le système poétique d'un monde ultérieur : et ce peuple privilégié, dont la perfection consiste à se couper un petit morceau de chair, ce peuple atome, qui, dans l'océan des peuples, n'est qu'une petite vague, et qui veut que Dieu n'ait rien fait que pour lui seul, réduira encore de moitié, par son schisme, le poids déja si léger qu'il établit dans la balance de l'univers. »

Et me montrant un groupe voisin, composé d'hommes vêtus de robes blanches, portant un voile sur la bouche, et rangés autour d'un étendard de *couleur aurore*, sur lequel était peint un globe tranché en deux hémisphères, l'un noir et l'autre blanc : « Il en sera ainsi, continua-t-il, de ces enfans de *Zoroastre*, restes obscurs de peuples jadis si puissants : maintenant persécutés comme les juifs, et dispersés chez les autres peuples, ils reçoivent, sans discussion, les préceptes du représentant de leur prophète; mais sitôt que le *môbed* et les *destours* seront rassemblés, la controverse s'établira sur le *bon* et le *mauvais principe*; sur les combats d'*Ormuzd*, dieu de lumière, contre *Ahrimanes*, dieu de ténèbres; sur leur sens direct ou allégorique; sur les *bons* et *mauvais génies*; sur le *culte du feu* et *des élémens*; sur les *ablutions* et sur les *souillures*; sur la *résurrection* en *corps* ou seulement en *ame*, et sur le *renouvellement du monde* existant, et sur le *monde nouveau* qui lui doit succéder. Et les *Parsis* se diviseront en sectes d'autant plus nombreuses, que dans leur dispersion les familles auront contracté les mœurs, les opinions des nations étrangères.

« A côté d'eux, ces étendards à fond d'azur, où sont peintes des figures monstrueuses de corps humains doubles, triples, quadruples, à tête de lion, de sanglier, d'éléphant, à queue de poisson, de tortue, etc., sont les étendards des sectes indiennes, qui trouvent leurs dieux dans les animaux, et les ames de leurs parents dans les reptiles et les insectes. Ces hommes fondent des hospices pour des éperviers, des serpents, des rats, et ils ont en horreur leurs semblables! Ils se purifient avec la fiente et l'urine de vache, et ils se croient souillés du contact d'un homme! Ils portent un réseau sur la bouche, de peur d'avaler, dans une mouche, une ame en souffrance, et ils laissent mourir de faim un paria! Ils admettent les mêmes divinités, et ils se partagent en drapeaux ennemis et divers.

« Ce premier, isolé à l'écart, où tu vois une figure à quatre têtes, est celui de *Brahma*, qui, quoique *dieu créateur*, n'a plus ni sectateurs ni temples, et qui, réduit à servir de piédestal au *Lingam*, se contente d'un peu d'eau que chaque matin le brâmane lui jette par-dessus l'épaule, en lui récitant un cantique stérile.

« Ce second, où est peint un *milan* au corps roux et à la tête blanche, est celui de *Vichenou*, qui, quoique *dieu conservateur*, a passé une partie de sa vie en aventures malfaisantes. Considère-le sous les formes hideuses de *sanglier* et de *lion*, déchirant des entrailles humaines, ou sous la figure d'un cheval, devant venir, le sabre à la main, détruire l'âge présent, *obscurcir les astres, abattre les étoiles, ébranler la terre, et faire au grand serpent un feu qui consumera les globes.*

« Ce troisième est celui de *Chiven*, dieu de *destruction*, de ravage, et qui a cependant pour emblême le signe de la production : il est le plus *méchant* des trois, et il compte le plus de sectateurs. Fiers de son caractère, ses partisans méprisent, dans leur dévotion (1), les autres dieux, ses égaux et ses frères; et par une imitation de sa bizarrerie, professant la pudeur et la chasteté, ils couronnent publiquement de fleurs, et arrosent de lait et de miel l'image obscène du *Lingam*.

« Derrière eux viennent les moindres drapeaux d'une foule de dieux, mâles, femelles, herma-

---

(1) Quand un sectateur de Chiven entend prononcer le nom de Vichenou, il s'enfuit en se bouchant les oreilles et va se purifier.

phrodites, qui, parents et amis des trois principaux, ont passé leur vie à se livrer des combats; et leurs adorateurs les imitent. Ces dieux n'ont besoin de rien, et sans cesse ils reçoivent des offrandes; ils sont tout-puissants, remplissent l'univers; et un brâmane, avec quelques paroles, les enferme dans une idole ou dans une cruche, pour vendre à son gré leurs faveurs.

« Au delà, cette multitude d'autres étendards que, sur un fond jaune qui leur est commun, tu vois porter des emblêmes différents, sont ceux d'un même *dieu*, lequel, sous des noms divers, règne chez les nations de l'Orient. Le Chinois l'adore dans *Fôt*, le Japonais le révère dans *Budso*, l'habitant de Ceylan dans *Bedhou* et *Boudah*, celui de Laos dans *Chekia*, le Pégouan dans *Phta*, le Siamois dans *Sommona Kodom*, le Tibetain dans *Boudd* et dans *La* : tous, d'accord sur le fond de son histoire, célèbrent sa *vie pénitente*, ses *mortifications*, ses *jeûnes*, ses fonctions de *médiateur* et d'*expiateur*, les haines d'un *dieu* son *ennemi*, leurs *combats* et son *ascendant*. Mais discords entre eux sur les moyens de lui plaire, ils disputent sur les rites et sur les pratiques, sur les dogmes de la *doctrine intérieure* et de la *doctrine publique*. Ici, ce bonze japonais, à la robe jaune, à la tête nue, prèche l'éternité des ames, leurs transmigrations successives dans divers corps; et près de lui le *sintoïste*, niant leur existence séparée des sens, soutient qu'elles ne sont qu'un *effet* des organes auxquels elles sont liées, et avec qui elles périssent, comme le son avec l'instrument. Là, le *Siamois*, aux sourcils rasés, l'écran *talipat* à la main, recommande l'aumône, les expiations, les offrandes; et cependant il croit au destin aveugle et à l'impassible fatalité. Le *hochang* chinois sacrifie aux ames des ancêtres, et près de lui le sectateur de *Confutzée* cherche son horoscope dans des fiches jetées au hasard, et dans le mouvement des cieux. Cet enfant, environné d'un essaim de prêtres à robes et à chapeaux jaunes, est le *grand Lama*, en qui vient de passer le dieu que le *Tibet* adore. Un rival s'est élevé pour partager ce bienfait avec lui; et sur les bords du lac *Baikal*, le Calmouque a aussi son dieu comme l'habitant de *La-sa;* mais d'accord en ce point important, que Dieu ne peut habiter qu'un corps d'homme, tous deux rient de la grossièreté de l'Indien, qui honore la fiente de la vache, tandis qu'eux consacrent les excréments de leur pontife.

Après ces drapeaux, une foule d'autres que l'œil ne pouvait dénombrer, s'offraient encore à nos regards : « Je ne terminerais point, dit le Génie, si je te détaillais tous les systèmes divers de croyance qui partagent encore les nations. Ici les hordes tartares adorent, dans des figures d'animaux, d'oiseaux et d'insectes, les *bons* et les *mauvais génies, qui, sous un dieu* principal, mais insouciant, régissent l'univers; dans leur idolâtrie, elles retracent le paganisme de l'ancien Occident. Tu vois l'habillement bizarre de leurs *chamans*, qui, sous une robe de cuir garnie de clochettes, de grelots, d'idoles de fer, de griffes d'oiseaux, de peaux de serpents, de têtes de chouettes, s'agitent en convulsions factices, et, par des cris magiques, évoquent les morts pour tromper les vivans. Là, les peuples noirs de l'Afrique, dans le culte de leurs fétiches, offrent les mêmes opinions. Voici l'habitant de Juida, qui adore Dieu dans un grand serpent, dont par malheur les porcs sont avides.... Voilà le Téleute, qui se le représente, vêtu de toutes couleurs, ressemblant à un soldat russe; voilà le Kamtschadale qui, trouvant que tout va mal dans ce monde et dans son climat, se le figure un *vieillard capricieux* et *chagrin*, fumant sa pipe, et chassant en traîneau les renards et les martres; enfin, voilà cent nations sauvages qui, n'ayant aucune des idées des peuples policés sur Dieu, ni sur l'ame, ni sur un monde ultérieur et une autre vie, ne forment aucun système de culte, et n'en jouissent pas moins des dons de la nature dans l'irréligion où elle-même les a créées.

CHAPITRE XXI.

Problème des contradictions religieuses.

Cependant les divers groupes s'étant placés, et un vaste silence ayant succédé à la rumeur de la multitude, le législateur dit : « Chefs et docteurs des peuples, vous voyez comment jusqu'ici les nations, vivant isolées, ont suivi des routes différentes : chacune croit suivre celle de la vérité ; et cependant si la vérité n'en a qu'une, et que les opinions soient opposées, il est bien évident que quelqu'un se trouve en erreur. Or, si tant d'hommes se trompent, qui osera garantir que lui-même n'est pas abusé ? Commencez donc par être indulgents sur vos dissentiments et sur vos discordances. Cherchons tous la vérité comme si nul ne la possédait. Jusqu'à ce jour les opinions qui ont gouverné la terre, produites au hasard, accréditées par l'amour de la nouveauté et par l'imitation, propagées par l'enthousiasme et l'ignorance populaires, ont en quelque sorte usurpé clandestinement leur empire. Il est temps, si elles sont fondées, de donner à leur certitude un caractère de solennité, et de légitimer leur existence. Rappelons-les donc aujourd'hui à un examen général et commun ; que chacun expose sa croyance, et que tous devenant le juge de chacun, cela seul soit reconnu *vrai*, qui l'est pour le genre humain. »

Alors la parole ayant été déférée par ordre de position au premier étendard de la gauche : Il n'est pas permis de douter, dirent les chefs, que notre doctrine ne soit la seule véritable, la seule infaillible. D'abord elle est révélée de Dieu même....

Et la nôtre aussi, s'écrièrent tous les autres étendards; il n'est pas permis d'en douter.

Mais du moins faut-il l'exposer, dit le législateur; car l'on ne peut *croire* ce que l'on ne connaît pas.

Notre doctrine est prouvée, reprit le premier étendard, par des *faits* nombreux, par une multitude de *miracles*, par des résurrections de morts, des torrents mis à sec, des montagnes transportées, etc.

Et nous aussi, s'écrièrent tous les autres, nous avons une foule de miracles; et ils commencèrent chacun à raconter les choses les plus incroyables.

Leurs miracles, dit le premier étendard, sont des *prodiges supposés* ou des *prestiges* de *l'esprit malin*, qui les a trompés.

Ce sont les vôtres, répliquèrent-ils, qui sont supposés; et chacun parlant de soi, dit : Il n'y a que les nôtres de véritables; tous les autres sont des faussetés.

CHAPITRE XXI.

Et le législateur dit : Avez-vous des témoins vivants?

Non, répondirent-ils tous : les faits sont anciens, les témoins sont morts, mais ils ont écrit.

Soit, reprit le législateur; mais s'ils sont en contradiction, qui les conciliera ?

Juste arbitre! s'écria un des étendards, la preuve que nos témoins ont vu la vérité, c'est qu'ils sont morts pour la *témoigner*, et notre croyance est scellée du sang des *martyrs*.

Et la nôtre aussi, dirent les autres étendards : nous avons des milliers de martyrs qui sont morts dans des tourments affreux, sans jamais se démentir. Et alors les chrétiens de toutes les sectes, les musulmans, les Indiens, les Japonais, citèrent des légendes sans fin de confesseurs, de martyrs, de pénitents, etc.

Et l'un de ces partis ayant nié les martyrs des autres : Eh bien! dirent-ils, nous allons mourir pour prouver que notre croyance est vraie.

Et dans l'instant une foule d'hommes de toute religion, de toute secte, se présentèrent pour souffrir des tourments et la mort. Plusieurs même commencèrent de se déchirer les bras, de se frapper la tête et la poitrine, sans témoigner de douleur.

Mais le législateur les arrêtant : O hommes! leur dit-il, écoutez de sang-froid mes paroles : si vous mouriez pour prouver que deux et deux font quatre, cela les ferait-il davantage être quatre ?

Non, répondirent-ils tous.

Et si vous mourriez pour prouver qu'ils font cinq, cela les ferait-il être cinq ?

Non, dirent-ils tous encore.

Eh bien! que prouve donc votre persuasion, si elle ne change rien à l'existence des choses? La vérité est une, vos opinions sont diverses; donc plusieurs de vous se trompent. Si, comme il est évident, ils sont *persuadés* de l'erreur, que prouve la persuasion de l'homme?

Si l'erreur a ses martyrs, où est le cachet de la vérité?

Si l'esprit malin opère des miracles, où est le caractère distinctif de la Divinité?

Et d'ailleurs, pourquoi toujours des miracles incomplets et insuffisants? Pourquoi, au lieu de ces bouleversements de la nature, ne pas changer plutôt les opinions? Pourquoi tuer les hommes ou les effrayer, au lieu de les instruire et de les corriger?

O mortels crédules, et pourtant opiniâtres! nul de nous n'est certain de ce qui s'est passé hier, de ce qui se passe aujourd'hui sous ses yeux, et nous jurons de ce qui s'est passé il y a deux mille ans.

Hommes faibles et pourtant orgueilleux! les lois de la nature sont immuables et profondes, nos esprits sont pleins d'illusion et de légèreté ; et nous voulons tout démontrer, tout comprendre! En vérité, il est plus facile à tout le genre humain de se tromper que de dénaturer un atome.

Eh bien! dit un docteur, laissons là les preuves de fait, puisqu'elles peuvent être équivoques; venons aux preuves du raisonnement, à celles qui sont inhérentes à la doctrine.

Alors un *imam* de la loi de *Mahomet* s'avançant plein de confiance dans l'arène, après s'être tourné vers la *Mekke* et avoir proféré avec emphase la *profession de foi*: « *Louange à Dieu!* dit-il d'une voix grave et imposante! La lumière brille avec évidence, et la vérité n'a pas besoin d'examen: » et montrant le Qôran : Voilà la lumière et la vérité dans leur propre essence. *Il n'y a point de doute en ce livre; il conduit droit celui qui marche aveuglément, qui reçoit sans discussion la parole divine descendue sur le Prophète pour sauver le simple et confondre le savant. Dieu a établi Mahomet son ministre sur la terre; il lui a livré le monde pour soumettre par le sabre celui qui refuse de croire à sa loi: les infidèles disputent et ne veulent pas croire; leur endurcissement vient de Dieu; il a scellé leur cœur pour les livrer à d'affreux châtiments......* (1) ».

---

(1) Ces paroles sont le sens et presque le texte littéral du premier chapitre du Qôran.

9.

A ces mots un violent murmure, élevé de toutes parts, interrompit l'orateur. « Quel est cet homme, s'écrièrent tous les groupes, qui nous outrage aussi gratuitement? De quel droit prétend-il nous imposer sa croyance comme un vainqueur et comme un tyran? Dieu ne nous a-t-il pas donné, *comme à lui*, des yeux, un esprit, une intelligence? et n'avons-nous pas *droit* d'en user *également*, pour savoir ce que nous devons rejeter ou croire? S'il a le droit de nous attaquer, n'avons-nous pas celui de nous défendre? S'il lui a plu de croire sans examen, ne sommes-nous pas *maîtres* de croire avec discernement?

« Et quelle est cette doctrine *lumineuse* qui craint la *lumière?* Quel est cet apôtre d'un Dieu *clément*, qui ne prêche que *meurtre* et *carnage?* Quel est ce Dieu de justice, qui punit un aveuglement que lui-même cause? Si la violence et la persécution sont les arguments de la vérité, la douceur et la charité seront-elles les indices du mensonge? »

Alors un homme s'avançant d'un groupe voisin vers l'imam, lui dit : « Admettons que Mahomet soit l'apôtre de la meilleure doctrine, le prophète de la vraie religion ; veuillez du moins nous dire qui nous devons suivre pour la pratiquer : sera-ce son gendre *Ali*, ou ses vicaires *Omar* et *Aboubekre* (1) ? »

---

(1) Ce sont ces deux grands partis qui divisent les musul-

CHAPITRE XXI.

A peine eut-il prononcé ces *noms*, qu'au sein même des musulmans éclata un schisme terrible : les partisans d'*Omar* et d'*Ali*, se traitant mutuellement d'*hérétiques*, d'*impies*, de *sacriléges*, s'accablèrent de malédictions. La querelle même devint si violente qu'il fallut que les groupes voisins s'interposassent pour les empêcher d'en venir aux mains.

Enfin, le calme s'étant un peu rétabli, le législateur dit aux imams : « Voyez quelles conséquences résultent de vos principes ! Si les hommes les mettaient en pratique, vous-mêmes, d'opposition en opposition, vous vous détruiriez jusques au dernier; et la *première loi de Dieu* n'est-elle pas que l'*homme vive?* ». Puis s'adressant aux autres groupes : « Sans doute cet esprit d'intolérance et d'exclusion choque toute idée de justice, renverse toute base de morale et de société; cependant, avant de rejeter entièrement ce code de doctrine, ne conviendrait-il pas d'entendre quelques-uns de ses dogmes, afin de ne pas prononcer sur les formes, sans avoir pris connaissance du fond?»

Et les groupes y ayant consenti, l'iman commença d'exposer comment *Dieu, après avoir envoyé vingt-quatre mille prophètes* aux nations qui s'égaraient dans l'idolâtrie, *en avait enfin envoyé*

---

mans. Les Türks ont embrassé le second, les Persans le premier.

un dernier, le sceau et la perfection de tous, Mahomet, sur qui soit le salut de paix; comment, afin que les infidèles n'altérassent plus la porole divine, *la suprême clémence avait elle-même tracé les feuillets du Qôran :* et détaillant les dogmes de l'islamisme, l'imam expliqua comment, à titre *de parole de Dieu, le Qôran était incréé, éternel,* ainsi que la source dont il émanait; comment *il avait été envoyé feuillet par feuillet en vingt-quatre mille apparitions nocturnes de l'ange Gabriel;* comment l'ange s'annonçait *par un petit cliquetis, qui saisissait le Prophète d'une sueur froide;* comment, dans la vision d'une nuit, il avait parcouru *quatre-vingt-dix cieux, monté sur l'animal Boraq, moitié cheval, moitié femme;* comment, doué du don des miracles, *il marchait au soleil sans ombre, faisait reverdir d'un seul mot les arbres, remplissait d'eau les puits, les citernes, et avait fendu en deux le disque de la lune; comment,* chargé des ordres du ciel, Mahomet avait propagé, le sabre à la main, la religion *la plus digne de Dieu par sa sublimité,* et la plus propre aux hommes par la simplicité de ses pratiques, puisqu'elle ne consistait qu'en huit ou dix points : *professer l'unité de Dieu; reconnaître Mahomet pour son seul prophète; prier cinq fois par jour; jeuner un mois par an; aller à la Mekke une fois dans sa vie; donner la dime de ses biens; ne point boire de vin, ne point manger de porc, et faire la guerre aux infidèles;* qu'à ce moyen, tout musulman devenant lui-même apôtre et martyr, jouissait, dès ce monde, d'une foule de biens; et qu'à sa mort, son ame, *pesée dans la balance des œuvres*, et absoute par les *deux anges noirs*, traversait par-dessus l'enfer, *le pont étroit comme un cheveu et tranchant comme un sabre;* et qu'enfin elle était reçue dans un *lieu de délices*, arrosé de fleuves de lait et de miel, embaumé de tous les parfums indiens et arabes, où des vierges toujours chastes, les célestes *houris*, comblaient de faveurs toujours renaissantes les élus toujours rajeunis.

A ces mots, un rire involontaire se traça sur tous les visages; et les divers groupes raisonnant sur ces articles de croyance, dirent unanimement : Comment se peut-il que des hommes raisonnables admettent de telles rêveries? Ne dirait-on pas entendre un chapitre des *Mille et une nuits?*

Et un *Samoyède* s'avançant dans l'arène : Le paradis de Mahomet, dit-il, me paraît fort bon; mais un des moyens de le gagner m'embarrasse; car s'il ne faut ni boire ni manger *entre deux soleils, ainsi qu'il l'ordonne*, comment pratiquer un tel jeûne dans notre pays, *où le soleil reste sur l'horizon quatre mois entiers sans se coucher?*

Cela est impossible, dirent les docteurs musulmans pour soutenir l'honneur du Prophète; mais cent peuples ayant attesté le fait, l'infaillibilité de

Mahomet ne laissa pas que de recevoir une fâcheuse atteinte.

— Il est singulier, dit un Européen, que Dieu ait sans cesse révélé tout ce qui se passait dans le ciel, sans jamais nous instruire de ce qui se passe sur la terre!

— Pour moi, dit un *Américain*, je trouve une grande difficulté au pèlerinage; car supposons vingt-cinq ans par génération, et seulement cent millions de mâles sur le globe : chacun étant obligé d'aller à la Mekke une fois dans sa vie, ce sera par an quatre millions d'hommes en route; on ne pourra pas revenir dans la même année; et le nombre devient double, c'est-à-dire de huit millions : où trouver les vivres, la place, l'eau, les vaisseaux pour cette procession universelle? Il faudrait bien là des miracles.

La preuve, dit un théologien catholique, que la religion de Mahomet n'est pas révélée, c'est que la plupart des idées qui en font la base existaient long-temps avant elle, et qu'elle n'est qu'un mélange confus de vérités altérées de notre sainte religion et de celle des juifs, qu'une homme ambitieux a fait servir à ses projets de domination et à ses vues mondaines. Parcourez son livre; vous n'y verrez que des histoires de la Bible et de l'Évangile, travesties en contes absurdes, et du reste un tissu de déclamations contradictoires et vagues, de préceptes ridicules ou dangereux. Analysez l'esprit de ces préceptes et la conduite de l'apôtre; vous n'y verrez qu'un caractère rusé et audacieux, qui, pour arriver à son but, remue assez habilement, il est vrai, les passions du peuple qu'il veut gouverner. Il parle à des hommes simples et crédules, il leur suppose des prodiges; ils sont ignorants et jaloux, il flatte leur vanité en méprisant la science; ils sont pauvres et avides, il excite leur cupidité par l'espoir du pillage; il n'a rien à donner d'abord sur la terre, il se crée des trésors dans les cieux; il fait désirer la mort comme un bien suprême; il menace les lâches de l'enfer; il promet le paradis aux braves; il affermit les faibles par l'opinion de la fatalité; en un mot, il produit le dévouement dont il a besoin par tous les attraits des sens, par les mobiles de toutes les passions.

Quel caractère différent dans notre doctrine! et combien son empire, établi sur la contradiction de tous les penchants, sur la ruine de toutes les passions, ne prouve-t-il pas son origine céleste? Combien sa morale douce, compatissante, et ses affections toutes spirituelles n'attestent-elles pas son émanation de la Divinité? Il est vrai que plusieurs de ses dogmes s'élèvent au-dessus de l'entendement, et imposent à la raison un respectueux silence; mais par-là même sa révélation n'est que mieux constatée, puisque jamais les hommes n'eussent imaginé de si grands mystères. Et tenant d'une main la *Bible*, et de l'autre, les *quatre Évangiles*, le docteur commença de raconter que, dans l'origine, Dieu (après avoir passé une éternité sans rien faire) prit enfin le dessein, sans motif connu, de produire le monde de rien; qu'ayant créé l'univers entier en six jours, il se trouva fatigué le septième; qu'ayant placé un premier couple d'humains dans un lieu de délices, pour les y rendre parfaitement heureux, il leur défendit néanmoins de goûter d'un fruit qu'il leur laissa sous la main; que ces premiers parents ayant cédé à la tentation, toute leur race (qui n'était pas née) avait été condamnée à porter la peine d'une faute qu'elle n'avait pas commise; qu'après avoir laissé le genre humain se damner pendant quatre ou cinq mille ans, ce Dieu de miséricorde avait ordonné à un fils bien-aimé, qu'il avait engendré sans mère, et qui était aussi âgé que lui, d'aller se faire mettre à mort sur terre; et cela, afin de sauver les hommes, dont cependant depuis ce temps-là le très-grand nombre continuait de se perdre; que, pour remédier à ce nouvel inconvénient, ce dieu, né d'une femme restée vierge, après être mort et ressuscité, renaissait encore chaque jour; et, sous la forme d'un peu de levain, se multipliait par milliers à la voix du dernier des hommes. Et de là passant à la doctrine des sacrements, il allait traiter à fond de la puissance de *lier* et de *délier*, des moyens de purger tout crime avec de l'eau et quelques paroles ; quand, ayant proféré les mots *indulgence*, pouvoir du *pape*, *grace suffisante* ou *efficace*, il fut interrompu par mille cris. C'est un *abus horrible*, dirent les luthériens, de *prétendre*, pour de l'argent, remettre les *péchés*. C'est une chose contraire au texte de l'Évangile, dirent les calvinistes, de supposer une *présence véritable*. Le pape n'a pas le droit de rien décider par lui-même, dirent les jansénistes : et trente sectes à la fois s'accusant mutuellement d'hérésie et d'erreur, il ne fut plus possible de s'entendre.

Après quelque temps, le silence s'étant rétabli, les musulmans dirent au législateur : Lorsque vous avez repoussé notre doctrine, comme proposant des choses incroyables, pourrez-vous admettre celle des chrétiens ? n'est-elle pas encore plus contraire au sens naturel et à la justice ? Dieu *immatériel*, *infini*, se faire *homme*! avoir un fils aussi âgé que lui ! ce dieu-homme devenir du pain que l'on mange et que l'on digère ! avons-nous rien de semblable à cela ? Les chrétiens ont-ils le *droit exclusif* d'exiger une foi aveugle ? et leur accorderez-vous des *priviléges* de croyance à notre détriment ?

Et des hommes sauvages s'étant avancés : Quoi, dirent-ils, parce qu'un homme et une femme, il y a six mille ans, ont mangé une pomme, tout le genre humain se trouve damné, et vous dites Dieu juste ! quel tyran rendit jamais les enfants responsables des fautes de leurs pères! Quel homme peut répondre des actions d'autrui! N'est-ce pas renverser toute idée de justice et de raison?

Et où sont, dirent d'autres, les témoins, les preuves de tous ces prétendus faits allégués? Peut-on les recevoir ainsi sans aucun examen de preuves? Pour la moindre action en justice il faut deux témoins; et l'on nous fera croire tout ceci sur des traditions, des ouï-dire!

Alors un rabbin prenant la parole : « Quant aux faits, dit-il, nous en sommes garants pour le fond : à l'égard de la forme et de l'emploi que l'on en a fait, le cas est différent, et les chrétiens se condamnent ici par leurs propres arguments; car ils ne peuvent nier que nous ne soyons la source originelle dont ils dérivent, le tronc primitif sur lequel ils se sont entés; et de là un raisonnement péremptoire : Ou notre loi est de Dieu, et alors la leur est une hérésie, puisqu'elle en diffère; ou notre loi n'est pas de Dieu, et la leur tombe en même temps. »

Il faut distinguer, répondit le chrétien : votre loi est de Dieu, comme *figurée* et *préparative*, mais non pas comme *finale* et *absolue*; vous n'êtes que *le simulacre* dont nous sommes *la réalité*.

Nous savons, repartit le rabbin, que telles sont vos prétentions; mais elles sont absolument gratuites et fausses. Votre système porte tout entier sur des bases de *sens mystiques*, d'*interprétations*

CHAPITRE XXI.

visionnaires et *allégoriques*; et ce système, violentant la lettre de nos livres, substitue sans cesse au sens vrai les idées les plus chimériques, et y trouve tout ce qu'il lui plaît, comme une imagination vagabonde trouve des figures dans les nuages. Ainsi, vous avez fait un *messie spirituel* de ce qui, dans l'esprit de nos prophètes, n'était qu'un *roi politique* : vous avez fait une rédemption du genre humain de ce qui n'était que le rétablissement de notre nation : vous avez établi une prétendue *conception virginale* sur une phrase prise à contre-sens. Ainsi vous supposez à votre gré tout ce qui vous convient; vous voyez dans nos livres mêmes votre *trinité*, quoiqu'il n'en soit pas dit le mot le plus indirect, et que ce soit une idée des nations profanes, admise avec une foule d'autres opinions de tout culte et de toute secte, dont se composa votre système dans le chaos et l'anarchie de vos trois *premiers siècles*.

A ces mots, transportés de fureur et criant au *sacrilège*, au *blasphème*, les docteurs chrétiens voulurent s'élancer sur le juif. Et des moines bigarrés de noir et de blanc s'étant avancés avec un drapeau où étaient peints des *tenailles*, un *gril*, un *bûcher* et ces mots : *justice, charité et miséricorde* : « Il faut, dirent-ils, faire un *acte de foi* de ces *impies*, et les brûler pour la gloire de Dieu. » Et déja ils traçaient le plan d'un bûcher, quand les musulmans leur dirent d'un ton ironique :

Voilà donc cette religion de *paix*, cette morale *humble* et *bienfaisante* que vous nous avez vantée? Voilà cette *charité évangélique* qui ne combat l'*incrédulité* que par la *douceur*, et n'oppose aux *injures* que la *patience?* Hypocrites! c'est ainsi que vous trompez les nations; c'est ainsi que vous avez propagé vos funestes erreurs! Avez-vous été faibles, vous avez prêché la *liberté*, la *tolérance*, la *paix* : êtes-vous devenus forts, vous avez pratiqué la *persécution*, la *violence*.....

Et ils allaient commencer l'histoire des guerres et des meurtres du *christianisme*, quand le législateur réclamant le silence, suspendit ce mouvement de discorde.

« Ce n'est pas nous, répondirent les moines bigarrés, d'un ton de voix toujours humble et doux, ce n'est pas nous que nous voulons venger, c'est la cause de Dieu, c'est sa gloire que nous défendons. »

Et de quel droit, repartirent les *imams*, vous *constituez-vous ses représentants* plus que *nous?* Avez-vous des *priviléges* que nous *n'ayons pas?* êtes-vous d'*autres hommes que nous?*

Défendre Dieu, dit un autre groupe, prétendre le venger, n'est-ce pas insulter sa sagesse, sa puissance? Ne sait-il pas mieux que les hommes ce qui convient à sa dignité?

Oui, mais ses voies sont cachées, reprirent les moines.

« Et il vous restera toujours à prouver, repartirent les rabbins, que vous avez le privilége exclusif de les comprendre. » Et alors, fiers de trouver des soutiens de leur cause, les juifs crurent que leur loi allait triompher, lorsque le *móbed* (grand-prêtre) des *Parsis*, ayant demandé la parole, dit au législateur :

« Nous avons entendu le récit des juifs et des chrétiens sur l'origine du monde; et, quoique altéré, nous y avons reconnu beaucoup de choses que nous admettons ; mais nous réclamons contre l'attribution qu'ils en font à leur prophète Moïse, d'abord parce qu'ils ne sauraient prouver que les livres inscrits de son nom soient réellement son ouvrage; qu'au contraire nous offrons de démontrer, par vingt passages positifs, que leur rédaction lui est postérieure de plus de six siècles, et qu'elle provient de la connivence manifeste d'un grand-prêtre et d'un roi désignés (1); qu'ensuite, si vous parcourez avec attention le détail des lois, des rites et des préceptes présumés venir directement de Moïse, vous ne trouverez en aucun article une indication, même tacite, de ce qui compose aujourd'hui la doctrine théologique des juifs et de leurs enfants les chrétiens.

---

(1) Voyez à ce sujet le tome I des Recherches nouvelles sur l'Histoire ancienne, où cette question est développée à fond, depuis le chapitre V.

En aucun lieu vous ne verrez de trace, ni de *l'immortalité* de *l'ame*, ni d'une *vie ultérieure*, ni de *l'enfer* et du *paradis*, ni de la *révolte* de l'*ange, principal auteur des maux du genre humain,* etc.

« *Moïse* n'a point connu ces idées, et la raison en est péremptoire, puisque ce ne fut que plus de deux siècles après lui que notre prophète *Zerdoust*, dit *Zoroastre*, les évangélisa dans l'Asie.... Aussi, ajouta le *môbed* en s'adressant aux *rabbins*, n'est-ce que depuis cette époque, c'est-à-dire après le siècle de vos premiers rois, que ces idées apparaissent dans vos écrivains ; et elles ne s'y montrent que par degrés, et d'abord furtivement, selon les relations politiques que vos pères eurent avec nos aïeux ; ce fut surtout lorsque, vaincus et dispersés par les rois de Ninive et de Babylone, vos pères furent transportés sur les bords du Tigre et de l'Euphrate, et qu'élevés pendant trois générations successives dans notre pays, ils s'imprégnèrent de mœurs et d'opinions jusqu'alors repoussées comme contraires à leur loi. Alors que notre roi *Kyrus* les eut délivrés de l'esclavage, leurs cœurs se rapprochèrent de nous par la reconnaissance ; ils devinrent nos imitateurs, nos disciples ; les familles les plus distinguées, que les rois de Babylone avaient fait élever dans les sciences chaldéennes, rapportèrent à Jérusalem des idées nouvelles, des dogmes étrangers.

« D'abord la masse du peuple, non émigrée,

CHAPITRE XXI.

opposa le texte de la loi et le silence absolu du prophète ; mais la doctrine *pharisienne* ou *parsie* prévalut : et, modifiée selon votre génie et les idées qui vous étaient propres, elle causa une nouvelle secte. Vous attendiez un *roi restaurateur* de votre puissance ; nous annoncions un *Dieu réparateur* et *sauveur* : de la combinaison de ces idées, *vos esséniens* firent la base du *christianisme* : et, quoi qu'en supposent vos prétentions, juifs, chrétiens, musulmans, *vous n'êtes*, dans votre *système des êtres spirituels*, que *des enfants égarés* de Zoroastre. »

Le *móbed*, passant de suite au développement de sa religion, et s'appuyant du *Sad-der* et du *Zend-avesta*, raconta, dans le même ordre que la *Genèse*, la création du monde en *six gahâns* : la formation d'un premier homme et d'une première femme dans un lieu *céleste*, sous le *règne du bien* ; l'introduction du *mal* dans le monde par la *grande couleuvre*, *emblème d'Ahrimanes* ; la révolte et les combats de ce génie *du mal* et des *ténèbres* contre Ormuzd, dieu du *bien* et de la *lumière* ; la division des anges en *blancs* et en *noirs*, en *bons* et en *méchants* ; leur ordre hiérarchique en *chérubins*, *séraphins*, *trônes*, *dominations*, etc. ; la fin du *monde au bout de six mille ans* ; la venue de *l'agneau réparateur* de la *nature* ; le *monde nouveau* ; la *vie future* dans des *lieux de délices* ou de *peines* : le *passage* des *ames* sur le *pont* de l'*abîme* ; les cérémonies des mystères de *Mithras* ; le *pain azyme* qu'y mangent les initiés ; le *baptême* des *enfants* nouveau-nés ; les *onctions* des *morts*, et les *confessions* de leurs *péchés*. En un mot, il exposa tant de choses analogues aux trois religions précédentes, qu'il semblait que ce fût un commentaire ou une continuation du *Qôran* et de l'*Apocalypse*.

Mais les docteurs juifs, chrétiens, musulmans, se récriant sur cet exposé, et traitant les *parsis* d'idolâtres et d'*adorateurs du feu*, les taxèrent de mensonge, de supposition, d'altération de faits : et il s'éleva une violente dispute sur les dates des événements, sur leur succession et sur leur série ; sur la source première des opinions, sur leur transmission de peuple à peuple, sur l'authenticité des livres qui les établissent, sur l'époque de leur composition, le caractère de leurs rédacteurs, la valeur de leurs témoignages ; et les divers partis, se démontrant réciproquement des contradictions, des invraisemblances, des apocryphités, s'accusèrent mutuellement d'avoir établi leur croyance sur des bruits populaires, sur des traditions vagues, sur des fables absurdes, inventées sans discernement, admises sans critique par des écrivains inconnus, ignorants ou partiaux, à des époques incertaines ou fausses.

D'autre part un grand murmure s'excita sous les drapeaux des sectes *indiennes* ; et les *brahma-*

nes, protestant contre les prétentions des juifs et des parsis, dirent : Quels sont ces peuples nouveaux et presque inconnus qui s'établissent ainsi, de leur droit privé, les auteurs des nations et les dépositaires de leurs archives? A entendre leurs calculs de cinq à six mille ans, il semblerait que le monde ne fût né que d'hier, tandis que nos monuments constatent une durée de plusieurs milliers de siècles. Et de *quel droit* leurs livres seraient-ils préférés aux nôtres? Les *Védas*, les *Chastras*, les *Pourans*, sont-ils donc inférieurs aux *Bibles*, au *Zend-avesta*, au *Sad-der*? Le témoignage de nos pères et de nos dieux ne vaudra-t-il pas celui des dieux et des pères des Occidentaux? Ah! s'il nous était permis d'en révéler les mystères à des hommes profanes! si un voile sacré ne devait pas couvrir notre doctrine à tous les regards!.....

Et les brahmanes s'étant tus à ces mots : « Comment admettre votre doctrine, leur dit le législateur, si vous ne la manifestez pas? Et comment ses premiers auteurs l'ont-ils propagée, alors qu'étant seuls à la posséder, leur propre peuple leur était profane? Le ciel la révéla-t-il pour la taire? »

Mais les brahmanes persistant à ne pas s'expliquer : « Nous pouvons leur laisser les honneurs du secret, dit un homme d'Europe. Désormais leur doctrine est à découvert; nous possédons leurs livres, et je puis vous en résumer la substance. »

En effet, en analysant les *quatre Vèdas*, les *dix-huit Pourans* et les *cinq* ou *six Chastras*, il exposa comment un être immatériel, infini, éternel et *rond*, après avoir passé un temps sans bornes à se *contempler*, voulant enfin se *manifester*, sépara les *facultés mâle* et *femelle* qui étaient en lui, et opéra un acte de génération dont le *lingam* est resté l'emblème; comment de ce premier acte naquirent trois *puissances divines*, appelées *Brahma*, *Bichen* ou *Vichenou*, et *Chib* ou *Chiven*, chargées, la première de *créer*, la seconde de *conserver*, la troisième de *détruire* ou de *changer* les formes de l'univers : et, détaillant l'histoire de leurs opérations et de leurs aventures, il expliqua comment *Brahma*, fier d'avoir créé le monde et les huit sphères de *purifications*, s'étant préféré à son égal *Chib*, ce mouvement d'orgueil causa entre eux un combat qui fracassa les *globes* ou *orbites célestes, comme un panier d'œufs;* comment *Brahma*, vaincu dans ce combat, fut réduit à servir de piédestal à *Chib*, métamorphosé en *lingam;* comment *Vichenou*, dieu médiateur, a pris, à des époques diverses, neuf formes animales et mortelles pour *conserver* le monde : comment d'abord, sous celle de *poisson*, il sauva du *déluge universel* une famille qui repeupla la terre; comment ensuite, sous la forme d'*une tortue*, il tira de *la mer de lait* la montagne *Mandreguiri* (le pôle); puis, sous celle de *sanglier*, déchira le ventre du géant *Erenniachessen*, *qui submergeait* la terre dans l'abîme du *Djöle*, dont il la retira sur ses défenses; comment incarné sous la forme de *berger noir*, et sous le nom de *Chrisen*, *il délivra le monde* du venimeux serpent *Calengam*, et parvint, après en avoir été *mordu au pied*, *à lui écraser la tête*.

Puis, passant à l'histoire des *génies secondaires*, il raconta comment l'*Éternel*, *pour faire éclater sa gloire*, avait créé divers ordres d'*anges*, chargés de chanter ses louanges et de diriger l'univers; comment une partie de ces *anges se révoltèrent* sous la conduite d'*un chef ambitieux*, qui voulut usurper le pouvoir de Dieu et tout gouverner; comment *Dieu* les précipita dans le monde de ténèbres, pour y subir le traitement de leur *malfaisance* ; comment ensuite, touché de compassion, il consentit à les en retirer, et à les rappeler en grace après qu'ils eurent subi de longues épreuves ; comment à cet effet ayant créé *quinze orbites* ou *régions de planètes*, et des corps pour les habiter, il soumit ces anges rebelles à y subir *quatre-vingt-sept transmigrations;* il expliqua comment *les ames ainsi purifiées* retournaient à la *source première*, *à l'océan de vie et d'animation* dont elles étaient émanées; comment tous les êtres vivants contenant une portion de cette *ame universelle*, il était très-coupable de les en priver. Enfin il allait développer les *rites* et les *cérémonies*, lorsqu'ayant parlé des *offrandes* et des *libations de lait* et *de beurre à des dieux de cuivre et de bois*, et *des purifications* par la *fiente* et l'*urine de vache*, il s'éleva de toutes parts des murmures mêlés d'éclats de rire, qui interrompirent l'orateur.

Et chaque groupe raisonnant sur cette religion: « Ce sont des idolâtres, dirent les musulmans, il faut les exterminer...... Ce sont des cerveaux dérangés, dirent les sectateurs de *Confutzée*, qu'il faut tâcher de guérir. Les plaisants dieux, disaient quelques autres, que ces marmousets graisseux et enfumés, qu'on lave comme des enfants malpropres, et dont il faut chasser les mouches friandes de miel, qui viennent les salir d'ordures! »

Et un brahmane indigné, prenant la parole: Ce sont des mystères profonds, s'écria-t-il, des emblêmes de vérités que vous n'êtes pas dignes d'entendre.

De quel droit, répondit un *lama* du Tibet, en êtes-vous plus dignes que nous! Est-ce parce que vous vous *prétendez issus de la tête de Brahma*, et que vous rejetez à de moins nobles parties le reste des humains? Mais, pour soutenir l'orgueil de vos distinctions d'*origines* et de *castes*, prouvez-nous d'abord que vous êtes d'autres hommes que nous. Prouvez-nous ensuite, comme faits historiques, les allégories que vous nous racontez: prouvez-nous même que vous êtes les auteurs de

CHAPITRE XXI.

toute cette doctrine; car nous, s'il le faut, nous prouverons que vous n'en êtes que les *plagiaires* et les *corrupteurs*; que vous n'êtes que les imitateurs de l'ancien paganisme des Occidentaux, auquel vous avez, par un mélange bizarre, allié la doctrine toute spirituelle de notre *Dieu*; cette doctrine dégagée des sens, entièrement ignorée de la terre avant que *Boudh* l'eût enseignée aux nations.

Et une foule de groupes ayant demandé quelle était cette doctrine et quel était ce *dieu*, dont la plupart n'avaient jamais ouï le nom, le *lama* reprit la parole et dit :

Qu'au *commencement* un *Dieu unique*, existant par lui-même, après avoir passé une éternité absorbé dans la contemplation de son être, voulut manifester ses perfections hors de lui-même, et créa la matière du *monde*; que les *quatre éléments* étant produits, mais encore *confus*, il *souffla* sur *les eaux*, qui s'enflèrent comme une *bulle* immense de la forme d'un *œuf*, laquelle en se développant devint la *voûte et l'orbe du ciel* qui enceint le *monde*; qu'ayant fait la terre et les *corps des êtres*, ce Dieu, *essence du mouvement*, leur départit, pour les animer, une *portion* de *son être*; qu'à ce titre, *l'ame* de tout ce qui respire étant une fraction de l'*ame universelle*, aucune *ne périt*, mais que seulement elles *changent* de *moule* et de *forme*, en *passant* successivement *en des corps divers;* que de toutes les formes, celle qui plaît le plus à l'*Être divin* est celle de *l'homme*, comme approchant le plus de ses perfections; que quand un homme, par un dégagement absolu de ses sens, *s'absorbe dans la contemplation de lui-même,* il parvient à y découvrir la *Divinité,* et il la devient en effet; que parmi les *incarnations* de cette espèce que *Dieu* a déja revêtues, l'une des plus saintes et des plus solennelles fut celle dans laquelle il parut il y a vingt-huit siècles dans le *Kachemire,* sous le nom de *Fôt* ou *Boudh*, pour enseigner la doctrine de *l'anéantissement*, du *renoncement à soi-même.* Et traçant l'histoire de *Fôt,* le lama dit qu'il *était né du côté droit d'une vierge de sang royal,* qui *n'avait pas cessé d'être vierge en devenant mère*; que *le roi du pays,* inquiet de sa naissance, *voulut le faire périr,* et *qu'il fit massacrer tous les mâles nés à son époque*; que, sauvé par des pâtres, *Boudh* en mena la vie *dans le désert* jusqu'à *l'âge de trente ans,* où il *commença sa mission* d'éclairer les hommes, et de les *délivrer des démons* ; qu'il fit une foule de *miracles* les plus étonnants ; qu'il vécut dans le *jeûne* et dans les pénitences les plus rudes, et qu'il laissa en mourant un livre à ses disciples, où était contenue sa doctrine ; et le *lama* commença de lire...

« Celui qui abandonne son père et sa mère pour me suivre, dit *Fôt,* devient un parfait *samanéen* (homme céleste).

« Celui qui pratique mes préceptes jusqu'au quatrième degré de perfection, acquiert la faculté de voler en l'air, de faire mouvoir le ciel et la terre, de prolonger ou de diminuer la vie (de ressusciter).

« Le samanéen rejette les richesses, n'use que du plus étroit nécessaire ; il mortifie son corps ; ses passions sont muettes ; il ne désire rien ; il ne s'attache à rien; il médite sans cesse ma doctrine ; il souffre patiemment les injures ; il n'a point de haine contre son prochain.

« Le *ciel* et la *terre périront*, dit *Fôt* : méprisez donc votre corps composé de quatre éléments *périssables*, et ne songez qu'à votre ame *immortelle*.

« *N'écoutez pas la chair* : les passions produisent la crainte et le chagrin ; étouffez les passions, vous détruirez la crainte et le chagrin.

« Celui qui meurt sans avoir embrassé ma religion, dit *Fôt*, revient parmi les hommes jusqu'à ce qu'il la pratique. »

Le *lama* allait continuer, lorsque les chrétiens, rompant le silence, s'écrièrent que c'était leur propre religion que l'on altérait, que *Fôt* n'était que *Iésous* lui-même *défiguré*, et que les *lamas* n'étaient que des nestoriens et des manichéens déguisés et abâtardis.

Mais le *lama*, soutenu de tous les *chamans*, *bonzes*, *gonnis*, *talapoins* de *Siam*, de *Ceylan*, du

Japon, de *la Chine*, prouva aux chrétiens, par leurs auteurs mêmes, que la doctrine des *samanéens* était répandue dans tout l'Orient plus de mille ans avant le christianisme ; que leur nom était cité dès avant l'époque d'*Alexandre*, et que *Boutta* ou *Boudh* était mentionné long-temps avant *Iésous*. Et rétorquant contre eux leur prétention : « Prouvez-nous maintenant, leur dit-il, que vous mêmes n'êtes pas des *samanéens dégénérés* ; que l'homme dont vous faites *l'auteur de votre secte* n'est pas *Fôt* lui même altéré. Démontrez-nous son existence par des monuments historiques à l'époque que vous nous citez ; car, pour nous, fondés sur l'absence de tout témoignage authentique, nous vous la nions formellement ; et nous soutenons que vos Évangiles mêmes ne sont que les livres des *mithriaques de Perse* et des *esséniens* de *Syrie*, qui n'étaient eux-mêmes que des *samanéens* réformés. »

A ces mots, les *chrétiens* jetant de grands cris, une nouvelle dispute plus violente allait s'élever, lorsqu'un groupe *de chamans chinois* et de *ialapoins de Siam*, s'avançant en scène, dirent qu'ils allaient mettre d'accord tout le monde ; et l'un d'eux prenant la parole : « Il est temps, dit-il, que nous terminions toutes ces contestations frivoles en levant pour vous le voile de la *doctrine intérieure* que *Fôt* lui-même, au lit de la mort, a révélée à ses disciples.

CHAPITRE XXI. 155

« Toutes ces opinions théologiques, a-t-il dit, ne sont que des chimères ; tous ces récits de la nature des dieux, de leurs actions, de leur vie, ne sont que des allégories, des emblêmes mythologiques, sous lesquels sont enveloppées des idées ingénieuses de morale, et la connaissance des opérations de la nature dans le jeu des éléments et la marche des astres.

« La vérité est que *tout se réduit au néant* ; que tout est *illusion, apparence, songe*; que la *métempsycose morale* n'est que le sens figuré de la *métempsycose physique*, de ce *mouvement successif* par lequel les éléments d'un *même corps* qui ne périssent point, passent, quand il se dissout, dans d'autres *milieux* et forment d'autres combinaisons. L'*ame* n'est que le *principe vital* qui résulte des *propriétés de la matière* et du jeu des éléments dans les corps où ils créent un *mouvement* spontané. Supposer que ce *produit* du jeu des organes, né avec eux, développé avec eux, endormi avec eux, subsiste quand ils ne sont plus, c'est un roman peut-être agréable, mais réellement chimérique de l'imagination abusée. *Dieu* lui-même n'est autre chose que le *principe moteur*, que la *force occulte répandue dans les êtres* ; que la *somme de leurs lois et de leurs propriétés ; que le principe animant*, en un mot, l'*ame* de l'*univers*; laquelle, à raison de l'infinie variété de ses rapports et de ses opérations, considérée tantôt comme *simple* et tantôt comme *multiple*, tantôt comme *active* et tantôt comme *passive*, a toujours présenté à l'esprit humain une énigme insoluble. Tout ce qu'il peut y comprendre de plus clair, c'est que la matière ne périt point; qu'elle possède essentiellement des propriétés par lesquelles le *monde* est régi comme un *être vivant* et organisé; que la connaissance de ces *lois*, par rapport à l'homme, est ce qui constitue la *sagesse*; que la *vertu et le mérite* résident dans leur *observation* ; et *le mal, le péché, le vice*, dans leur *ignorance* et *leur infraction* ; que le *bonheur* et le *malheur* en sont le résultat, par la même *nécessité* qui fait que les *choses pesantes descendent, que les légères s'élèvent*, et par une fatalité de causes et d'effets dont la chaîne remonte depuis le dernier atôme jusqu'aux astres les plus élevés. Voilà ce qu'a révélé au lit du trépas notre *Boudah Somona Goutama*. »

A ces mots, une foule de théologiens de toute secte s'écrièrent que cette doctrine était un pur *matérialisme* ; que ceux qui la professaient étaient des *impies*, des *athées*, ennemis de Dieu et des hommes, qu'il fallait *exterminer*. — « Hé bien, répondirent les *chamans*, supposons que nous soyons en erreur ; cela peut être, car le *premier attribut de l'esprit humain* est d'être *sujet à l'illusion* ; mais de quel droit *ôterez-vous à des hommes comme vous, la vie* que le ciel leur a donnée ? Si

CHAPITRE XXI.   157

ce ciel nous *tient pour coupables, nous a en horreur*, pourquoi nous distribue-t-il les mêmes biens qu'à vous ? Et s'il nous traite avec tolérance, quel droit avez-vous d'être moins indulgents ? Hommes pieux, qui parlez de *Dieu* avec tant de certitude et de confiance, veuillez nous dire ce qu'il est : faites-nous comprendre ce que sont ces êtres abstraits et métaphysiques que vous appelez *Dieu* et *ame*, *substance sans matière*, *existence sans corps*, *vie sans organes ni sensations*. Si vous connaissez ces êtres par *vos sens* ou par leur *réflexion*, rendez-nous-les de même perceptibles : que si vous n'en parlez que sur *témoignage* et *par tradition*, montrez-nous un récit uniforme, et donnez à notre croyance des *bases* identiques et fixes. »

Alors il s'éleva entre les théologiens une grande controverse sur *Dieu* et sur *sa nature* ; sur sa *manière d'agir* et de se *manifester* ; sur *la nature de l'ame et son union* avec le *corps* ; sur son *existence avant les organes*, ou seulement depuis leur *formation* ; *sur la vie future et sur l'autre monde* : et chaque secte, chaque école, chaque individu différant sur tous ces points, et motivant son dissentiment de raisons plausibles, d'autorités respectables, et cependant opposées, ils tombèrent tous dans un labyrinthe inextricable de contradictions.

Alors le législateur ayant réclamé le silence, et ramenant la question à son premier but : « Chefs et instituteurs des peuples, dit-il, vous êtes venus en présence pour la *recherche de la vérité*; et d'abord chacun de vous croyant la posséder, a exigé une foi implicite; mais apercevant la contrariété de vos opinions, vous avez conçu qu'il fallait les soumettre à un régulateur commun d'évidence, les rapporter à un terme général de comparaison, et vous êtes convenus d'exposer chacun vos preuves de croyance. Vous avez allégué des faits ; mais chaque religion, chaque secte ayant *également* ses miracles et ses martyrs, chacune produisant *également* des témoignages et les soutenant de son dévouement à la mort, la balance, par droit de parité, est restée égale sur ce premier point.

« Vous avez ensuite passé aux preuves de raisonnement ; mais les mêmes arguments s'appliquant *également* à des thèses contraires ; les mêmes assertions, également gratuites, étant *également* avancées et repoussées ; l'assentiment de chacun *étant dénié par les mêmes droits* ; rien ne s'est trouvé démontré. Bien plus, la confrontation de vos dogmes a suscité de nouvelles et plus grandes difficultés ; car, à travers les diversités apparentes ou accessoires, leur développement vous a présenté un fond ressemblant, un canevas commun ; et chacun de vous s'en prétendant l'inventeur *autographe*, le dépositaire premier, vous vous êtes taxés les uns les autres d'être des *altérateurs* et des *plagiaires* ; et il naît de là une question épineuse de *transmission de peuple à peuple* des *idées religieuses.*

» Enfin, pour combler l'embarras, ayant voulu vous rendre compte de ces idées elles-mêmes, il s'est trouvé qu'elles vous étaient à tous confuses et même étrangères ; qu'elles portaient sur des bases inaccessibles à vos sens ; que, par conséquent, vous étiez sans moyens d'en juger, et qu'à leur égard vous conveniez vous-mêmes de n'être que les échos de vos pères : de là cette autre question de savoir *comment elles ont pu venir à vos pères, qui, eux-mêmes*, n'avaient pas d'autres moyens que vous de les concevoir : de manière que, d'une part, la *succession de ces idées étant* inconnue, d'autre part leur origine et leur existence dans l'entendement étant un mystère, tout l'édifice de vos opinions théologiques devient un problème compliqué de métaphysique et d'histoire......

« Comme néanmoins ces opinions, quelque extraordinaires qu'elles puissent être, ont une origine quelconque ; comme les idées les plus abstraites et les plus fantastiques ont, dans la nature, un modèle physique, une cause, quelle qu'elle soit, il s'agit de remonter à cette origine, de découvrir quel fut ce modèle ; en un mot, de savoir d'où sont venues, dans l'entendement de l'homme, ces idées maintenant si obscures de la *divinité*, de l'*ame*, de tous les *êtres immatériels* qui font la base de tant de systèmes, et de démêler la *filiation* qu'elles ont suivie, les *altérations* qu'elles ont éprouvées dans leur succession et leurs embranchements. Si donc il se trouve des hommes qui aient porté leurs études sur ces objets, qu'ils s'avancent et qu'ils tentent de dissiper, à la face des nations, l'obscurité des opinions où depuis si longtemps elles s'égarent.

CHAPITRE XXII.

Origine et filiation des idées religieuses.

A ces mots, un groupe nouveau, formé à l'instant d'hommes de divers étendards, mais lui-même n'en arborant point, s'avança dans l'arène; et l'un de ses membres portant la parole, dit:

« Législateur, ami de l'évidence et de la vérité!

« Il n'est pas étonnant que tant de nuages enveloppent le sujet que nous traitons, puisque, outre les difficultés qui lui sont propres, la pensée n'a, jusqu'à ce moment, cessé d'y rencontrer des obstacles accessoires, et que tout travail libre, toute discussion lui ont été interdits par l'intolérance de chaque système; mais puisqu'enfin il lui est permis de se développer, nous allons exposer au grand jour, et soumettre au jugement commun, ce que de longues recherches ont appris de plus raisonnable à des esprits dégagés de préjugés ; et nous l'exposerons, non avec la prétention d'en imposer la croyance, mais avec l'intention de provoquer de nouvelles lumières et de plus grands éclaircissements.

« Vous le savez, docteurs et instituteurs des peuples! d'épaisses ténèbres couvrent la nature, l'origine, l'histoire des dogmes que vous enseignez : imposés par la force et l'autorité, inculqués par l'éducation, entretenus par l'exemple, ils se perpétuent d'âge en âge, et affermissent leur empire par l'habitude et l'inattention. Mais si l'homme, éclairé par la réflexion et l'expérience, rappelle à un mûr examen les préjugés de son enfance, il y découvre bientôt une foule de disparates et de contradictions qui éveillent sa sagacité et provoquent son raisonnement.

« D'abord, remarquant la diversité et l'opposition des croyances qui partagent les nations, il s'enhardit contre l'infaillibilité que toutes s'arrogent; et, s'armant de leurs prétentions réciproques, il conçoit que les *sens* et la *raison, émanés immédiatement de Dieu*, ne sont pas une *loi moins sainte*, un guide moins sûr que les *codes médiats* et *contradictoires* des prophètes.

« S'il examine ensuite le tissu de ces *codes* eux-mêmes, il observe que leurs *lois* prétendues *divines*, c'est-à-dire *immuables* et *éternelles*, sont nées par *circonstances* de temps, de lieux et de personnes; qu'elles dérivent les unes des autres dans une espèce d'ordre généalogique, puisqu'elles s'empruntent mutuellement un fonds commun et ressemblant d'idées, que chacune modifie à son gré.

« Que s'il remonte à la source de ces idées, il trouve qu'elle se perd dans la nuit des temps, dans l'enfance des peuples, jusqu'à l'origine du monde même, à laquelle elles se disent liées; et là, placées dans l'obscurité du chaos et dans l'empire fabuleux des traditions, elles se présentent accompagnées d'un état de choses si prodigieux, qu'il semble interdire tout accès au jugement; mais cet état même suscite un premier raisonnement, qui en résout la difficulté; car, si les faits prodigieux que nous présentent les systèmes théologiques ont réellement existé; si, par exemple, les métamorphoses, les apparitions, les conversations d'un seul ou de plusieurs dieux, tracées dans les *livres sacrés* des Indiens, des Hébreux, des Parsis, sont des événements historiques, il faut convenir que la *nature* d'alors différait entièrement de celle qui subsiste; que les hommes actuels n'ont rien de commun avec ceux de ces siècles-là, et qu'ils ne doivent plus s'en occuper.

« Si, au contraire, ces faits prodigieux n'ont pas réellement existé dans l'ordre physique, dès lors on conçoit qu'ils sont du genre des créations de l'entendement; et sa nature, capable encore aujourd'hui des compositions les plus fantastiques, rend d'abord raison de l'apparition de ces monstres dans l'histoire ; il ne s'agit plus que de savoir comment et pourquoi ils se sont formés dans l'imagination : or, en examinant avec attention les sujets de leurs tableaux, en analysant les idées qu'ils combinent et qu'ils associent, et pesant avec soin toutes les circonstances qu'ils allèguent, l'on parvient à découvrir, à ce premier état incroyable, une solution conforme aux lois de la nature ; on s'aperçoit que ces récits d'un genre fabuleux ont un sens figuré autre que le sens apparent ; que ces prétendus faits merveilleux sont des faits simples et physiques, mais qui, mal conçus ou mal peints, ont été dénaturés par des causes accidentelles dépendantes de l'esprit humain ; par la confusion des signes qu'il a employés pour peindre les objets ; par l'équivoque des mots, le vice du langage, l'imperfection de l'écriture ; on trouve que ces dieux, par exemple, qui jouent des rôles si singuliers dans tous les systèmes, ne sont que les *puissances physiques* de la nature, les *éléments*, les *vents*, les *astres*, et les *météores*, qui ont été *personnifiés* par le mécanisme nécessaire du langage et de l'entendement ; que leur *vie*, leurs *mœurs*, leurs *actions* ne sont que le jeu de *leurs opérations*, de *leurs rapports;* et que toute leur prétendue histoire n'est que la description de leurs phénomènes, tracée par les premiers physiciens qui les observèrent, et prise à contre-sens par le vulgaire, qui ne l'entendit pas, ou par les générations suivantes, qui l'oublièrent. On reconnaît, en un mot, que tous les dogmes théologiques sur *l'origine du monde*, sur la *nature de Dieu*, la *révélation* de ses lois, *l'apparition* de sa personne, ne sont que des récits de faits astronomiques, que des *narrations figurées* et *emblématiques du jeu* des constellations. On se convaincra que l'idée même de la *divinité*, cette idée aujourd'hui si obscure, n'est, dans son modèle primitif, que celle des *puissances physiques* de *l'univers*, considérées tantôt comme *multiples* à raison de leurs *agents* et de leurs *phénomènes*, et tantôt comme un être *unique* et *simple* par l'ensemble et le rapport de toutes leurs parties : en sorte que l'être appelé *Dieu* a été tantôt le *vent*, le *feu*, l'*eau*, *tous les éléments* ; tantôt le *soleil*, les *astres*, les *planètes* et leurs influences ; tantôt la *matière* du *monde visible*, la *totalité* de l'univers ; tantôt les *qualités* abstraites et métaphysiques, telles que *l'espace, la durée, le mouvement et l'intelligence* ; et toujours avec ce résultat, que *l'idée de la divinité* n'a point été une *révélation miraculeuse d'êtres invisibles*, mais une *production naturelle de l'entendement*, une opération de l'esprit humain ; dont elle a suivi les progrès et subi les révolutions dans la connaissance du monde physique et de ses agents.

« Oui, vainement les nations reportent leur culte à des inspirations célestes; vainement leurs dogmes invoquent un premier état de choses surnaturel: la barbarie originelle du genre humain, attestée par ses propres monuments, dément d'abord toutes ces assertions; mais de plus, un fait subsistant et irrécusable dépose victorieusement contre les faits incertains et douteux du passé. *De ce que l'homme n'acquiert et ne reçoit d'idées que par l'intermède de ses sens*, il suit avec évidence que toute notion qui s'attribue une autre origine que celle de l'expérience et des sensations, est la supposition erronée d'un raisonnement dressé dans un temps postérieur: or, il suffit de jeter un coup d'œil réfléchi sur les systèmes sacrés de *l'origine du monde*, *l'action des dieux*, pour découvrir à chaque idée, à chaque mot, l'anticipation d'un ordre de choses qui ne naquit que long-temps après; et la raison, forte de ces contradictions, rejetant tout ce qui ne trouve pas sa preuve dans l'ordre naturel, et n'admettant pour bon *système historique* que celui qui s'accorde avec les vraisemblances, la raison établit le sien, et dit avec assurance:

« Avant qu'une nation eût reçu d'une autre nation des dogmes déjà inventés; avant qu'une génération eût hérité des idées acquises par une génération antérieure, nul de tous les systèmes composés n'existait encore dans le monde. Enfants de la nature, les premiers humains, antérieurs à tout événement, novices à toute connaissance, naquirent sans aucune idée, ni de dogmes issus de disputes scolastiques; ni de rites fondés sur des usages et des arts à naître; ni de préceptes qui supposent un développement de passions; ni de codes qui supposent un langage, un état social encore au néant; ni de *divinité*, dont tous les attributs se rapportent à des choses physiques, et toutes les actions à un état *despotique* de gouvernement; ni enfin d'*ame* et de tous ces êtres métaphysiques que l'on dit ne point tomber sous les sens, et à qui cependant, par toute autre voie, l'accès à l'entendement demeure impossible. Pour arriver à tant de résultats, il fallut parcourir un cercle nécessaire de faits préalables; il fallut que des essais répétés et lents apprissent à l'homme brut l'usage de ses organes; que l'expérience accumulée de générations successives eût inventé et perfectionné les moyens de la vie, et que l'esprit, dégagé de l'entrave des premiers besoins, s'élevât à l'art compliqué de comparer des idées, d'asseoir des raisonnements, et de saisir des rapports abstraits.

§. I. Origine de l'idée de Dieu : culte des éléments et des puissances physiques de la nature.

« Ce ne fut qu'après avoir franchi ces obstacles et parcouru déja une longue carrière dans la nuit de l'histoire, que l'homme, méditant sur sa condition, commença de s'apercevoir qu'il était soumis à des *forces supérieures* à la sienne et *indépendantes* de sa volonté. Le soleil l'éclairait, l'échauffait; le feu le brûlait, le tonnerre l'effrayait, l'eau le suffoquait, le vent l'agitait ; tous les êtres exerçaient sur lui une *action puissante* et *irrésistible*. Long-temps automate, il subit cette action sans en rechercher la cause ; mais du moment qu'il voulut s'en rendre compte, il tomba dans *l'étonnement*; et passant de la surprise d'une première pensée à la rêverie de la curiosité, il forma une série de raisonnements.

« D'abord, considérant l'*action* des éléments sur lui, il conclut de sa part une *idée de faiblesse, d'assujettissement*, et de leur part une idée de *puissance, de domination*; et cette idée de *puissance* fut le type primitif et fondamental de toute idée de la *divinité*.

« Secondement, les êtres naturels, dans leur action, excitaient en lui des sensations de *plaisir* ou de *douleur*, de *bien* ou de *mal* : par un effet naturel de son organisation, il conçut pour eux de l'*amour* ou de l'*aversion;* il *désira* ou *redouta* leur présence : et la *crainte* ou l'*espoir* furent le principe de toute idée de *religion*.

« Ensuite, *jugeant* de tout par *comparaison*, et remarquant dans ces êtres *un mouvement spontané* comme le sien, il supposa à ce mouvement une *volonté*, une *intelligence* de l'espèce de la sienne; et de là, par induction, il fit un nouveau raisonnement. — Ayant éprouvé que certaines pratiques envers ses semblables avaient l'effet de modifier à son gré leurs affections et de diriger leur conduite, il employa ces pratiques avec les *êtres puissants* de l'univers; il se dit : « Quand mon semblable, plus *fort* que moi, veut me faire du mal, je *m'abaisse* devant lui, et ma *prière* a l'art de le calmer. Je prierai les *êtres puissants* qui me frappent; je supplierai les *intelligences* des vents, des astres, des eaux, et elles m'entendront; je les conjurerai de *détourner les maux*, de *me donner* les biens dont elles disposent; je les toucherai par *mes larmes*, je les fléchirai par *mes dons*, et je *jouirai* du *bien-être*. »

« Et l'homme, simple dans l'enfance de sa raison, parla au soleil, à la lune; il anima de son esprit et de ses passions les *grands agents* de la nature; il crut, par de vains sons, par de vaines pratiques, changer leurs lois inflexibles : erreur funeste! Il pria la pierre de monter, l'eau de s'élever, les montagnes de se transporter, et substituant un monde fantastique au monde véritable, il se constitua des *êtres d'opinion*, pour l'épouvantail de son esprit et le tourment de sa race.

« Ainsi les idées de *Dieu* et de *religion*, à l'égal de toutes les autres, ont pris leur origine dans les objets physiques, et ont été, dans l'entendement de l'homme, le produit de ses sensations, de ses besoins, des circonstances de sa vie et de l'état progressif de ses connaissances.

« Or, de ce que les *idées* de la *divinité* eurent pour premiers *modèles* les êtres physiques, il résulta que la *divinité* fut d'abord variée et *multiple*, comme les formes sous lesquelles elle parut agir : chaque être fut une *puissance*, un *génie*; et l'univers pour les premiers hommes fut rempli de dieux innombrables.

« Et de ce que les *idées* de la *divinité* eurent pour *moteurs* les *affections* du cœur humain, elles subirent un ordre de division calqué sur ses sensations de *douleur* et de *plaisir*, d'*amour* ou de *haine*; les *puissances* de la *nature*, les dieux, les génies furent partagés en *bienfaisants* et en *malfaisants*, en *bons* et en *mauvais*; et de là l'universalité de ces deux caractères dans tous les systèmes de religion.

« Dans le principe, ces idées analogues à la condition de leurs inventeurs, furent long-temps confuses et grossières. Errants dans les bois, obsédés de besoins, dénués de ressources, les hommes sauvages n'avaient pas le loisir de combiner des rapports et des raisonnements : affectés de plus de maux qu'ils n'éprouvaient de jouissances, leur sentiment le plus habituel était la crainte, leur théologie la *terreur*; leur culte se bornait à quelques pratiques de salut, et d'offrande à des êtres qu'ils se peignaient *féroces* et *avides* comme eux. Dans leur état d'*égalité* et d'*indépendance*, nul ne s'établissait médiateur auprès de dieux *insubordonnés et pauvres* comme lui-même. Nul n'ayant de superflu à donner, il n'existait ni parasite sous le nom de prêtre, ni tribut sous le nom de victime, ni empire sous le nom d'autel; le dogme et la *morale* confondus n'étaient que la *conservation* de soi-même; et la religion, idée arbitraire, sans influence sur les rapports des hommes entre eux, n'était qu'un vain hommage rendu aux *puissances visibles* de la *nature*.

« Telle fut l'origine nécessaire et première de toute idée de la divinité. »

Et l'orateur s'adressant aux nations sauvages :

« Nous vous le demandons, hommes qui n'avez pas reçu d'idées étrangères et factices; dites-nous si jamais vous vous en êtes formé d'autres? Et vous, docteurs, nous vous en attestons; dites-nous si tel n'est pas le témoignage unanime de tous les anciens monuments?

§ II. Second système. Culte des astres, ou sabéisme.

« Mais ces mêmes monuments nous offrent ensuite un système plus méthodique et plus compliqué, celui du culte de tous les astres, adorés tantôt sous leur forme propre, tantôt sous des emblèmes

CHAPITRE XXII.

et des symboles figurés; et ce culte fut encore l'effet des connaissances de l'homme en physique, et dériva immédiatement des causes premières de l'état social, c'est-à-dire des besoins et des arts de premier degré qui entrèrent comme éléments dans la formation de la société.

« En effet, alors que les hommes commencèrent de se réunir en société, ce fut pour eux une nécessité d'étendre leurs moyens de subsistance, et par conséquent de s'adonner à l'agriculture : or, l'agriculture, pour être exercée, exigea l'observation et la connaissance des cieux. Il fallut connaître le retour périodique des mêmes opérations de la nature, des mêmes phénomènes de la voûte des cieux; en un mot, il fallut régler la durée, la succession des saisons et des mois de l'année. Ce fut donc un besoin de connaître d'abord la marche du *soleil*, qui, dans sa révolution *zodiacale*, se montrait le premier et suprême agent de toute création; puis de la lune, qui, par ses phases et ses retours, réglait et distribuait le temps; enfin des étoiles et même des planètes, qui, par leurs apparitions et disparitions sur l'horizon et l'hémisphère nocturnes, formaient de moindres divisions; enfin il fallut dresser un système entier d'astronomie, un calendrier; et de ce travail résulta bientôt et spontanément une manière nouvelle d'envisager les *puissances dominatrices* et *gouvernantes*. Ayant observé que les *productions terrestres* étaient dans des rapports réguliers et constants avec les *êtres célestes;* que la *naissance,* l'*accroissement*, le *dépérissement* de chaque plante étaient liés à l'*apparition*, à l'*exaltation*, au *déclin* d'un même astre, d'un même groupe d'étoiles; qu'en un mot la langueur ou l'activité de la végétation semblaient dépendre d'*influences célestes*, les hommes en conclurent une idée d'*action*, de *puissance* de ces *êtres célestes*, *supérieurs*, sur les corps terrestres; et les astres dispensateurs d'abondance ou de disette, devinrent des *puissances*, des *génies*, des *dieux* auteurs des *biens* et des *maux*.

« Or, comme l'état social avait déja introduit une hiérarchie méthodique de rangs, d'emplois, de conditions, les hommes, continuant de raisonner par comparaison, transportèrent leurs nouvelles notions dans leur théologie; et il en résulta un système compliqué de *divinités graduelles*, dans lequel le *soleil*, *dieu premier*, fut un *chef* militaire, un *roi* politique; la *lune*, une *reine* sa compagne; les *planètes*, des serviteurs, des porteurs d'ordre, des messagers; et la multitude des *étoiles*, un *peuple*, une *armée* de héros, de *génies* chargés de *régir* le *monde* sous les ordres de leurs officiers; et chaque individu eut des noms, des fonctions, des attributs tirés de ses rapports et de ses influences, enfin même un sexe tiré du genre de son appellation.

« Et comme l'état social avait introduit des usages et des pratiques composés, le culte, marchant de front, en prit de semblables : les cérémonies, d'abord simples et privées, devinrent publiques et solennelles ; les offrandes furent plus riches et plus nombreuses, les rites plus méthodiques ; on établit des lieux d'assemblée, et l'on eut des chapelles, des temples ; on institua des officiers pour administrer, et l'on eut des pontifes, des prêtres ; on convint de formules, d'époques, et la religion devint un acte civil, un lien politique. Mais dans ce développement, elle n'altéra point ses premiers principes, et l'idée de *Dieu* fut toujours l'idée d'*êtres physiques* agissant en *bien* ou en *mal*, c'est-à-dire imprimant des sensations de *peine* ou de *plaisir* ; le *dogme* fut la connaissance de *leurs lois* ou manières d'agir ; la *vertu* et le *péché*, l'observation ou l'infraction de ces lois ; et la *morale*, dans sa simplicité native, fut une *pratique* judicieuse de tout ce qui *contribue à la conservation de l'existence, au bien-être de soi et de ses semblables.*

« Si l'on nous demande à quelle époque naquit ce système, nous répondrons, sur l'autorité des monuments de l'astronomie elle-même, que ses principes paraissent remonter avec certitude au delà de quinze mille ans : et si l'on demande à quel peuple il doit être attribué, nous répondrons que ces mêmes monuments, appuyés de traditions unanimes, l'attribuent aux premières peuplades de l'*Égypte :* et lorsque le raisonnement trouve réunies dans cette contrée toutes les circonstances physiques qui ont pu le susciter; lorsqu'il y rencontre à la fois une zone du ciel, voisine du tropique, également purgée des pluies de l'équateur et des brumes du nord; lorsqu'il y trouve le point central de la sphère antique, un climat salubre, un fleuve immense et cependant docile, une terre fertile sans art, sans fatigue, inondée sans exhalaisons morbifiques, placée entre deux mers qui touchent aux contrées les plus riches, il conçoit que l'habitant du *Nil*, *agricole* par la nature de son sol, *géomètre* par le besoin annuel de mesurer ses possessions, *commerçant* par la facilité de ses communications, *astronome* enfin par l'état de son ciel, sans cesse ouvert à l'observation, dut le premier passer de la condition *sauvage* à l'état social, et par conséquent arriver aux connaissances physiques et morales qui sont propres à l'homme civilisé.

« Ce fut donc sur les bords supérieurs du Nil, et chez un peuple de race noire, que s'organisa le système compliqué du *culte des astres*, considérés dans leurs rapports avec les productions de la terre et les travaux de l'agriculture; et ce premier culte, caractérisé par leur adoration sous leurs *formes* ou leurs *attributs naturels*, fut une marche simple de l'esprit humain : mais bientôt la multiplicité des objets, de leurs rapports, de leurs actions réciproques, ayant compliqué les idées et les signes qui les représentaient, il survint une confusion aussi bizarre dans sa cause que pernicieuse dans ses effets.

§ III. Troisième système. Culte des symboles, ou idolâtrie.

« Dès l'instant où le peuple agricole eut porté un regard observateur sur les astres, il sentit le besoin d'en distinguer les individus ou les groupes, et de les dénommer chacun proprement, afin de s'entendre dans leur désignation : or, une grande difficulté se présenta pour cet objet : car d'un côté les corps célestes, semblables en formes, n'offraient aucun caractère spécial pour être dénommés ; de l'autre, le langage, pauvre en sa naissance, n'avait point d'expressions pour tant d'idées neuves et *métaphysiques*. Le mobile ordinaire du génie, le *besoin*, sut tout surmonter. Ayant remarqué que dans la révolution annuelle, le renouvellement et l'apparition périodiques des productions terrestres étaient constamment *associés* au *lever* ou au *coucher* de certaines étoiles et à leur position relativement au soleil, terme fondamental de toute comparaison, l'esprit, par un mécanisme naturel, lia dans sa pensée les objets terrestres et célestes qui étaient liés dans le fait ; et leur appliquant un même signe, il donna aux *étoiles* ou aux *groupes* qu'il en formait, les noms mêmes des objets terrestres qui leur répondaient.

« Ainsi l'Éthiopien de Thèbes appela *astres* de l'*inondation* ou du *verse-eau*, ceux sous lesquels le fleuve commençait son *débordement*; *astres* du *bœuf* ou du *taureau*, ceux sous lesquels il convenait d'appliquer la charrue à la terre; *astres du lion*, ceux où cet animal, chassé des déserts par la soif, se montrait sur les bords du fleuve; *astres* de l'épi ou de *la vierge moissonneuse*, ceux où se recueillait la moisson ; *astres* de l'*agneau*, *astres* des *chevreaux*, ceux où naissent ces animaux précieux : et ce premier moyen résolut une première partie des difficultés.

« D'autre part, l'homme avait remarqué, dans les êtres qui l'environnaient, des qualités distinctives et propres à chaque espèce; et, par une première opération, il en avait retiré un nom pour les désigner; par une seconde, il y trouva un moyen ingénieux de généraliser ses idées; et, transportant le nom déja inventé à tout ce qui présentait une propriété, une action analogue ou semblable, il enrichit son langage d'une métaphore perpétuelle.

« Ainsi le même *Éthiopien* ayant observé que le retour de l'inondation répondait constamment à l'apparition d'une très-belle étoile qui, à cette époque, se montrait vers *la source du Nil*, et semblait *avertir* le laboureur de se garder de la surprise des eaux, il compara cette action à celle de l'animal qui, par son *aboiement*, avertit d'un danger, et il appela cet astre le *chien*, l'*aboyeur* (Sirius); de même, il nomma *astres* du *crabe* ceux où le soleil, parvenu à la borne du tropique, revenait sur ses pas, en marchant à reculons et de côté, comme le *crabe* ou *cancer*; *astres* du *bouc sauvage*, ceux où, parvenu au point le plus *culminant* du ciel, au faîte du *gnomon* horaire, le soleil imitait l'action de l'animal qui se plaît à *grimper* aux faîtes des *rochers*; *astres* de la *balance*, ceux où les jours et les nuits *égaux* semblaient en *équilibre* comme cet instrument; *astres* du *scorpion*, ceux où certains vents réguliers apportaient une *vapeur brûlante* comme le *venin* du scorpion. Ainsi encore, il appela *anneaux* et *serpents* la trace figurée des orbites des astres et des planètes; et tel fut le moyen général d'appellation de toutes les étoiles, et même des planètes prises par groupes ou par individus, selon leurs rapports aux opérations champêtres et terrestres, et selon les analogies que chaque nation y trouva avec les travaux agricoles et avec les objets de son climat et de son sol.

« De ce procédé il résulta que des êtres abjects et terrestres entrèrent en *association* avec les *êtres supérieurs* et *puissants* des cieux; et cette *association* se resserra chaque jour par la constitution même du langage et le mécanisme de l'esprit. On disait, par une métaphore naturelle : « Le *tau-reau* répand sur la terre les germes de la fécondité (au printemps); il ramène l'abondance et la création des plantes (qui nourrissent). « L'agneau (ou belier) *délivre* les cieux des *génies malfaisants* de l'hiver; il *sauve* le *monde* du *serpent* (emblème de l'humide saison), et il ramène le règne du *bien* (de l'*été*, saison de toute jouissance). Le *scorpion* verse son venin sur la terre, et répand les maladies et la mort, etc.; et ainsi de tous les effets semblables. »

« Ce langage, compris de tout le monde, subsista d'abord sans inconvénient; mais, par le laps du temps, lorsque le calendrier eut été réglé, le peuple, qui n'eut plus besoin de l'observation du ciel, perdit de vue le motif de ces expressions; et leur allégorie, restée dans l'usage de la vie, y devint un écueil fatal à l'entendement et à la raison. Habitué à joindre aux *symboles* les idées de leurs *modèles*, l'esprit finit par les confondre : alors, ces mêmes animaux, que la pensée avait transportés aux cieux, en redescendirent sur la terre; mais dans ce retour, vêtus des livrées des astres, ils s'en arrogèrent les attributs, et ils en imposèrent à leurs propres auteurs. Alors le peuple, croyant voir près de lui ses *dieux*, leur adressa plus facilement sa prière; il demanda au *belier* de son troupeau les influences qu'il atten-

dait du *belier céleste ;* il pria le scorpion de ne
point répandre son venin sur la nature; il révéra
le *crabe* de la mer, le *scarabée* du limon, le
poisson du fleuve; et, par une série d'analogies
vicieuses, mais enchaînées, il se perdit dans un
labyrinthe d'absurdités *conséquentes.*

« Voilà quelle fut l'origine de ce *culte antique*
et bizarre des *animaux ;* voilà par quelle marche
d'idées le caractère de la divinité passa aux plus
viles des brutes, et comment se forma le système
théologique très-vaste, très-compliqué, très-savant, qui, des bords du Nil, porté de contrée en
contrée par le commerce, la guerre et les conquêtes, envahit tout l'ancien monde; et qui,
modifié par les temps, par les circonstances, par
les préjugés, se montre encore à découvert chez
cent peuples, et subsiste comme base intime et
secrète de la théologie de ceux-là mêmes qui le
méprisent et le rejettent. »

A ces mots, quelques murmures s'étant fait entendre dans divers groupes : « Oui, continua l'orateur, voilà d'où vient, par exemple, chez vous,
peuples *africains!* l'adoration de vos *fétiches, plantes, animaux, cailloux, morceaux* de bois, devant
qui vos ancêtres n'eussent pas eu le délire de se
courber, s'ils n'y eussent vu des *talismans* en
qui la *vertu des astres* s'était insérée. Voilà, nations tartares, l'origine de vos *marmousets* et de
tout cet appareil d'animaux dont vos *chamans* bi-

garrent leurs robes magiques. Voilà l'origine de
ces *figures* d'oiseaux, de serpents, que toutes
les nations sauvages s'impriment sur la peau avec
des cérémonies mystérieuses et sacrées. Vous, Indiens! vainement vous enveloppez-vous du voile
du mystère : l'épervier de votre dieu Vichenou
n'est que l'un des *mille* emblèmes du *soleil* en
Égypte; et vos incarnations d'un *dieu* en *poisson*,
en *sanglier*, en *lion*, en *tortue*, et toutes ces
monstrueuses aventures, ne sont que les métamorphoses de l'astre qui, passant successivement
dans les *signes* des *douze animaux*, fut censé
en prendre les figures et en remplir les rôles astronomiques. Vous, Japonais! votre *taureau* qui
brise *l'œuf du monde* n'est que celui du ciel qui,
jadis, *ouvrait l'âge de la création*, l'équinoxe du
printemps. C'est ce même *bœuf Apis* qu'adorait
l'Égypte, et que vos ancêtres, ô rabbins juifs!
adorèrent aussi dans l'idole du *veau d'or*. C'est
encore votre *taureau*, enfants de Zoroastre! qui,
sacrifié dans les mystères symboliques de *Mithra*,
versait un *sang fécond* pour le monde. Et vous,
chrétiens! votre *bœuf* de l'Apocalypse, avec ses
ailes, *symbole* de l'*air*, n'a pas une autre origine;
et votre *agneau de Dieu*, immolé, comme le *taureau* de *Mithra*, pour le *salut du monde*, n'est
encore que ce même *soleil* au signe du *belier céleste*, lequel, dans un âge postérieur, ouvrant à
son tour l'équinoxe, fut censé délivrer le monde

du règne du *mal*, c'est-à-dire de la constellation du *serpent*, de cette *grande couleuvre, mère de l'hiver*, et emblème de l'*Ahrimanes* ou *Satan des Perses*, vos instituteurs. Oui, vainement votre zèle imprudent dévoue les *idolâtres* aux tourments du *Tartare* qu'ils ont inventé; toute la base de votre système n'est que le culte du *soleil*, dont vous avez rassemblé les attributs sur votre principal personnage. C'est le *soleil* qui, sous le nom d'*Orus*, naissait, comme votre dieu, au *solstice d'hiver*, dans les bras de la *vierge céleste*, et qui passait une enfance *obscure*, *dénuée*, *disetteuse*, comme l'est la saison des frimas. C'est lui qui, sous le nom d'*Osiris*, persécuté par *Typhon* et par les *tyrans* de l'air, était *mis à mort*, renfermé dans un *tombeau obscur*, emblème de l'*hémisphère d'hiver*, et qui ensuite, se *relevant* de la *zone inférieure* vers le point culminant des cieux, *ressuscitait* vainqueur des *géants* et des *anges destructeurs*.

« Vous, prêtres! qui murmurez, vous portez ses signes sur tout votre corps : votre *tonsure* est le *disque du soleil*, votre *étole* est son *zodiaque*, vos *chapelets* sont l'emblème des astres et des planètes. Vous, pontifes et prélats! votre *mitre*, votre *crosse*, votre *manteau*, sont ceux d'*Osiris*; et cette *croix*, dont vous vantez le *mystère* sans le comprendre, est la croix de *Sérapis*, tracée par la main des prêtres égyptiens sur le plan d'un monde figuré, laquelle, passant par les *équinoxes* et par les *tropiques*, devenait l'emblème de la *vie future* et de la *résurrection*, parce qu'elle touchait au *portes* d'ivoire et de corne, par où les ames passaient aux cieux. »

A ces mots, les docteurs de tous les groupes commencèrent de se regarder avec étonnement; mais nul ne rompant le silence, l'orateur continua :

« Et trois causes principales concoururent à cette confusion des idées. Premièrement, les *expressions figurées* par lesquelles le langage naissant fut contraint de peindre les rapports des objets ; expressions qui, passant ensuite d'un sens propre à un sens général, d'un sens physique à un sens moral, causèrent, par leurs équivoques et leurs synonymes, une foule de méprises.

« Ainsi, ayant dit d'abord que le *soleil surmontait, venait à bout de douze animaux*, on crut par la suite qu'il les *tuait*, les *combattait*, les *domptait* ; et l'on en fit la vie historique d'*Hercule*.

« Ayant dit qu'il *réglait* le temps des travaux, des semailles, des moissons, qu'il *distribuait* les *saisons*, les occupations ; qu'il *parcourait* les climats, qu'il *dominait* sur la *terre*, etc., on le prit pour un *roi législateur*, pour un *guerrier conquérant* ; et l'on en composa l'histoire d'*Osiris*, de *Bacchus* et de leurs semblables.

CHAPITRE XXII.

« Ayant dit qu'une planète *entrait* dans un signe, on fit de leur *conjonction* un *mariage*, un *adultère*, un *inceste*. Ayant dit qu'elle était *cachée*, *ensevelie*, parce qu'après avoir disparu elle revenait à la *lumière* et remontait en *exaltation*, on la dit *morte*, *ressuscitée*, *enlevée* au *ciel*, etc.

« Une seconde cause de confusion fut les figures matérielles elles-mêmes par lesquelles on peignit d'abord les pensées, et qui, sous le nom d'*hiéroglyphes* ou *caractères sacrés*, furent la première invention de l'esprit. Ainsi, pour avertir de l'*inondation* et du besoin de s'en préserver, l'on avait peint une *nacelle*, le *navire Argo*; pour désigner le *vent*, l'on avait peint une *aile d'oiseau*; pour spécifier la *saison*, le *mois*, l'on avait peint l'*oiseau de passage*, l'*insecte*, l'*animal* qui apparaissait à cette époque ; pour exprimer l'*hiver*, on peignit un *porc*, un *serpent*, qui se plaisent dans les *lieux humides*; et la réunion de ces figures avait des sens *convenus* de phrases et de mots. Mais comme ce sens ne portait par lui-même rien de fixe et de précis; comme le nombre de ces figures et de leurs combinaisons devint excessif, et surchargea la mémoire, il en résulta d'abord des confusions, des explications fausses. Ensuite le génie ayant inventé l'art plus simple d'appliquer les signes aux sons, dont le nombre est limité, et de peindre la parole au lieu des pensées, l'*écriture alphabétique* fit tomber en désuétude les *peintures hiéroglyphiques* ; et, de jour en jour, leurs significations oubliées donnèrent lieu à une foule d'illusions, d'équivoques et d'erreurs.

« Enfin, une troisième cause de confusion fut l'organisation civile des anciens États. En effet, lorsque les peuples commencèrent de se livrer à l'agriculture, la formation du calendrier rural exigeant des observations astronomiques continues, il fut nécessaire d'y préposer quelques individus chargés de veiller à l'apparition et au coucher de certaines étoiles ; d'avertir du retour de l'inondation, de certains vents, de l'époque des pluies, du temps propre à semer chaque espèce de grain : ces hommes, à raison de leur service, furent dispensés des travaux vulgaires, et la société pourvut à leur entretien. Dans cette position, uniquement occupés de l'observation, ils ne tardèrent pas de saisir les grands phénomènes de la nature, de pénétrer même le secret de plusieurs de ses opérations : ils connurent la marche des astres et des planètes ; le concours de leurs phases et de leurs retours avec les productions de la terre et le mouvement de la végétation ; les propriétés médicinales ou nourrissantes des fruits et des plantes ; le jeu des éléments et leurs affinités réciproques. Or, parce qu'il n'existait de moyens de communiquer ces connaissances que par le soin pénible de l'instruction orale, ils ne les transmettaient qu'à leurs amis et à leurs parents ; et il en résulta une concentration de toute science et de toute instruction dans quelques familles, qui, s'en arrogeant le privilége exclusif, prirent un esprit de *corps* et d'*isolement* funeste à la chose publique. Par cette succession continue des mêmes recherches et des mêmes travaux, le progrès des connaissances fut à la vérité plus hâtif; mais par le mystère qui l'accompagnait, le peuple, plongé de jour en jour dans de plus épaisses ténèbres, devint plus superstitieux et plus asservi. Voyant des mortels produire certains phénomènes, *annoncer*, comme à volonté, des éclipses et des comètes, guérir des maladies, manier des serpents, il les crut en communication avec les *puissances célestes;* et pour obtenir les biens ou repousser les maux qu'il en attendait, il les prit pour ses *médiateurs* et ses *interprètes;* et il s'établit, au sein des États, des *corporations sacriléges* d'hommes *hypocrites* et *trompeurs*, qui attirèrent à eux tous les pouvoirs; et les *prêtres;* à la fois *astronomes, théologues, physiciens, médecins, magiciens; interprètes* des *dieux; oracles* des *peuples; rivaux* des *rois*, ou leurs *complices*, établirent, sous le nom de *religion*, un *empire* de *mystère* et un *monopole d'instruction*, qui ont perdu jusqu'à ce jour les nations..... »

A ces mots, les prêtres de tous les groupes interrompirent l'orateur; et jetant de grands cris, ils l'accusèrent d'impiété, d'irréligion, de blasphème, et voulurent l'empêcher de continuer: mais le législateur ayant observé que ce n'était qu'une *exposition de faits historiques;* que, si ces faits étaient faux ou controuvés, il serait aisé de les démentir; que jusque-là l'énoncé de toute *opinion* était libre, sans quoi il était impossible de découvrir la vérité, l'orateur reprit :

« Or, de toutes ces causes et de l'association continuelle d'idées disparates, résultèrent une foule de désordres dans la théologie, dans la morale, dans les traditions; et d'abord, parce que les *animaux* figurèrent les *astres*, il arriva que les qualités des brutes, leurs penchants, leurs sympathies, leurs aversions passèrent aux dieux, et furent supposés être leurs actions : ainsi, le dieu *ichneumon* fit la guerre au dieu *crocodile*, le dieu *loup* voulut *manger* le dieu *mouton*, le dieu *ibis* dévora le dieu *serpent*; et la *divinité* devint un *être bizarre, capricieux, féroce*, dont l'idée dérégla le jugement de l'homme, et corrompit sa morale avec sa raison.

« Et parce que, dans l'esprit de leur culte, chaque famille, chaque nation avait pris pour *patron* spécial un *astre*, une *constellation*, les affections et les antipathies de l'*animal-symbole* passèrent à ses sectateurs; et les partisans du dieu *chien* furent ennemis de ceux du dieu *loup*; les adorateurs du dieu *bœuf* eurent en horreur ceux qui le mangeaient; et la religion devint un mobile de haine et de combats, une cause insensée de délire et de superstition.

« D'autre part, les noms des *astres-animaux* ayant, par cette même raison de patronage, été imposés à des peuples, à des pays, à des montagnes, à des fleuves, ces objets furent pris pour des *dieux*, et il en résulta un mélange d'êtres géographiques, historiques et mythologiques, qui confondit toutes les traditions.

« Enfin, par l'analogie des actions qu'on leur supposa, les *dieux-astres* ayant été pris pour des *hommes*, pour des *héros*, pour des *rois*, les rois et les héros prirent à leur tour les actions des *dieux* pour modèles, et devinrent par imitation guerriers, conquérants, sanguinaires, orgueilleux, lubriques, paresseux; et la religion consacra les crimes des despotes, et pervertit les principes des gouvernements.

§ IV. Quatrième système. Culte des deux principes, ou dualisme.

« Cependant les prêtres astronomes, dans l'abondance et la paix de leurs temples, firent de jour en jour de nouveaux progrès dans les sciences; et le *système du monde* s'étant développé graduellement à leurs yeux, ils élevèrent successivement diverses *hypothèses* de ses *effets* et de ses *agents*, qui devinrent autant de *systèmes théologiques*.

« Et d'abord les navigations des *peuples maritimes* et les caravanes des *nomades* d'Asie et d'Afrique leur ayant fait connaître la terre depuis les *îles Fortunées* jusqu'à la *Sérique*, et depuis la Baltique jusqu'aux sources du Nil, la comparaison des phénomènes de diverses zones leur découvrit la *rondeur* du globe, et fit naître une nouvelle théorie. Ayant remarqué que toutes les *opérations* de la nature, dans la période annuelle, se résumaient en *deux principales*, celle de *produire* et celle de *détruire*; que, sur la majeure partie du globe, chacune de ces opérations s'accomplissait également de l'un à l'autre équinoxe; c'est-à-dire que pendant les six mois d'été tout se *procréait*, se *multipliait*, et que pendant les six mois d'hiver tout *languissait*, *était* presque mort, ils supposèrent, dans la NATURE, *des puissances contraires* en un état continuel de *lutte* et d'effort; et, considérant sous ce rapport la sphère céleste, ils divisèrent les *tableaux* qu'ils en figuraient en deux *moitiés* ou *hémisphères*, tels que les constellations qui se trouvaient dans le *ciel d'été* formèrent un *empire direct* et *supérieur*, et celles qui se trouvaient dans le ciel *d'hiver* formèrent un *empire antipode* et *inférieur*. Or, de ce que les *constellations* d'été *accompagnaient* la saison des jours longs, brillants et chauds, ainsi que des fruits et des moissons, elles furent censées des *puissances* de *lumière*, de *fécondité*, de *création*, et, par transition du sens physique au moral, des *génies*, des *anges* de *science*, de *bienfaisance*, de *pureté* et de *vertu* : et de ce que les *constellations* d'hiver se liaient aux longues nuits, aux brumes polaires, elles furent des *génies* de *ténèbres*, de *destruction*, de *mort*; et, par transition, des anges d'*igno-rance*, de *méchanceté*, de *péché* et de *vice*. Par une telle disposition, le ciel se trouva partagé en deux domaines, en deux *factions* : et déjà l'analogie des idées humaines ouvrait une vaste carrière aux écarts de l'imagination; mais une circonstance particulière détermina, si même elle n'occasiona, la méprise et l'illusion. (*Suivez la planche III.*)

« Dans la projection de la sphère céleste que traçaient les prêtres astronomes, le zodiaque et les constellations, disposés circulairement, présentaient leurs moitiés en *opposition* diamétrale ; l'hémisphère d'hiver, *antipode* à celui d'été, lui était *adverse*, *contraire*, *opposé*. Par la métaphore perpétuelle, ces mots passèrent au sens moral ; et les *anges*, les *génies adverses* devinrent des *révoltés*, des *ennemis*. Dès lors, toute l'histoire astronomique des constellations se changea en histoire politique ; le ciel fut un État *humain* où tout se passa ainsi que sur la terre. Or, comme les États, la plupart despotiques, avaient leur monarque, et que déjà le soleil en était un apparent des cieux, l'*hémisphère d'été*, *empire de lumière*, et ses *con-*

stellations, peuple d'*anges blancs*, eurent pour roi un dieu *éclairé*, *intelligent*, *créateur* et *bon*. Et, comme toute faction *rebelle* doit avoir son *chef,* le ciel d'*hiver*, empire *souterrain* de *ténèbres* et de tristesse, et ses *astres*, peuple d'anges *noirs*, *géans* ou *démons*, eurent pour chef un *génie* malfaisant, dont le rôle fut attribué à la *constellation* la plus remarquée par chaque peuple. En Égypte, ce fut d'abord le *scorpion*, *premier* signe zodiacal après la balance, et long-temps *chef* des signes de l'hiver; puis ce fut l'*ours*, ou l'*âne* polaire, appelé *Typhon*, c'est-à-dire *déluge*, à raison des *pluies* qui *inondent* la terre pendant que cet astre *domine*. Dans la *Perse*, en un temps postérieur, ce fut le *serpent* qui, sous le nom d'*Ahrimanes*, forma la base du système de *Zoroastre;* et c'est lui, ô *chrétiens* et juifs! qui est devenu votre *serpent* d'*Ève* (la vierge céleste) et celui de la *croix*, dans les deux cas, emblème de *Satan*, *l'ennemi*, le grand *adversaire* de l'*ancien des jours*, chanté par *Daniel*.

« Dans la Syrie, ce fut le *porc* ou le *sanglier* ennemi d'*Adonis*, parce que, dans cette contrée, le rôle de l'*ours boréal* fut rempli par l'animal dont les inclinations *fangeuses* sont emblématiques de l'*hiver;* et voilà pourquoi, enfants de Moïse et de Mahomet! vous l'avez pris en horreur, à l'imitation des prêtres de *Memphis* et de *Baalbek*, qui détestaient en lui le meurtrier de leur dieu *so-*

CHAPITRE XXII.

leil. C'est aussi le type premier de votre *Chib-en*, ô Indiens! lequel fut jadis le *Pluton* de vos frères les Romains et les Grecs : ainsi que votre *Brahma*, ce dieu créateur n'est que l'*Ormuzd* persan et l'*Osiris* égyptien, dont le nom même exprime un *pouvoir créateur, producteur de formes*. Et ces dieux reçurent un culte analogue à leurs attributs vrais ou feints, lequel, à raison de leur différence, se partagea en deux branches diverses. Dans l'une, le dieu *bon* reçut le culte d'*amour* et de *joie*, d'où dérivent tous les actes religieux du genre gai; les fêtes, les danses, les festins, les offrandes de fleurs, de lait, de miel, de parfums, en un mot, de tout ce qui flatte les sens et l'ame. Dans l'autre, le dieu *mauvais* reçut, au contraire, un culte de *crainte* et de *douleur*, d'où dérivent tous les actes religieux du genre triste; les pleurs, la désolation, le deuil, les privations, les offrandes sanglantes et les sacrifices cruels.

« De là vient encore ce partage des êtres terrestres en *purs* ou *impurs*, en *sacrés* ou *abominables*, selon que leurs espèces se trouvèrent du nombre des constellations de l'un des deux dieux, et firent partie de leur domaine : ce qui produisit d'une part les superstitions de souillures et de purifications, et de l'autre les prétendues *vertus* efficaces des amulettes et des *talismans*.

« Vous concevez maintenant, continua l'orateur en s'adressant aux Indiens, aux Perses, aux juifs, aux chrétiens, aux musulmans; vous concevez l'origine de ces idées de *combats*, de *rébellions*, qui remplissent également vos *mythologies*. Vous voyez ce que signifient les *anges blancs* et les *anges noirs*, les *chérubins* et les *séraphins* à la tête d'*aigle*, de *lion* ou de *taureau*; les *deûs*, *diables* ou *démons à cornes de bouc*, *à queue de serpent*; les *trônes* et les *dominations* rangés en *sept ordres* ou *gradations comme* les *sept sphères des planètes*; tous êtres jouant les mêmes rôles, ayant les mêmes attributs dans les *Vedas*, les *Bibles* ou le *Zend-avesta*, soit qu'ils aient pour chef *Ormuzd* ou *Brachma*, *Typhon* ou *Chiven*, *Michel* ou *Satan*; soit qu'ils se présentent sous la forme de *géants* à cent bras et à pieds de serpent, ou de dieux métamorphosés en *lions*, en *ibis*, en *taureaux*, en *chats*, comme dans les contes sacrés des Grecs et des Égyptiens; vous apercevez la filiation successive de ces idées, et comment, à mesure qu'elles se sont éloignées de leurs sources, et que les esprits se sont policés, ils en ont adouci les formes grossières pour les rapprocher d'un état moins choquant.

« Or, de même que le système de deux *principes*, ou *dieux opposés*, naquit de celui des *symboles*, entrés tous dans sa contexture, de même vous allez voir naître de lui un système nouveau, auquel il servit à son tour de base et d'échelon. »

§ V. *Culte mystique et moral, ou système de l'autre monde.*

« En effet, alors que le vulgaire entendit parler d'*un nouveau ciel* et d'*un autre monde*, il donna bientôt un corps à ces *fictions*; il y plaça un théâtre solide, des scènes réelles; et les notions géographiques et astronomiques vinrent favoriser, si même elles ne provoquèrent cette illusion.

« D'une part, les navigateurs phéniciens, ceux qui, passant les *colonnes d'Hercule*, allaient chercher l'étain de *Thulé* et l'ambre de la *Baltique*, racontaient qu'à l'extrémité du monde, au bout de l'Océan (la Méditerranée), où le soleil se couche pour les contrées asiatiques, étaient des *îles fortunées*, séjour d'un printemps éternel, et plus loin des *régions hyperboréennes* placées *sous terre* (relativement aux tropiques), où régnait une *éternelle* nuit (1). Sur ces récits mal compris, et sans doute confusément faits, l'imagination du peuple composa les Champs *Élysées* (2), *lieux de délices placés dans un monde inférieur*, ayant leur ciel, leur soleil, leurs astres; et le *Tartare*, *lieu de ténèbres*, d'*humidité*, de *fange*, de *frimas*. Or, parce que l'homme, curieux de tout ce qu'il ignore et avide d'une longue existence, s'était

---

(1) Les nuits de six mois.
(2) Alitz, en phénicien ou hébreu, signifie dansant et joyeux.

déja interrogé sur ce qu'il devenait après sa mort, parce qu'il avait de bonne heure raisonné sur le *principe* de *vie* qui anime son corps, qui s'en sépare sans le déformer, et qu'il avait imaginé les *substances* déliées, les *fantômes*, les *ombres*, il aima à croire qu'il continuerait, dans le monde *souterrain*, cette vie qu'il lui coûtait trop de perdre; et les *lieux infernaux* furent un emplacement commode pour recevoir les objets chéris auxquels il ne pouvait renoncer.

« D'autre part, les *prêtres astrologues* et *physiciens* faisaient de leurs cieux des récits, et ils en traçaient des tableaux qui s'encadraient parfaitement dans ces fictions. Ayant appelé, dans leur langage métaphorique, les *équinoxes* et les *solstices*, les *portes* des *cieux* ou *entrées* des *saisons*, ils expliquaient les phénomènes terrestres en disant « que par la *porte* de *corne* (d'abord le taureau, puis le bélier) et par celle du *cancer*, *descendaient* les *feux vivifiants* qui animent au printemps la végétation, et les *esprits aqueux* qui causent au *solstice* le *débordement* du Nil ; que par la porte d'*ivoire* (la *balance*, et auparavant l'*arc* ou sagittaire) et par celle du *capricorne* ou de l'*urne*, s'en retournaient à leur source et remontaient à leur origine les *émanations* ou *influences* des cieux; et la *voie lactée*, qui passait par ces *portes* des solstices, leur semblait placée là exprès pour leur servir de *route* et de *véhi*-

culé; de plus, dans leur atlas, la scène céleste présentait un *fleuve* (le Nil, figuré par les plis de l'*hydre*), une barque (le navire *Argo*) et le chien *Sirius*, tous deux relatifs à ce *fleuve,* dont ils présageaient l'*inondation*. Ces circonstances, associées aux premières et y ajoutant des détails, en augmentèrent les vraisemblances ; et pour arriver au *Tartare* ou à l'Élysée, il fallut que les ames traversassent les fleuves du *Styx* et de l'*Achéron* dans la *nacelle* du nocher *Caron*, et qu'elles passassent par les portes de *corne* ou d'*ivoire*, que gardait le chien *Cerbère*. Enfin, un usage civil se joignit à toutes ces fictions, et acheva de leur donner de la consistance.

« Ayant remarqué que dans leur climat brûlant, la putréfaction des cadavres était un levain de peste et de maladies, les habitants de l'Égypte avaient, dans plusieurs états, institué l'usage d'inhumer les morts hors de la terre habitée, dans le désert qui est au *couchant*. Pour y arriver, il fallait passer les canaux du fleuve, et par conséquent être *reçu dans une barque*, payer un salaire au *nocher*, sans quoi, le corps privé de sépulture eût été la proie des bêtes féroces. Cette coutume inspira aux législateurs civils et religieux un moyen puissant d'influer sur les mœurs ; et saisissant par la piété filiale et par le respect pour les morts, des hommes grossiers et féroces, ils établirent pour condition nécessaire, d'avoir subi un jugement préalable qui décidât si le mort méritait d'être admis au rang de sa famille dans la *noire cité*. Une telle idée s'adaptait trop bien à toutes les autres pour ne pas s'y incorporer ; le peuple ne tarda pas de l'y associer, et les enfers eurent leur *Minos* et leur *Rhadamanthe*, avec la baguette, le siége, les huissiers et l'urne, comme dans l'état terrestre et civil. Alors la divinité devint un être moral et politique, un législateur social d'autant plus redouté, que ce législateur suprême, ce juge final, fut inaccessible aux regards : alors ce *monde fabuleux* et *mythologique*, si bizarrement composé de membres épars, se trouva un *lieu de châtiment* et de récompense, où la *justice* divine fut censée corriger ce que celle des hommes eut de vicieux, d'erroné ; et ce système *spirituel* et *mystique* acquit d'autant plus de crédit, qu'il s'empara de l'homme par tous ses penchants : le faible opprimé y trouva l'espoir d'une indemnité, la consolation d'une vengeance future; l'oppresseur comptant, par de riches offrandes, arriver toujours à l'impunité, se fit de l'erreur du vulgaire une arme de plus pour le subjuguer; et les chefs des peuples, les rois et les prêtres y virent de nouveaux moyens de le maîtriser, par le privilége qu'ils se réservèrent de répartir les graces ou les châtiments du grand juge, selon des délits ou des actions méritoires qu'ils caractérisèrent à leur gré.

« Voilà comment s'est introduit, dans le *monde visible* et *réel*, un *monde invisible* et *imaginaire* ; voilà l'origine de ces lieux de *délices* et de *peines* dont vous, *Perses !* avez fait votre terre *rajeunie*, votre ville de *résurrection* placée sous l'*équateur*, avec l'attribut singulier que les *heureux n'y donneront point d'ombre*. Voilà, *juifs* et *chrétiens*, disciples des *Perses !* d'où sont venus votre *Jérusalem* de l'Apocalypse ; votre *paradis*, votre *ciel*, caractérisés par tous les détails du ciel astrologique d'Hermès. Et vous, musulmans ! votre enfer, abîme *souterrain*, surmonté d'un pont ; votre *balance* des *ames* et de leurs œuvres, votre *jugement* par les anges *Monkir* et *Nékir*, ont également pris leurs modèles dans les *cérémonies mystérieuses* de l'*antre de Mithra* ; et votre ciel ne diffère en rien de celui d'*Osiris*, d'*Ormuzd* et de *Brahma*.

§ VI. Sixième système. Monde animé, ou culte de l'univers sous divers emblèmes.

« Tandis que les peuples s'égarèrent dans le labyrinthe ténébreux de la *mythologie* et des fables, les prêtres physiciens, poursuivant leurs études et leurs recherches sur l'ordre et la disposition de l'*univers*, arrivèrent à de nouveaux résultats ; et dressèrent de nouveaux systèmes de *puissances* et de *causes motrices*.

« Long-temps bornés aux simples *apparences*, ils n'avaient vu dans les mouvements des astres qu'un jeu inconnu de corps lumineux, qu'ils croyaient rouler autour de la *terre*, point central de toutes les sphères ; mais alors qu'ils eurent découvert la *rondeur* de notre planète, les conséquences de ce premier fait les conduisirent à des considérations nouvelles ; et, d'induction en induction, ils s'élevèrent aux plus hautes conceptions de l'astronomie et de la physique.

« En effet, ayant conçu cette idée lumineuse et simple, que le *globe terrestre est un petit cercle inscrit dans le cercle plus grand des cieux*, la théorie des *cercles concentriques* s'offrit d'elle-même à leur hypothèse, pour résoudre le cercle *inconnu* du globe terrestre par des points *connus* du cercle céleste ; et la mesure d'un ou de plusieurs degrés du méridien donna avec précision la circonférence totale. Alors, saisissant pour *compas* le *diamètre* obtenu de la terre, un génie heureux l'ouvrit d'une main hardie sur les orbites immenses des cieux ; et, par un phénomène inouï, du grain de sable qu'à peine il couvrait, l'homme embrassant les distances infinies des astres, s'élança dans les abîmes de l'espace et de la durée : là se présenta à ses regards un nouvel ordre de l'*univers* ; le globe atome qu'il habitait ne lui en parut plus le *centre* : ce rôle important fut déféré à la masse énorme du *soleil* ; et cet astre devint le pivot enflammé de *huit sphères* environnantes, dont les mouvements furent désormais soumis à la précision du calcul.

« C'était déja beaucoup pour l'esprit humain, d'avoir entrepris de résoudre la disposition et l'ordre des *grands êtres* de la NATURE; mais non content de ce premier effort, il voulut encore en résoudre le *mécanisme*, en deviner l'*origine* et le *principe moteur*; et c'est là qu'engagés dans les profondeurs abstraites et métaphysiques du *mouvement* et de sa *cause première*, des *propriétés* inhérentes ou communiquées de la *matière*, de ses *formes successives*, de *son étendue*, c'est-à-dire de l'espace et du temps sans bornes, les *physiciens théologues* se perdirent dans un chaos de raisonnements subtils et de controverses scolastiques.

« Et d'abord l'action du soleil sur les corps terrestres leur ayant fait regarder sa substance comme un *feu pur et élémentaire*, ils en firent le *foyer* et le *réservoir* d'un océan de fluide *igné, lumineux*, qui, sous le nom d'*éther*, remplit l'univers et alimenta les êtres. Ensuite, les analyses d'une *physique savante* leur ayant fait découvrir ce même *feu*, ou un autre parfaitement semblable, dans la composition de tous les corps, et s'étant aperçus qu'il était l'agent *essentiel* de ce *mouvement spontané* que l'on appelle *vie* dans les animaux et *végétation* dans les plantes, ils conçurent le jeu et le mécanisme de l'*univers* comme celui d'un

TOUT *homogène*, d'un *corps identique*, dont les parties, quoique distantes, avaient cependant une liaison intime; et *le monde* fut un *être vivant*, animé par la circulation organique d'un fluide *igné* ou même *électrique*, qui, par un premier terme de comparaison pris dans l'*homme* et les animaux, eut le *soleil* pour *cœur* ou foyer.

« Alors, parmi les philosophes-théologues, les uns partant de ces principes, résultats de l'observation, « que rien ne s'anéantit dans le monde; que les éléments sont indestructibles; qu'ils changent de combinaisons, mais non de nature; que la vie et la mort des êtres ne sont que des modifications variées des mêmes *atomes*; que la matière possède par elle-même des propriétés d'où résultent toutes ses manières d'être; que le *monde* est *éternel*, sans bornes d'espace et de durée; » les uns dirent que l'*univers entier était Dieu*; et selon eux, *Dieu* fut un *être* à la fois *effet* et *cause*, *agent* et *patient*, *principe moteur* et *chose mue*, ayant pour lois les propriétés invariables qui constituent la fatalité ; et ceux-là peignirent leur pensée tantôt par l'emblème de PAN (le GRAND TOUT), ou de *Jupiter* au front d'*étoiles*, au corps *planétaire*, aux *pieds d'animaux*, ou de l'*œuf orphique*, dont le *jaune*, suspendu au milieu d'un liquide enceint d'une *voûte*, figura le *globe* du *soleil* nageant dans l'*éther* au milieu de la *voûte des cieux* : tantôt par celui d'un *grand serpent rond*, figurant les cieux où ils plaçaient le premier mobile, par cette raison de *couleur d'azur*, parsemé de *taches d'or* (les étoiles), *dévorant* sa *queue*, c'est-à-dire *rentrant* en lui-même et se *repliant* éternellement comme les révolutions des sphères : tantôt par celui d'un *homme* ayant les pieds *liés* et *joints*, pour signifier l'*existence immuable*; enveloppé d'un manteau de *toutes les couleurs*, comme le spectacle de la nature, et portant sur la tête une *sphère d'or*, emblème de la sphère des étoiles : ou par celui d'un autre homme quelquefois assis sur la fleur du *lotos* portée sur l'abîme des eaux; quelquefois couché sur une pile de douze *carreaux*, figurant les douze signes célestes. Et voilà *Indiens, Japonais, Siamois, Tibetains, Chinois*! la théologie qui, fondée par les Égyptiens, s'est transmise et gardée chez vous dans les tableaux que vous tracez de *Brahma*, de *Beddou*, de *Sommonacodom*, d'*Omito* : Voilà même, hébreux et chrétiens! l'opinion dont vous avez conservé une parcelle dans votre *dieu*, *souffle porté sur les eaux*, par une illusion au *vent*; qui, à l'*origine* du *monde*, c'est-à-dire au départ des *sphères* du *signe* du *cancer*, annonçait l'inondation du *Nil*, et semblait préparer la *création*.

§ VII. Septième système. Culte de l'AME du MONDE, c'est-à-dire de l'élément du feu, principe vital de l'univers.

« Mais d'autres, répugnant à cette idée d'un *être* à la fois *effet* et *cause*, *agent* et *patient*, et rassemblant en une même nature des natures contraires, distinguèrent le *principe moteur* de la *chose mue*; et posant que la *matière* était *inerte* en elle-même, ils prétendirent que ses propriétés lui étaient communiquées par un *agent distinct*, dont elle n'était que l'*enveloppe* et le *fourreau*. Cet *agent* pour les uns fut le *principe igné*, reconnu l'auteur de tout *mouvement*; pour les autres ce fut le fluide appelé *éther*, cru plus actif et plus subtil; or, comme ils appelaient dans les animaux le *principe vital* et *moteur*, une *ame*, un *esprit*, et comme il raisonnaient sans cesse par comparaison, surtout par celle de l'*être humain*, ils donnèrent au principe *moteur* de tout l'univers le nom d'*ame*, d'*intelligence*, d'*esprit*; et *Dieu* fut l'*esprit vital* qui, *répandu dans tous les êtres, anima le vaste corps du monde*. Et ceux-là peignirent leur pensée tantôt par *You-piter*, essence du *mouvement* et de l'*animation*, *principe* de l'*existence*, ou plutôt l'*existence* elle-même; tantôt par *Vulcain* ou *Phtha*, *feu-principe* et *élémentaire*, ou par l'autel de *Vesta*, placé centralement dans son temple, comme le *soleil* dans les *sphères*; et tantôt par *Kneph*, être humain vêtu de *bleu foncé*, ayant en main un *sceptre* et une *ceinture* (le zodiaque), coiffé d'un bonnet de *plumes*, pour *exprimer* la *fugacité* de sa *pensée*, et produisant de sa bouche le *grand œuf*.

« Or, par une conséquence de ce système, chaque être contenant en soi une portion du fluide *igné* ou *éthérien*, moteur *universel* et commun; et ce fluide *ame du monde* étant la *divinité*, il s'ensuivit que les *ames* de tous les êtres furent une *portion* de *Dieu* même, participant à tous ses attributs, c'est-à-dire étant une substance *indivisible*, *simple*, *immortelle*; et de là tout le système de l'*immortalité* de l'ame, qui d'abord fut *éternité*. De là aussi ses *transmigrations* connues sous le nom de *métempsycose*, c'est-à-dire de passage du *principe vital* d'un corps à un autre; idée née de la transmigration véritable des éléments *matériels*. Et voilà, Indiens, boudhistes, chrétiens, musulmans! d'où dérivent toutes vos opinions sur la *spiritualité* de l'ame : voilà quelle fut la source des rêveries de *Pythagore* et de *Platon*, vos instituteurs, qui eux-mêmes ne furent que les échos d'une dernière secte de philosophes visionnaires qu'il faut développer.

§ VIII. Huitième système. MONDE-MACHINE : culte du Démi-Ourgos *ou* Grand-Ouvrier.

« Jusque-là les théologiens, en s'exerçant sur les substances *déliées* et *subtiles* de l'*éther* et du *feu-principe*, n'avaient cependant pas cessé de traiter d'êtres palpables et perceptibles aux sens, et la théologie avait continué d'être la *théorie* des *puissances physiques*, placées tantôt spécialement dans les astres, tantôt disséminées dans tout l'univers; mais à cette époque, des esprits superficiels, perdant le fil des idées qui avaient dirigé ces études profondes, ou ignorant les faits qui leur servaient de base, en dénaturèrent tous les résultats par l'introduction d'une chimère étrange et nouvelle. Ils prétendirent que cet *univers*, ces cieux, ces astres, ce soleil, n'étaient qu'une *machine* d'un genre ordinaire; et à cette première hypothèse appliquant une comparaison tirée des *ouvrages* de l'*art*, ils élevèrent l'édifice des sophismes les plus bizarres. « Une machine, dirent-ils, ne se fabrique point elle-même : elle a un ouvrier antérieur, elle l'indique par son existence. Le *monde* est une *machine* : donc il existe un fabricateur. »

« De là, le *démi-ourgos* ou *grand-ouvrier*, constitué *divinité* autocratrice et suprême. Vainement l'ancienne philosophie objecta que l'*ou-*

CHAPITRE XXII. 205

vrier même avait besoin de *parents* et d'*auteurs*, et que l'on ne faisait qu'ajouter un échelon en ôtant l'éternité au monde pour la lui donner. Les innovateurs, non contents de ce premier paradoxe, passèrent à un second; et, appliquant à leur *ouvrier* la théorie de l'*entendement* humain, ils prétendirent que le *démi-ourgos* avait fabriqué sa machine sur un *plan* ou *idée* résidant en son *entendement*. Or, comme leurs maîtres, les physiciens, avaient placé dans la *sphère* des fixes le *grand mobile régulateur*, sous le nom d'*intelligence*, de *raisonnement*, les *spiritualistes*, leurs mimes, s'emparant de cet *être*, l'attribuèrent au *démi-ourgos*, en en faisant une substance distincte, *existante* par *elle-même*, qu'ils appelèrent *mens* ou *logos* (*parole* et *raisonnement*). Et comme d'ailleurs ils admettaient l'existence de *l'ame* du monde, ou *principe solaire*, ils se trouvèrent obligés de composer trois grades ou échelons de personnes *divines*, qui furent 1° le *démi-ourgos* ou *dieu-ouvrier*; 2° le *logos*, *parole* et *raisonnement*; et 3° l'*esprit* ou l'*ame* (du monde). Et voilà, chrétiens! le roman sur lequel vous avez fondé votre *Trinité*; voilà le système qui, né *hérétique* dans les temples égyptiens, transporté *païen* dans les écoles de l'Italie et de la Grèce, se trouve aujourd'hui *catholique orthodoxe* par la conversion de ses partisans, les disciples de *Pythagore* et de *Platon* devenus *chrétiens*.

« Et c'est ainsi que la divinité, après avoir été dans son origine *l'action sensible*, *multiple*, des *météores* et des *éléments*;

« Puis la *puissance* combinée des *astres* considérés sous leurs rapports avec les êtres terrestres;

« Puis ces *êtres terrestres* eux-mêmes par la confusion des *symboles* avec leurs *modèles*;

« Puis la *double puissance* de la nature dans ses *deux opérations* principales de *production* et de *destruction*;

« Puis le *monde animé* sans distinction d'*agent* et de *patient*, d'*effet* et de *cause*;

« Puis le *principe solaire* ou l'*élément* du *feu* reconnu pour *moteur unique*;

« C'est ainsi que la divinité est devenue, en dernier résultat, un *être chimérique* et *abstrait*; une *subtilité scolastique* de substance sans *forme*, de *corps* sans *figure*; un vrai *délire* de l'esprit, auquel la raison n'a plus rien compris. Mais vainement dans ce dernier passage veut-elle se dérober aux sens : le cachet de son origine lui demeure ineffaçablement empreint; et ses attributs, tous calqués, ou sur les attributs physiques de l'*univers*, tels que l'*immensité*, l'*éternité*, l'*indivisibilité*, l'*incompréhensibilité*; ou sur les affections morales de l'homme, telles que la *bonté*, la *justice*, la *majesté*, etc; ses noms mêmes, tous dérivés des êtres physiques qui lui ont servi de *types*, et spécialement du *soleil*, des *planètes* et du *monde*, retracent incessamment, en dépit de ses corrupteurs, les traits indélébiles de sa véritable nature.

« Telle est la chaîne des idées que l'esprit humain avait déja parcourue à une époque antérieure aux récits positifs de l'histoire ; et puisque leur continuité prouve qu'elles ont été le produit d'une même série d'études et de travaux, tout engage à en placer le théâtre dans le berceau de leurs éléments primitifs, dans l'*Égypte* : et leur marche y put être rapide, parce que la curiosité oiseuse des prêtres physiciens n'avait pour aliment, dans la retraite des temples, que *l'énigme* toutours présente de l'*univers*; et que, dans la division politique qui long-temps partagea cette contrée, chaque État eut son collége de prêtres, lesquels tour à tour auxiliaires ou rivaux, hâtèrent, par leurs disputes, les progrès des sciences et des découvertes.

« Et déja il était arrivé sur les bords du Nil ce qui depuis s'est répété par toute la terre. A mesure que chaque système s'était formé, il avait suscité dans sa nouveauté des querelles et des schismes : puis, accrédité par la persécution même, tantôt il avait détruit les idoles antérieures, tantôt il se les était incorporées en les modifiant; et les révolutions politiques étant survenues, l'agrégation des États et le mélange des peuples confondirent toutes les opinions; et le fil des idées s'étant perdu, la théologie tomba dans le chaos, et ne fut plus qu'un logogriphe de vieilles traditions, qui ne furent plus comprises. La religion, égarée d'objet, ne fut plus qu'un moyen politique de conduire un vulgaire crédule, dont s'emparèrent tantôt des hommes crédules eux-mêmes et dupes de leurs propes visions, et tantôt des hommes hardis et d'une ame énergique, qui se proposèrent de grands objets d'ambition.

§ IX. Religion de Moïse, ou culte de l'ame du monde (You-piter).

« Tel fut le législateur des *Hébreux*, qui, voulant séparer sa nation de toute autre, et se former un empire isolé et distinct, conçut le dessein d'en asseoir les bases sur les préjugés religieux, et d'élever autour de lui un rempart sacré d'opinions et de rites. Mais vainement proscrit-il le culte des *symboles* régnant dans la Basse-Égypte et la Phénicie; son dieu n'en fut pas moins un dieu *égyptien* de l'invention de ces prêtres dont Moïse avait été le disciple; et *Yahouh*, décelé par son propre nom, l'*essence* (des êtres), et par son *symbole*, le *buisson de feu*, n'est que l'*ame* du *monde*, le *principe moteur*, que, peu après, la Grèce adopta sous la même dénomination dans son *You-piter*, *être générateur*, et sous celle d'*Éi*, l'*existence*; que les Thébains consacraient sous le nom de *Kneph*; que *Saïs* adorait sous l'emblême d'Isis *voilée*, avec cette inscription : *Je suis tout ce qui a été, tout ce qui est, tout ce qui sera, et nul mortel n'a levé mon voile;* que Pythagore honorait sous le nom de *Vesta*, et que la philosophie stoïcienne définissait avec précision en l'appelant le principe du feu. Moïse voulut en vain effacer de sa religion tout ce qui rappelait le culte des astres : une foule de traits restèrent malgré lui pour le retracer; et les sept *lumières* ou *planètes* du grand chandelier, les *douze pierres* ou *signes* de l'*urim* du grand-prêtre, la fête des deux *équinoxes, ouvertures* et *portes* de deux *hémisphères*, la cérémonie de l'*agneau* ou *belier céleste*; enfin, le nom d'*Osiris* même conservé dans son *cantique*, et l'*arche* ou coffre imité du tombeau où ce dieu fut enfermé, demeurent pour servir de témoins à la filiation de ses idées et à leur extraction de la source commune.

§ X. Religion de Zoroastre.

« Tel fut aussi Zoroastre, qui, deux siècles après Moïse, rajeunit et moralisa chez les *Mèdes* et les *Bactriens* tout le système égyptien d'*Osiris* et de *Typhon*, sous le nom d'*Ormuzd* et d'*Ahrimanes*; qui, pour expliquer le système de la nature, supposa deux grands *dieux* ou *pouvoirs*, l'un occupé à *créer*, à *produire*, dans un empire de *lumière* et de *douce* chaleur (dont le type est l'été), et par cela, *dieu* de *science*, de *bienfaisance*, de *vertu* ; l'autre occupé à *détruire* dans un empire de *ténèbres* et de *froid* (dont le type est le pôle d'hiver), et par cela *dieu* d'*ignorance*, de *malfaisance* et de *péché* ; qui, par des expression figurées, ensuite méconnues, appela *création du monde* le renouvellement de la scène physique à chaque printemps ; appela *résurrection* le renouvellement des périodes des astres dans leurs conjonctions ; *vie future*, *enfer*, *paradis*, ce qui n'était que le *Tartare* et l'*Élysée* des *astrologues* et des *géographes* ; en un mot, qui ne fit que consacrer les rêveries déja existantes du système mystique.

§ XI. Brahmisme, *ou* système indien.

« Tel encore fut le législateur indien, qui, sous le nom de *Ménou*, antérieur à Zoroastre et à Moïse, consacra, sur les bords du Gange, la doctrine des trois *principes* ou *dieux* que connut la Grèce, l'un desquels, nommé *Brahuma* ou *Ioupiter*, fut l'auteur de toute *production* ou *création* (le soleil du printemps); le second, nommé *Chiven* ou *Pluton*, fut le dieu de toute *destruction* (le soleil d'hiver); et le troisième, nommé *Vichenou* ou *Neptune*, fut le dieu *conservateur* de l'état stationnaire (le soleil solstitial, *stator*), tous trois distincts, et cependant tous trois ne formant qu'un seul *dieu* ou *pouvoir*, lequel, chanté dans les *vedas* comme dans les hymnes *orphiques*, n'est autre chose que le *Youpiter aux trois yeux* (1), ou soleil aux trois formes d'action, dans les trois *ritous* ou *saisons* : là vous avez la source de tout le système *trinitaire* subtilisé par Pythagore et Platon, totalement défiguré par leurs interprètes.

§ XII. Boudhisme, *ou* systèmes mystiques.

« Tels enfin ont été les réformateurs moralistes révérés depuis Mênou, sous les noms de *Boudah, Gaspa', Chekia, Goutama*, etc., qui des principes de la métempsycose, diversement modifiés, ont déduit des doctrines mystiques d'abord utiles en ce qu'elles inspiraient à leurs sectateurs l'*horreur du meurtre*, la *compassion pour tout être sensible*, la *crainte des peines* et l'*espoir des récompenses destinées à la vertu et au vice, dans une autre vie, sous une forme nouvelle ;* mais ensuite devenues pernicieuses par l'abus d'une métaphysique visionnaire, qui, prenant à tâche de contrarier l'ordre naturel, voulut que le *monde palpable et matériel* fût *une illusion fantastique ;* que l'existence de l'homme *fût un rêve dont la mort était le vrai réveil ;* que son corps fût une prison impure dont il devait se hâter de sortir, ou une enveloppe grossière que, pour rendre

---

(1) Œil et soleil s'expriment par un même mot dans la plupart des anciennes langues d'Asie.

perméable à la lumière interne, il devait atténuer, *diaphaniser*, par le jeûne, les macérations, les contemplations, et par une foule de pratiques anachorétiques si étranges, que le vulgaire étonné ne put s'expliquer le caractère de leurs auteurs qu'en les considérant comme des êtres surnaturels, avec cette difficulté de savoir s'ils furent *dieu devenu homme*, ou *l'homme devenu dieu*.

« Voilà les matériaux qui, depuis des siècles nombreux, existaient épars dans l'Asie, quand un concours fortuit d'événements et de circonstances vint, sur les bords de l'Euphrate et de la Méditerranée, en former de nouvelles combinaisons.

§ XIII. Christianisme, *ou* culte allégorique du soleil, sous ses noms cabalistiques de *Chris-en* ou *Christ*, et d'*Yésus* ou *Jésus*.

« En constituant un peuple séparé, Moïse avait vainement prétendu le défendre de l'invasion de toute idée étrangère : un penchant invincible, fondé sur les affinités d'une même origine, avait sans cesse ramené les Hébreux vers le culte des nations voisines; et les relations indispensables du commerce et de la politique qu'il entretenait avec elles en avaient de jour en jour fortifié l'ascendant. Tant que le régime national se maintint, la force coërcitive du gouvernement et des lois, en s'opposant aux innovations, retarda leur marche;

CHAPITRE XXII.

et cependant les *hauts lieux étaient pleins d'idoles*, et le *dieu soleil avait son char* et ses chevaux peints dans les palais des rois et jusque dans le temple d'*Yáhouh* ; mais lorsque les conquêtes des sultans de *Ninive* et de *Babylone* eurent dissous le lien de la puissance publique, le peuple, livré à lui-même, et sollicité par ses conquérants, ne contraignit plus son penchant pour les opinions profanes, et elles s'établirent publiquement en Judée. D'abord les colonies assyriennes, transportées à la place des tribus, remplirent le royaume de Samarie des dogmes des mages, qui bientôt pénétrèrent dans le royaume de Juda; ensuite Jérusalem ayant été subjuguée, les *Egyptiens*, les *Syriens*, les *Arabes*, accourus dans ce pays ouvert, y apportèrent de toutes parts les leurs, et la religion de Moïse fut déja doublement altérée. D'autre part les prêtres et les grands, transportés à Babylone et élevés dans les sciences des Kaldéens, s'imburent, pendant un séjour de cinquante ans, de toute leur théologie ; et de ce moment se naturalisèrent chez les Juifs les dogmes du génie *ennemi* (Satan), de l'*archange Michel*, de l'*ancien des jours* (Ormuzd), des *anges rebelles*, du *combat des cieux*, de l'*ame immortelle* et de la *résurrection; toutes choses inconnues à Moïse*, ou *condamnées* par le silence même qu'il en avait gardé.

« De retour dans leur patrie, les émigrés y rapportèrent ces idées; et d'abord leur innovation y suscita les disputes de leurs partisans les *Pharisiens*, et de leurs opposants les *Sadducéens*, représentants de l'ancien culte national. Mais les premiers, secondés du penchant du peuple et de ses habitudes déja contractées, appuyés de l'autorité des *Perses*, leurs libérateurs et leurs maîtres, terminèrent par prendre l'ascendant sur les seconds, et les enfants de Moïse consacrèrent la théologie de Zoroastre.

« Une analogie fortuite entre deux idées principales favorisa surtout cette coalition, et devint la base d'un dernier système, non moins étonnant dans sa fortune que dans les causes de sa formation.

« Depuis que les Assyriens avaient détruit le royaume de *Samarie*, des esprits judicieux, *prévoyant* la même destinée pour *Jérusalem*, n'avaient cessé de l'*annoncer*, de la *prédire;* et leurs *prédictions* avaient toutes eu ce caractère particulier, d'être terminées par des *vœux de rétablissement et de régénération*, énoncés sous la forme de *prophéties:* les hiérophantes, dans leur enthousiasme, avaient peint *un roi libérateur* qui *devait rétablir la nation dans son ancienne gloire; le peuple hébreu devait redevenir* un *peuple puissant, conquérant,* et *Jérusalem* la capitale d'un *empire étendu surtout l'univers.*

« Les événements ayant réalisé la première partie de ces prédictions, la *ruine* de *Jérusalem*, le peuple attacha à la seconde une croyance d'autant plus entière, qu'il tomba dans le malheur; et les Juifs affligés attendirent avec l'impatience du besoin et du désir, *le roi victorieux* et *libérateur qui devait* venir sauver la nation de *Moïse* et relever l'empire de *David*.

« D'autre part, les traditions sacrées et mythologiques des temps antérieurs avaient répandu dans toute l'Asie un dogme parfaitement analogue. On n'y parlait que d'un *grand médiateur*, d'un *juge final*, d'un *sauveur futur*, qui, *roi*, *dieu conquérant* et *législateur*, devait ramener l'*âge d'or* sur la terre, la délivrer de l'empire *du mal*, et rendre aux hommes le *règne du bien*, la *paix* et le *bonheur*. Ces idées occupaient d'autant plus les peuples, qu'ils y trouvaient des consolations de l'état funeste et des maux réels où les avaient plongés les dévastations successives des conquêtes et des conquérants, et le barbare despotisme de leurs gouvernements. Cette conformité entre les *oracles* des *nations* et ceux des *prophètes*, excita l'attention des Juifs; et sans doute les *prophètes* avaient eu l'art de calquer leurs tableaux sur le style et le génie des livres sacrés employés aux *mystères païens*: c'était donc en Judée une attente générale que celle du grand *envoyé*, du *sauveur final*, lorsqu'une circonstance singulière vint déterminer l'époque de sa venue.

« Il était écrit dans les *livres sacrés* des Perses et des Kaldéens, que le *monde*, composé d'une *révolution* totale de *douze mille*, était partagé en deux *révolutions* partielles, dont l'une, *âge* et *règne du bien*, se terminait au bout de *six mille*, et l'autre, *âge* et *règne du mal*, se terminait au bout de *six autres mille*.

« Par ces récits, les premiers auteurs avaient entendu la *révolution* annuelle du *grand orbe céleste*, appelé le *monde* (*révolution* composée de *douze mois* ou *signes*, divisés chacun en *mille parties*); et les deux périodes systématiques de l'*hiver* et de l'*été*, composée chacune également de *six mille*. Ces expressions, toutes équivoques, ayant été mal expliquées, et ayant reçu un sens *absolu* et *moral* au lieu de leur sens *physique* et *astrologique*, il arriva que le *monde annuel* fut pris pour un *monde séculaire*, les *mille* de temps pour des *mille d'années*; et supposant, d'après les faits, que l'on vivait dans l'*âge du malheur*, on en inféra qu'il devait finir au bout des *six mille ans* prétendus.

« Or, dans les calculs admis par les Juifs, on commençait à compter près de six mille ans depuis la création (fictive) *du monde*. Cette coïncidence produisit de la fermentation dans les esprits. On ne s'occupa plus que d'une fin *prochaine*; on interrogea les *hiérophantes* et leurs livres *mystiques*, qui en assignèrent divers termes; on attendit le *réparateur;* à force d'en parler, quelqu'un dit l'avoir vu, ou même un individu exalté crut l'être et se fit des partisans, lesquels, privés de leur chef par un incident vrai sans doute, mais passé obscurément, donnèrent lieu, par leurs récits, à une rumeur graduellement organisée en histoire: sur ce premier canevas établi, toutes les *circonstances* des *traditions mythologiques* vinrent bientôt se placer, et il en résulta un système *authentique* et *complet*, dont il ne fut plus permis de douter.

« Elles portaient, ces traditions mythologiques :
« Que dans *l'origine,* une *femme* et un *homme*
« avaient, par leur *chute, introduit* dans le *monde*
« le *mal* et le *péché.* » (*Suivez la pl. III.*)

« Et par-là elles indiquaient le fait *astronomique* de la *vierge céleste* et de l'*homme bouvier* (Bootes), qui, en se *couchant* héliaquement à l'*équinoxe* d'automne, livraient le *ciel* aux constellations de l'*hiver*, et semblaient, en *tombant* sous l'horizon, *introduire* dans le *monde* le génie du *mal*, *Ahrimanes*, figuré par la constellation du *serpent*.

« Elles portaient, ces traditions : « Que la *femme*
« *avait entraîné,* séduit l'*homme.* »

« Et en effet, la vierge se *couchant* la *première*, semble *entraîner* à sa *suite* le bouvier.

« Que la *femme l'avait tenté en lui présentant*
« *des fruits beaux à voir* et *bons à manger*, qui
« donnaient la science du *bien* et du *mal.* »

« Et en effet, la *vierge* tient en main une *branche de fruits* qu'elle semble étendre vers le *bouvier;* et le rameau, emblème de l'automne, placé dans le *tableau de Mithra,* sur la frontière de l'*hiver* et de l'*été,* semble ouvrir la porte et donner la *science,* la *clef* du *bien* et du *mal.*

« Elles portaient : « Que ce *couple avait été*
« *chassé* du *jardin céleste, et qu'un chérubin à*
« *épée flamboyante avait été placé* à la *porte pour*
« *le garder.* »

« Et en effet, quand la *vierge* et le bouvier *tombent* sous l'horizon du couchant, *Persée monte* de l'autre côté, et, l'épée à la main, ce *génie* semble les chasser du *ciel* de l'*été, jardin* et *règne* des *fruits* et des *fleurs.*

« Elles portaient : « Que de *cette vierge devait*
« *naître, sortir un rejeton, un enfant qui écraserait*
« la *tête* du *serpent,* et *délivrerait* le *monde* du
« *péché.* »

« Et par-là elles désignaient le *soleil,* qui, à l'époque du *solstice* d'*hiver,* au *moment* précis où les *mages des Perses tiraient l'horoscope* de la *nouvelle année, se trouvait placé dans le sein de la vierge, en lever héliaque* à *l'horizon oriental,* et qui, à ce titre, était figuré dans leurs tableaux astrologiques sous la forme d'un *enfant* allaité par *une vierge chaste,* et devenait ensuite, à l'équinoxe du printemps, le *belier* ou l'*agneau,* vainqueur de la constellation du *serpent,* qui disparaissait des cieux.

« Elles portaient : « Que, dans son enfance, ce
« *réparateur* de *nature divine* ou *céleste vivrait*
« *abaissé*, *humble*, *obscur*, *indigent*. »

« Et cela, parce que le *soleil* d'hiver est *abaissé*
sous l'horizon, et que cette période première de
ses quatre *âges* ou *saisons*, est un temps d'*obscurité*, de *disette*, de *jeûne*, de *privations*.

« Elles portaient : « Que, mis à mort par des
« *méchants*, il était *ressuscité glorieusement*; qu'il
« était *remonté* des *enfers* aux *cieux*, où il régne-
« rait éternellement. »

« Et par-là elles *retraçaient* la *vie* du *soleil*, qui,
terminant sa *carrière* au *solstice* d'*hiver*, lorsque
dominaient *Typhon* et les *anges rebelles*, semblait
être mis à *mort* par eux; mais qui, bientôt après,
renaissait, *résurgeait* dans la voûte des cieux, où
il est encore.

« Enfin ces traditions, citant jusqu'à ses noms
astrologiques et *mystérieux*, disaient qu'il s'appelait tantôt *Chris*, c'est-à-dire le *conservateur*; et
voilà ce dont vous, Indiens, avez fait votre dieu
Chris-en ou *Chris-na*; et vous, chrétiens, Grecs et
Occidentaux, votre *Cris-tos*, fils de *Marie*; et
tantôt, qu'il s'appelait *Yés*, par la réunion de trois
lettres, lesquelles, en valeur numérale, formaient
le nombre 608, l'une des *périodes solaires*: et
voilà, ô Européens! le nom qui, avec la finale
latine, est devenu votre *Iés-us* ou *Jésus*, nom ancien et cabalistique attribué au jeune *Bacchus*,

fils clandestin (nocturne) de la *vierge Minerve*, lequel, dans toute l'histoire de sa vie et même de sa mort, retrace l'histoire du *dieu* des *chrétiens*, c'est-à-dire de l'*astre du jour*, dont ils sont tous les deux l'emblème. »

A ces mots, un grand murmure s'éleva de la part des *groupes chrétiens* : mais les musulmans, les lamas, les Indiens les rappelèrent à l'ordre, et l'orateur achevant son discours :

« Vous savez maintenant, dit-il, comment le reste de ce système se composa dans le chaos et l'anarchie des trois premiers siècles ; comment une foule d'opinions bizarres partagèrent les esprits, et les partagèrent avec un enthousiasme et une opiniâtreté réciproques, parce que, fondées également sur des traditions anciennes, elles étaient également sacrées. Vous savez comment, après trois cents ans, le *gouvernement* s'étant associé à l'une de ces sectes, en fit la *religion orthodoxe*, c'est-à-dire *dominante*, à l'exclusion des autres, lesquelles, par leur infériorité, devinrent des *hérésies*; comment et par quels moyens de violence et de séduction cette religion s'est propagée, accrue, puis divisée et affaiblie ; comment, six cents ans après l'innovation du *christianisme*, un autre système se forma encore de ses matériaux et de ceux des juifs, et comment Mahomet sut se composer un empire *politique* et *théologique* aux dépens de ceux de *Moïse* et des *vicaires* de *Jésus....*

« Maintenant, si vous résumez l'histoire entière de l'esprit religieux, vous verrez que dans son principe il n'a eu pour *auteur* que les *sensations* et les *besoins* de l'homme; que l'*idée* de *Dieu* n'a eu pour type et modèle que celle des *puissances physiques*, des *êtres matériels* agissant en *bien* ou en *mal*, c'est-à-dire en impressions de plaisir ou de *douleur* sur l'*être sentant*; que, dans la formation de tous ces systèmes, cet esprit religieux a toujours suivi la même marche, les mêmes procédés; que dans tous, le dogme n'a cessé de représenter, sous le nom des dieux, les opérations de la nature, les passions des hommes et leurs préjugés; que dans tous, la morale a eu pour but le *désir* du *bien-être* et l'*aversion* de la *douleur* ; mais que les peuples et la plupart des législateurs, ignorant les routes qui y conduisaient, se sont fait des idées fausses, et par-là même opposées, du *vice* et de la *vertu*, du *bien* et du *mal*, c'est-à-dire de ce qui rend l'homme *heureux* ou *malheureux* ; que dans tous, les moyens et les causes de *propagation* et d'*établissement* ont offert les mêmes scènes de passions et d'événements, toujours des disputes de mots, des prétextes de zèle, des révolutions et des guerres suscitées par l'*ambition des chefs*; par la fourberie des *promulgateurs*; par la crédulité des *prosélytes* ; par l'ignorance du *vulgaire*, par la *cupidité exclusive* et l'*orgueil intolérant* de tous : enfin, vous verrez que l'histoire entière de l'esprit *religieux* n'est que celle des incertitudes de l'*esprit humain*, qui, placé dans un *monde* qu'il ne *comprend* pas, veut cependant en deviner l'*énigme* ; et qui, spectateur toujours étonné de ce *prodige mystérieux et visible*, imagine des *causes*, suppose des *fins*, bâtit des systèmes : puis, en trouvant un défectueux, le détruit pour un autre non moins vicieux ; hait l'erreur qu'il quitte, méconnaît celle qu'il embrasse, repousse la vérité qui l'appelle, compose des chimères d'êtres disparates, et, rêvant sans cesse *sagesse* et *bonheur*, s'égare dans un labyrinthe de peines et de folies. »

CHAPITRE XXIII.

Identité du but des religions.

Ainsi parla l'orateur des hommes qui avaient recherché l'origine et la filiation des idées religieuses....

Et les théologiens des divers systèmes raisonnant sur ce discours : « C'est un exposé impie, dirent les uns, qui ne tend à rien moins qu'à renverser toute croyance, à jeter l'insubordination dans les esprits, à anéantir notre ministère et notre puissance : c'est un roman, dirent les autres, un tissu de conjectures dressées avec art, mais sans fondement. Et les *gens modérés* et *prudents* ajoutaient : *Supposons que tout cela soit vrai, pourquoi révéler ces mystères?* Sans doute nos *opinions sont pleines d'erreurs; mais* ces erreurs *sont un frein* nécessaire à la multitude. Le monde va ainsi depuis deux mille ans, pourquoi le changer aujourd'hui? »

Et déja la rumeur du blâme qui s'élève contre toute nouveauté, commençait de s'accroître, quand un groupe nombreux d'hommes des classes du peuple et de sauvages de tout pays et de toute nation, sans prophètes, sans docteurs, sans code religieux, s'avançant dans l'arène, attirèrent sur eux l'attention de toute l'assemblée ; et l'un d'eux, portant la parole, dit au législateur :

« Arbitre et médiateur des peuples! depuis le commencement de ce débat, nous entendons des récits étranges, inouïs pour nous jusqu'à ce jour; notre esprit, surpris, confondu de tant de choses, les unes savantes, les autres absurdes, qu'également il ne comprend pas, reste dans l'incertitude et le doute. Une seule réflexion nous frappe : en résumant tant de faits prodigieux, tant d'assertions opposées, nous nous demandons : Que nous importent toutes ces discussions? Qu'avons nous besoin de savoir ce qui s'est passé il y a cinq ou six mille ans, dans des pays que nous ignorons, chez des hommes qui nous resteront inconnus? Vrai ou faux, à quoi nous sert de savoir si le monde existe depuis six ou depuis vingt mille ans, s'il s'est fait de rien ou de quelque chose, de lui-même ou par un ouvrier, qui, à son tour, exige un auteur? Quoi! nous ne sommes pas assurés de ce qui se passe près de nous, et nous répondrons de ce qui peut se passer dans le soleil, dans la lune ou dans les espaces imaginaires! Nous avons oublié notre enfance, et nous connaîtrons celle du monde? Et qui attestera ce que nul n'a vu? qui certifiera ce que personne ne comprend?

« Qu'ajoutera d'ailleurs ou que diminuera à notre existence de dire *oui* ou *non* sur toutes ces chimères? Jusqu'ici nos pères et nous n'en avons pas eu la première idée, et nous ne voyons pas que nous en ayons eu plus ou moins de *soleil*, plus ou moins de *subsistance*, plus ou moins de *mal* ou de *bien*.

« Si la connaissance en est nécessaire, pourquoi avons-nous aussi-bien vécu sans elle, que ceux qui s'en inquiètent si fort? Si elle est superflue, pourquoi en prendrons-nous aujourd'hui le fardeau? » Et s'adressant aux docteurs et aux théologiens : « Quoi! il faudra que nous, hommes ignorants et pauvres, dont tous les moments suffisent à peine aux soins de notre subsistance et aux travaux dont vous profitez, il faudra que nous apprenions tant d'histoires que vous racontez, que nous lisions tant de livres que vous nous citez, que nous apprenions tant de diverses langues dans lesquelles ils sont composés! Mille ans de vie n'y suffiraient pas.....

« Il n'est pas nécessaire, dirent les docteurs, que vous acquériez tant de science : nous l'avons pour vous.....

« Mais vous-mêmes, répliquèrent les hommes simples, avec toute votre science vous n'êtes pas d'accord! à quoi sert de la posséder?

« D'ailleurs, comment pouvez-vous répondre pour nous? Si la foi d'un homme s'applique à plusieurs, vous-mêmes quel besoin avez-vous de croire? Vos pères auront *cru* pour vous, et cela sera raisonnable ; puisque c'est pour vous qu'ils ont vu.

« Ensuite, qu'est-ce que *croire*, si *croire* n'influe sur aucune action? Et sur quelle action influe, par exemple, de *croire* le monde *éternel* ou *non?*

« Cela offense Dieu, dirent les docteurs. — Où en est la preuve? dirent les hommes simples. — *Dans nos livres*, répondirent les docteurs. — Nous ne les entendons pas, répliquèrent les hommes simples.

« Nous les entendons pour vous, dirent les docteurs.

« Voilà la difficulté, reprirent les hommes simples. De quel droit vous établissez-vous *médiateurs* entre Dieu et nous?

« Par ses ordres, dirent les docteurs.

« Où est la preuve de ses ordres? dirent les hommes simples. — *Dans nos livres*, dirent les docteurs. — *Nous ne les entendons pas*, dirent les hommes simples; et comment ce Dieu juste vous donne-t-il ce privilége sur nous? Comment ce père commun nous oblige-t-il de croire à un moindre degré d'évidence que vous? Il vous a parlé, soit; il est infaillible, et il ne vous trompe pas; vous nous parlez, vous! qui nous garantit que vous n'êtes pas en erreur, ou que vous ne sauriez nous y induire? Et si nous sommes trompés, comment ce Dieu juste nous sauvera-t-il contre la loi, ou nous condamnera-t-il sur celle que nous n'avons pas connue?

« Il vous a donné la loi naturelle, dirent les docteurs.

« Qu'est-ce que la loi naturelle? répondirent les hommes simples. Si cette loi suffit, pourquoi en a-t-il donné d'autres? si elle ne suffit pas, pourquoi l'a-t-il donnée imparfaite?

« Ses jugements sont des mystères, reprirent les docteurs, et sa justice n'est pas comme celle des hommes. — Si sa justice, répliquèrent les hommes simples, n'est pas comme la nôtre, quel moyen avons-nous d'en juger? et, de plus, pourquoi toutes ces lois, et quel est le but qu'elles se proposent?

« De vous rendre plus heureux, reprit un docteur, en vous rendant meilleurs et plus vertueux : c'est pour apprendre aux hommes à user de ses bienfaits, et à ne point se nuire entre eux, que Dieu s'est manifesté par tant d'oracles et de prodiges.

« En ce cas, dirent les hommes simples, il n'est pas besoin de tant d'études ni de raisonnements : montrez-nous quelle est la religion qui remplit le mieux le but qu'elles se proposent toutes. »

Aussitôt, chacun des groupes vantant sa morale, et la préférant à toute autre, il s'éleva de culte à culte une nouvelle dispute plus violente.

« C'est nous, dirent les musulmans, qui possédons la morale par excellence, qui enseignons toutes les vertus utiles aux hommes et agréables à Dieu. Nous professons la *justice*, le *désintéressement*, le *dévouement* à la *Providence*, la *charité pour nos frères*, l'*aumône*, la *résignation*; nous *ne tourmentons point les ames par des craintes superstitieuses*; nous vivons sans *alarmes* et nous *mourons* sans remords. »

« Comment osez-vous, répondirent les prêtres chrétiens, parler de morale, vous dont le chef a pratiqué la licence et prêché le scandale? vous dont le premier précepte est l'homicide et la guerre? Nous en prenons à témoin l'expérience :

depuis douze cents ans votre zèle fanatique n'a cessé de répandre chez les nations le trouble et le carnage; et si aujourd'hui l'Asie, jadis florissante, languit dans la barbarie et l'anéantissement, c'est à votre doctrine qu'il en faut attribuer la cause; à cette doctrine ennemie de toute instruction, qui, d'un côté, sanctifiant l'ignorance et consacrant le despotisme le plus absolu dans celui qui commande, de l'autre, imposant l'obéissance la plus aveugle et la plus passive à ceux qui sont gouvernés, a engourdi toutes les facultés de l'homme, étouffé toute industrie, et plongé les nations dans l'abrutissement.

« Il n'en est pas ainsi de notre morale sublime et céleste; c'est elle qui a retiré la terre de sa barbarie primitive, des superstitions insensées ou cruelles de l'idolâtrie, des sacrifices humains, des orgies honteuses des mystères païens; qui a épuré les mœurs, proscrit les incestes, les adultères, policé les nations sauvages, fait disparaître l'esclavage, introduit des vertus nouvelles et inconnues, la *charité* pour les hommes, leur *égalité* devant Dieu, le pardon, l'oubli des injures, la répression de toutes les passions, le mépris des grandeurs mondaines; en un mot, une vie toute sainte et toute spirituelle. »

« Nous admirons, répliquèrent les musulmans, comment vous savez allier cette charité, cette douceur évangélique, dont vous faites tant d'os-

CHAPITRE XXIII.

tentation, avec les injures et les outrages dont vous blessez sans cesse votre *prochain*. Quand vous inculpez si gravement les mœurs du grand homme que nous révérons, nous pourrions trouver des représailles dans la conduite de celui que vous adorez; mais dédaignant de tels moyens, et nous bornant au véritable objet de la question, nous soutenons que votre morale évangélique n'a point la perfection que vous lui attribuez; qu'il n'est point vrai qu'elle ait introduit dans le monde des vertus inconnues, nouvelles : et, par exemple, cette *égalité des hommes devant Dieu*, cette *fraternité* et cette *bienveillance* qui en sont la suite, étaient des dogmes formels de la secte des *hermétiques* ou *samanéens*, dont vous descendez. Et quant au pardon des injures, les païens mêmes l'avaient enseigné; mais, dans l'extension que vous lui donnez, loin d'être une vertu, il devient une immoralité, un vice. Votre précepte si vanté de *tendre* une *joue après l'autre*, n'est pas seulement contraire à tous les sentiments de l'homme, il est encore opposé à toute idée de justice; il enhardit les méchants par l'impunité; il avilit les bons par la servitude; il livre le monde au désordre, à la tyrannie; il dissout la société; et tel est l'esprit véritable de votre doctrine : vos évangiles, dans leurs préceptes et leurs paraboles, ne représentent jamais *Dieu* que comme un *despote* sans règle d'équité; c'est un père partial, qui traite un en-

fant débauché, prodigue, avec plus de faveur que ses autres enfants respectueux et de bonnes mœurs; c'est un maître capricieux, qui donne le *même salaire* aux *ouvriers* qui ont travaillé une heure et à ceux qui ont fatigué pendant toute la journée, et qui *préfère les derniers* venus *aux premiers*: partout c'est une morale *misanthropique, antisociale*, qui dégoûte les hommes de la vie, de la société, et ne tend qu'à faire des ermites et des célibataires.

« Et quant à la manière dont vous l'avez pratiquée, nous en appelons à notre tour au témoignage des faits : nous vous demandons si c'est la *douceur évangélique* qui a suscité vos interminables guerres de sectes, vos persécutions atroces de prétendus *hérétiques*, vos croisades contre l'*arianisme*, le *manichéisme*, le *protestantisme*, sans parler de celles que vous avez faites contre nous, et de vos associations sacriléges, encore subsistantes, d'hommes assermentés pour les continuer. Nous vous demandons si c'est la *charité évangélique* qui vous a fait exterminer les peuples entiers de l'Amérique, anéantir les empires du Mexique et du Pérou; qui vous fait continuer de dévaster l'*Afrique*, dont vous vendez les habitants comme des animaux, malgré *votre abolition* de l'*esclavage*; qui vous fait ravager l'Inde, dont vous usurpez les domaines; enfin, si c'est elle qui depuis trois siècles vous fait troubler dans leurs foyers les peuples des trois continents, dont les plus prudents, tels que le Chinois et le Japonais, ont été obligés de vous chasser pour éviter vos fers, et recouvrer la paix intérieure. »

Et à l'instant les brames, les rabbins, les bonzes, les chamans, les prêtres des îles Moluques et des côtes de la Guinée accablant les docteurs chrétiens de reproches ; « Oui! s'écrièrent-ils, ces hommes sont des brigands, des hypocrites, qui prêchent la *simplicité* pour surprendre la *confiance*; l'*humilité*, pour asservir plus facilement; la *pauvreté*, pour s'approprier *toutes les richesses*; ils promettent un *autre monde*, pour mieux *envahir celui-ci*; et tandis qu'ils vous parlent de *tolérance* et de *charité*, ils brûlent au nom de *Dieu* les hommes qui ne l'adorent pas comme eux. »

« Prêtres menteurs, répondirent des missionnaires, c'est vous qui abusez de la crédulité des nations ignorantes pour les subjuguer; c'est vous qui de votre ministère faites un art d'imposture et de fourberie : vous avez converti la religion en un négoce d'avarice et de cupidité. Vous feignez d'être en communication avec des esprits, et ils ne rendent pour oracles que vos volontés; vous prétendez lire dans les astres, et le destin ne décrète que vos désirs; vous faites parler les idoles, et les dieux ne sont que les instruments de vos passions; vous avez inventé les sacrifices et les libations pour attirer à vous le lait des troupeaux, la chair et la graisse des victimes; et, sous le manteau de la piété, vous dévorez les offrandes des dieux, *qui ne mangent point*, et la substance des peuples, *qui travaillent.* »

« Et vous, répliquèrent les brames, les bonzes, les chamans, vous vendez aux vivants crédules de vaines prières pour les ames des morts; avec vos *indulgences* et vos *absolutions*, vous vous êtes arrogé la puissance et les fonctions de Dieu même; et faisant un trafic de ses graces et de ses pardons, vous avez mis le ciel à l'encan, et fondé, par votre système d'*expiation*, un *tarif* de crimes qui a perverti toutes les consciences. »

« Ajoutez, dirent les *imans*, que ces hommes ont inventé la plus profonde des scélératesses : l'obligation absurde et impie de leur raconter les secrets les plus intimes des actions, des pensées, des *velléités* (la confession); en sorte que leur curiosité insolente a porté son inquisition jusque dans le sanctuaire sacré du lit nuptial, dans l'asile inviolable du cœur. »

Alors de reproche en reproche, les docteurs des différents cultes commencèrent à révéler tous les délits de leur ministère, tous les vices cachés de leur état; et il se trouva que chez tous les peuples l'*esprit des prêtres*, leur *système de conduite*, leurs *actions*, leurs *mœurs* étaient absolument les mêmes;

Que partout ils avaient composé des *associa-*

tions secrètes, des *corporations ennemies* du reste de la société;

Que partout ils s'étaient *attribué* des *prérogatives*, des *immunités*, au moyen desquelles ils vivaient à l'abri de tous les fardeaux des autres classes;

Que partout ils n'essuyaient ni les fatigues du laboureur, ni les dangers du militaire, ni les revers du commerçant;

Que partout ils vivaient célibataires, afin de s'épargner jusqu'aux embarras domestiques;

Que partout, sous le manteau de la *pauvreté*, ils trouvaient le secret d'être riches et de se procurer toutes les jouissances;

Que, sous le nom de *mendicité*, ils percevaient des *impôts* plus forts que les princes;

Que, sous celui de dons et offrandes, ils se procuraient des revenus certains et exempts de frais;

Que, sous celui de *recueillement* et de *dévotion*, ils vivaient dans l'oisiveté et dans la licence;

Qu'ils avaient fait de l'*aumône* une *vertu*, afin de vivre tranquillement du travail d'autrui;

Qu'ils avaient inventé des cérémonies du culte, afin d'attirer sur eux le respect du peuple, en jouant le rôle des dieux dont ils se disaient les *interprètes* et les *médiateurs*, pour s'en attribuer toute la puissance; que, dans ce dessein, selon les lumières ou l'ignorance des peuples, ils s'étaient faits tour à tour *astrologues*, *tireurs d'horoscopes*, *devins*, *magiciens*, *nécromanciens*, *charlatans*, *médecins*, *courtisans*, *confesseurs* de princes, toujours tendant au but de gouverner pour leur propre avantage;

Que tantôt ils avaient élevé le pouvoir des rois et consacré leurs personnes, pour s'attirer leurs faveurs ou participer à leur puissance;

Et que tantôt ils avaient prêché le *meurtre* des *tyrans* (se réservant de spécifier la tyrannie), afin de se venger de leur mépris ou de leur désobéissance;

Que toujours ils avaient appelé *impiété* ce qui nuisait à leurs intérêts; qu'ils résistaient à toute instruction publique, pour exercer le monopole de la science; qu'enfin en tout temps, en tout lieu, ils avaient trouvé le secret de vivre en paix au milieu de l'anarchie qu'ils causaient, en sûreté sous le despotisme qu'ils favorisaient, en repos au milieu du travail qu'ils prêchaient, dans l'abondance au sein de la disette; et cela, en exerçant le commerce singulier de *vendre* des *paroles* et des *gestes* à des gens crédules, qui les paient comme des denrées du plus grand prix.

Alors les peuples, saisis de fureur, voulurent mettre en pièces les hommes qui les avaient abusés; mais le législateur arrêtant ce mouvement de violence, et s'adressant aux chefs et aux docteurs:

« Quoi! leur dit-il, instituteurs des peuples, est-ce donc ainsi que vous les avez trompés? »

Et les prêtres troublés répondirent : « O législateur! nous sommes hommes; et *les peuples sont si superstitieux!* ils ont eux-mêmes provoqué nos erreurs. »

Et les rois dirent : « O législateur! les peuples sont si *serviles* et si *ignorants!* eux-mêmes se sont prosternés devant le joug, qu'à peine nous osions leur montrer. »

Alors le législateur se tournant vers les peuples :

« Peuples! leur dit-il, souvenez-vous de ce que vous venez d'entendre : ce sont deux *profondes vérités.* Oui, vous-mêmes causez les maux dont vous vous plaignez; c'est vous qui encouragez les tyrans par une lâche adulation de leur puissance, par un engouement imprudent de leurs fausses bontés, par l'avilissement dans l'obéissance, par la licence dans la liberté, par l'accueil crédule de toute imposture : sur qui punirez-vous les fautes de votre ignorance et de votre cupidité? »

Et les peuples interdits demeurèrent dans un morne silence.

CHAPITRE XXIV.

Solution du problème des contradictions.

Et le législateur reprenant la parole, dit : « O nations! nous avons entendu les débats de vos opinions; et les dissentiments qui vous partagent nous ont fourni plusieurs réflexions, et nous présentent plusieurs questions à éclaircir et à vous proposer.

« D'abord, considérant la diversité et l'opposition des croyances auxquelles vous êtes attachés, nous vous demandons sur quels motifs vous en fondez la persuasion : est-ce par un choix réfléchi que vous suivez l'étendard d'un prophète plutôt que celui d'un autre? Avant d'adopter telle doctrine plutôt que telle autre, les avez-vous d'abord comparées? en avez-vous fait un mûr examen? ou bien ne les avez-vous reçues que du hasard de la naissance, que de l'empire de l'habitude et de l'éducation? Ne naissez-vous pas chrétiens sur les bords du Tibre, musulmans sur ceux de l'Euphrate, idolâtres aux rives de l'Indus, comme vous naissez blonds dans les régions froides, et brûlés sous le soleil africain? Et si vos opinions sont l'effet de votre position fortuite sur la terre, de la parenté, de l'imitation, comment le hasard

CHAPITRE XXIV.

vous devient-il un motif de conviction, un argument de vérité ?

« En second lieu, lorsque nous méditons sur l'exclusion respective et l'intolérance arbitraire de vos prétentions, nous sommes effrayés des conséquences qui découlent de vos propres principes. Peuples ! qui vous dévouez tous réciproquement aux traits de la colère céleste, supposez qu'en ce moment l'*Être universel* que vous révérez, descendît des cieux sur cette multitude, et qu'investi de toute sa puissance, il s'assît sur ce trône pour vous juger tous ; supposez qu'il vous dît : « Mor-
« tels ! c'est votre propre justice que je vais exer-
« cer sur vous. Oui, de tant de cultes qui vous
« partagent, un seul aujourd'hui sera préféré ;
« tous les autres, toute cette multitude d'éten-
« dards, de peuples, de prophètes, seront con-
« damnés à une perte éternelle ; et ce n'est point
« assez.... parmi les sectes du *culte choisi*, une
« seule peut me plaire, et toutes les autres seront
« condamnées ; mais ce n'est point encore assez :
« de ce petit groupe réservé, il faut que j'exclue
« tous ceux qui n'ont pas rempli les conditions
« qu'imposent ses préceptes : ô hommes ! à quel
« petit nombre d'*élus* avez-vous borné votre race !
« à quelle pénurie de bienfaits réduisez-vous mon
« immense bonté ? à quelle solitude d'admirateurs
« condamnez-vous ma grandeur et ma gloire ? »

Et le législateur se levant : « N'importe ; vous

l'avez voulu ; peuples ! voilà l'urne où vos noms sont placés : un seul sortira.... Osez tirer cette loterie terrible.... » Et les peuples, saisis de frayeur, s'écrièrent : *Non, non;* nous sommes *tous frères, tous égaux;* nous ne pouvons nous condamner.

Alors le législateur s'étant rassis, reprit : « O hommes ! qui disputez sur tant de sujets, prêtez une oreille attentive à un problème que vous m'offrez, et que vous devez résoudre vous-mêmes. » Et les peuples ayant prêté une grande attention, le législateur leva un bras vers le ciel; et montrant le soleil : Peuples, dit-il, ce soleil qui vous éclaire vous paraît-il carré ou triangulaire? Non, répondirent-ils unanimement, il est rond.

Puis prenant la balance d'or qui était sur l'autel : Cet or que vous maniez tous les jours, est-il plus pesant qu'un même volume de cuivre? Oui, répondirent unanimement tous les peuples, l'or est plus pesant que le cuivre. —

Et le législateur prenant l'épée : Ce fer est-il moins dur que du plomb? Non, dirent les peuples.

Le sucre est-il doux et le fiel amer? — Oui.

Aimez-vous tous le plaisir, et haïssez-vous la douleur? — Oui.

Ainsi vous êtes tous d'accord sur ces objets et sur une foule d'autres semblables.

Maintenant, dites, y a-t-il un gouffre au centre de la terre et des habitants dans la lune?

A cette question, ce fut une rumeur universelle; et chacun y répondant diversement, les uns disaient *oui*, d'autres disaient *non;* ceux-ci, que *cela était probable;* ceux-là, que la question *était oiseuse, ridicule;* et d'autres, que cela *était bon à savoir :* et ce fut une discordance générale.

Après quelque temps, le législateur ayant rétabli le silence : « Peuples, dit-il, expliquez-nous ce problème. Je vous ai proposé plusieurs questions, sur lesquelles vous avez tous été d'accord, sans distinction de race ni de secte : *hommes blancs, hommes noirs*, sectateurs de *Mahomet* ou de *Moïse*, adorateurs de *Boudda* ou de *Iésous*, vous avez tous fait la même réponse. Je vous en propose une autre, et vous êtes tous discordants! *Pourquoi cette unanimité dans un cas, et cette discordance dans un autre ?*

» Et le groupe des hommes simples et sauvages prenant la parole, répondit : « La raison en est simple : dans le premier cas, nous *voyons*, nous *sentons* les objets, nous en parlons par sensation; dans le second, ils sont hors de la portée de nos sens; nous n'en parlons que par conjecture. »

« Vous avez résolu le problème, dit le législateur ; ainsi, votre propre aveu établit cette première vérité :

« *Que toutes les fois que les objets peuvent être soumis à vos sens, vous êtes d'accord dans votre prononcé ;*

« *Et que vous ne différez d'opinion, de senti-*

ment, *que quand les objets sont absents et hors de votre portée.*

« Or, de ce premier fait en découle un second, également clair et digne de remarque. De ce que vous êtes d'accord sur ce que vous connaissez avec certitude, il s'ensuit que vous n'êtes *discordants que sur ce que vous ne connaissez pas bien, sur ce dont vous n'êtes pas assurés ;* c'est-à-dire *que vous vous disputez, que vous vous querellez, que vous vous battez pour ce qui est incertain, pour ce dont vous doutez.* O hommes ! n'est-ce pas là folie ?

« Et n'est-il pas alors démontré que ce n'est point pour la vérité que vous contestez; que ce n'est point sa cause que vous défendez, mais celle de vos affections, de vos préjugés; que ce n'est point l'objet tel qu'il est en lui que vous voulez prouver, mais l'objet tel que vous le voyez; c'est-à-dire que vous voulez faire prévaloir, non pas l'*évidence* de la *chose*, mais l'*opinion* de votre personne, votre manière de voir et de juger. C'est une *puissance* que vous voulez exercer, un intérêt que vous voulez satisfaire, une prérogative que vous vous arrogez; c'est la *lutte de votre vanité. Or, comme chacun de vous, en se comparant à tout autre, se trouve son égal, son semblable*, il résiste par le sentiment d'un *même droit*. Et vos disputes, vos combats, votre intolérance, sont l'effet de ce *droit* que vous vous déniez, et de la *conscience inhérente* de *votre égalité*.

« Or, le seul moyen d'être d'accord est de revenir à la nature, et de prendre pour arbitre et régulateur l'ordre de choses qu'elle-même a posé; et alors votre accord prouve encore cette autre vérité :

« *Que les êtres réels ont en eux-mêmes une manière d'exister identique, constante, uniforme, et qu'il existe dans vos organes une manière semblable d'en être affectés.*

« Mais en même temps, à raison de la mobilité de ces organes par votre volonté, vous pouvez concevoir des affections différentes, et vous trouver avec les mêmes objets dans des rapports divers, en sorte que vous êtes à leur égard comme *une glace réfléchissante, capable de les rendre tels qu'ils sont en effet, mais capable aussi de les défigurer et de les altérer.*

« D'où il suit que, *toutes les fois que vous percevez les objets tels qu'ils sont, vous êtes d'accord entre vous et avec eux-mêmes, et cette similitude entre vos sensations et la manière dont existent les êtres*, est ce qui constitue pour vous leur *vérité;*

« Qu'au contraire, toutes les fois que vous différez d'opinions, *votre dissentiment* est la *preuve* que vous ne *représentez pas les objets tels qu'ils sont, que vous les changez.*

« Et de là se déduit encore, que *les causes de*

vos dissentiments n'existent pas dans les objets eux-mêmes, mais dans vos esprits, dans la manière dont vous *percevez* ou *dont vous jugez.*

« Pour établir l'*unanimité d'opinion*, il faut donc préalablement bien établir la *certitude*, bien constater *que les tableaux que se peint l'esprit sont exactement ressemblants à leurs modèles;* qu'il réfléchit les objets correctement tels qu'ils existent. Or, cet effet ne peut s'obtenir qu'autant que ces objets peuvent être rapportés au témoignage, et soumis à l'examen des sens. Tout ce qui ne peut subir cette épreuve est par-là même impossible à juger; il n'existe à son égard aucune règle, aucun terme de comparaison, aucun moyen de certitude.

« D'où il faut conclure que, *pour vivre en concorde et en paix*, il faut consentir à ne point prononcer sur de tels objets, à ne leur attacher aucune importance; en un mot, qu'*il faut tracer une ligne de démarcation entre les objets vérifiables et ceux qui ne peuvent être vérifiés*, et séparer d'une barrière inviolable *le monde des êtres fantastiques* du monde des réalités; c'est-à-dire qu'il faut *ôter tout effet civil aux opinions théologiques et religieuses.*

« Voilà, ô peuples ! le but que s'est proposé une grande nation affranchie de ses fers et de ses préjugés; voilà l'ouvrage que nous avions entrepris sous ses regards et par ses ordres, quand

vos rois et vos prêtres sont venus le troubler....
O rois et prêtres! vous pouvez suspendre encore
quelque temps la publication solennelle des lois
de la nature, mais il n'est plus en votre pouvoir
de les anéantir ou de les renverser. »

Alors un cri immense s'éleva de toutes les parties de l'assemblée; et l'universalité des peuples,
par un mouvement unanime, témoignant son
adhésion aux paroles du législateur : « Reprenez,
lui dirent-ils, votre saint et sublime ouvrage, et
portez-le à sa perfection! Recherchez des lois
que la nature a posées en nous pour nous diriger,
et dressez-en l'authentique et immuable code;
mais que ce ne soit plus pour une seule nation,
pour une seule famille : que ce soit pour nous
tous sans exception! Soyez le législateur de tout
le *genre humain*, ainsi que vous serez l'*interprète de la même nature;* montrez-nous la ligne
qui sépare le *monde* des *chimères* de *celui* des
réalités, et enseignez-nous, après tant de religions
et d'erreurs, la religion de l'évidence et de la
vérité ! »

Alors le législateur, ayant repris la recherche
et l'examen des attributs physiques et constitutifs de l'homme, des mouvements et des affections qui le régissent dans l'état *individuel* et
social, développa en ces mots les lois sur lesquelles la nature elle-même a fondé son bonheur.

16.

LA
LOI NATURELLE,
OU
PRINCIPES PHYSIQUES
DE LA MORALE,

DÉDUITS DE L'ORGANISATION DE L'HOMME ET DE L'UNIVERS.

AVERTISSEMENT

DE L'ÉDITEUR.

Si les livres se prisent par leur poids, celui-ci sera compté pour peu de chose; s'ils s'estiment par leur contenu, peut-être sera-t-il placé au rang des plus importants.

En général, rien de plus important qu'un bon livre élémentaire; mais aussi rien de plus difficile à composer et même à lire : pourquoi cela? parce que tout devant y être analyse et définition, tout doit y être dit avec vérité et précision : si la vérité et la précision manquent, le but est manqué; si elles existent, il devient abstrait par sa force même.

Le premier de ces défauts a été sensible jusqu'à ce jour dans tous les livres de morale : on n'y trouve qu'un chaos de maximes décousues, de préceptes sans causes, d'actions sans motifs. Les pédants du genre humain l'ont traité comme un petit enfant : ils lui ont prescrit d'être sage par la frayeur des esprits et des revenants. Maintenant que le genre humain grandit, il est temps de lui parler raison, il est temps de prouver aux hommes que les mobiles de leur perfectionnement se tirent de leur organisation même, de l'intérêt de leurs passions, et de tout ce qui compose leur existence. Il est temps de démontrer que la morale est une science physique et géométrique, soumise aux règles et au calcul des autres sciences exactes; et tel est l'avantage du système exposé dans ce livre, que les bases de la moralité y étant fondées sur la nature même des choses, elle est fixe et immuable comme elles; tandis que dans tous les systèmes théologiques la morale étant assise sur des opinions arbitraires, non démontrables et souvent absurdes, elle change, s'affaiblit, périt avec elles, et laisse les hommes dans une dépravation absolue. Il est vrai que, par la raison même que notre système se fonde sur des faits et non sur des rêves, il trouvera plus de difficulté à se répandre et à s'établir; mais il tirera des forces de cette lutte même, et tôt ou tard l'éternelle religion de la nature renversera les religions passagères de l'esprit humain.

Ce livre fut publié pour la première fois en 1793, sous le titre de *Catéchisme du Citoyen français* : il avait d'abord été destiné à être un livre national; mais il pourrait également bien s'intituler *Catéchisme du bon sens et des honnêtes gens*; il faut espérer qu'il deviendra un livre commun à toute l'Europe. Il est possible que dans sa brièveté il n'ait pas suffisamment rempli le but d'un livre classique populaire; mais l'auteur sera satisfait s'il a du moins le mérite d'indiquer le moyen d'en faire de meilleurs.

LA
LOI NATURELLE,

ou

PRINCIPES PHYSIQUES
DE LA MORALE.

CHAPITRE PREMIER.

De la loi naturelle.

D. Qu'est-ce que la loi naturelle ?

R. C'est l'*ordre régulier* et *constant* des faits, par lequel Dieu régit l'univers; ordre que sa *sagesse* présente aux sens et à la raison des hommes, pour servir à leurs actions de règle égale et commune, et pour les guider, sans distinction de pays ni de secte, vers la perfection et le bonheur.

D. Définissez-moi clairement le mot *loi*.

R. Le mot *loi*, pris littéralement, signifie *lec-*

ture (1), parce que, dans l'origine, les *ordonnances* et *règlements* étaient la lecture par excellence que l'on faisait au peuple, afin qu'il les observât et n'encourût pas les peines portées contre leur infraction : d'où il suit que l'usage originel expliquant l'idée véritable, la loi se définit :

« Un ordre ou une défense d'agir, avec la
« clause expresse d'une peine attachée à l'infrac-
« tion, ou d'une récompense attachée à l'obser-
« vation de cet ordre. »

D. Est-ce qu'il existe de tels ordres dans la nature ?

R. Oui.

D. Que signifie ce mot *nature* ?

R. Le mot *nature* prend trois sens divers :

1° Il désigne l'univers, le monde matériel : on dit, dans ce premier sens, *la beauté de la nature, la richesse de la nature*, c'est-à-dire les objets du ciel et de la terre offerts à nos regards;

2° Il désigne la *puissance* qui anime, qui meut l'univers, en la considérant comme un être distinct, comme l'ame est au corps; on dit, dans ce second sens : « Les *intentions de la nature*, les
« secrets incompréhensibles de la nature. »

3° Il désigne les opérations partielles de cette

---

(1) Du latin *lex*, *lectio* : Alcoran signifie aussi la lecture, et n'est qu'une traduction littérale du mot loi.

CHAPITRE I.

puissance dans chaque être ou dans chaque classe d'êtres; et l'on dit, dans ce troisième sens : « C'est « une énigme que la *nature* de l'*homme;* chaque « être agit selon sa *nature.* »

Or, comme les actions de chaque être ou de chaque espèce d'êtres sont soumises à des règles constantes et générales, qui ne peuvent être enfreintes sans que l'ordre général ou particulier soit interverti et troublé, l'on donne à ces règles d'actions et de mouvements le nom de *lois naturelles* ou *lois de la nature.*

D. Donnez-moi des exemples de ces lois.

R. C'est une loi de la nature, que le soleil éclaire successivement la surface du globe terrestre; — que sa présence y excite la lumière et la chaleur; — que la chaleur agissant sur l'eau forme des vapeurs; — que ces vapeurs élevées en nuages dans les régions de l'air s'y résolvent en pluies ou en neiges, qui renouvellent sans cesse les eaux des sources et des fleuves.

C'est une loi de la nature, que l'eau coule de haut en bas; qu'elle cherche son niveau; qu'elle soit plus pesante que l'air; — que tous les corps tendent vers la terre; — que la flamme s'élève vers les cieux; qu'elle désorganise les végétaux et les animaux; — que l'air soit nécessaire à la vie de certains animaux; que, dans certaines circonstances, l'eau les suffoque et les tue; que certains sucs de plantes, certains minéraux attaquent leurs organes, détruisent leur vie, et ainsi d'une foule d'autres faits.

Or, parce que tous ces faits et leurs semblables sont immuables, constants, réguliers, il en résulte pour l'homme autant de véritables *ordres* de s'y conformer, avec la clause expresse d'une peine attachée à leur infraction, ou d'un bien-être attaché à leur observation ; de manière que si l'homme prétend voir clair dans les ténèbres, s'il contrarie la marche des saisons, l'action des éléments; s'il prétend vivre dans l'eau sans se noyer, toucher la flamme sans se brûler, se priver d'air sans s'étouffer, boire des poisons sans se détruire, il reçoit de chacune de ces infractions aux lois naturelles une punition corporelle et proportionnée à sa faute; — qu'au contraire, s'il observe et pratique chacune de ces lois dans les rapports exacts et réguliers qu'elles ont avec lui, il conserve son existence, et la rend aussi heureuse qu'elle peut l'être; et parce que toutes ces lois, considérées relativement à l'espèce humaine, ont pour but unique et commun de la conserver et de la rendre heureuse, on est convenu d'en rassembler l'idée sous un même mot, et de les appeler collectivement la *loi naturelle*.

CHAPITRE II.

Caractères de la loi naturelle.

D. Quels sont les caractères de la loi naturelle?
R. On en peut compter dix principaux.
D. Quel est le premier?
R. C'est d'être inhérente à l'existence des choses, par conséquent, d'être *primitive* et antérieure à toute autre loi ; en sorte que toutes celles qu'ont reçues les hommes n'en sont que des imitations, dont la perfection se mesure sur leur ressemblance avec ce modèle primordial.
D. Quel est le second?
R. C'est de venir immédiatement de Dieu, d'être présentée par lui à chaque homme, tandis que les autres ne nous sont présentées que par des hommes qui peuvent être trompés ou trompeurs.
D. Quel est le troisième ?
R. C'est d'être commune à tous les temps, à tous les pays, c'est-à-dire, d'être une et universelle.
D. Est-ce qu'aucune autre loi n'est universelle?
R. Non, car aucune ne convient, aucune n'est applicable à tous les peuples de la terre ; toutes

sont locales et accidentelles, nées par des circonstances de lieux et de personnes; en sorte que si tel homme, tel événement n'eût pas existé, telle loi n'existerait pas.

D. Quel est le quatrième caractère?

R. C'est d'être uniforme et invariable.

D. Est-ce qu'aucune autre n'est uniforme et invariable?

R. Non; car ce qui est *bien* et *vertu* selon l'une, est *mal* et *vice* selon l'autre; et ce qu'une même loi approuve dans un temps, elle le condamne souvent dans un autre.

D. Quel est le cinquième caractère?

R. D'être évidente et palpable, parce qu'elle consiste tout entière en faits sans cesse présents aux sens et à la démonstration.

D. Est-ce que les autres lois ne sont pas évidentes?

R. Non; car elles se fondent sur des faits passés et douteux, sur des témoignages équivoques et suspects, et sur des preuves inaccessibles aux sens.

D. Quel est le sixième caractère?

R. D'être raisonnable, parce que ses préceptes et toute sa doctrine sont conformes à la raison et à l'entendement humain.

D. Est-ce qu'aucune autre loi n'est raisonnable?

R. Non; car toutes contrarient la raison et

l'entendement de l'homme, et lui imposent avec tyrannie une croyance aveugle et impraticable.

D. Quel est le septième caractère ?

R. D'être juste, parce que dans cette loi les peines sont proportionnées aux infractions.

D. Est-ce que les autres lois ne sont pas justes?

R. Non; car elles attachent souvent aux mérites ou aux délits des peines ou des récompenses démesurées, et elles imputent à mérite ou à délit des actions nulles ou indifférentes.

D. Quel est le huitième caractère ?

R. D'être pacifique et tolérante, parce que, dans la loi naturelle, tous les hommes étant frères et égaux en droits, elle ne leur conseille à tous que paix et tolérance, même pour leurs erreurs.

D. Est-ce que les autres lois ne sont pas pacifiques ?

R. Non; car toutes prêchent la dissension, la discorde, la guerre, et divisent les hommes par des prétentions exclusives de vérité et de domination.

D. Quel est le neuvième caractère ?

R. D'être également bienfaisante pour tous les hommes, en leur enseignant à tous les véritables moyens d'être meilleurs et plus heureux.

D. Est-ce que les autres ne sont pas aussi bienfaisantes?

R. Non; car aucune n'enseigne les véritables

moyens du bonheur : toutes se réduisent à des pratiques pernicieuses ou futiles, et les faits le prouvent, puisque après tant de lois, tant de religions, de législateurs et de prophètes, les hommes sont encore aussi malheureux et aussi ignorants qu'il y a six mille ans.

D. Quel est le dernier caractère de la loi naturelle ?

R. C'est de suffire seule à rendre les hommes plus heureux et meilleurs, parce qu'elle embrasse tout ce que les autres lois civiles ou religieuses ont de bon ou d'utile, c'est-à-dire qu'elle en est essentiellement la partie morale; de manière que, si les autres lois en étaient dépouillées, elles se trouveraient réduites à des opinions chimériques et imaginaires, sans aucune utilité pratique.

D. Résumez-moi tous ces caractères.

R. J'ai dit que la loi naturelle est,

1° Primitive ;   6° Raisonnable ;
2° Immédiate ;   7° Juste ;
3° Universelle ;   8° Pacifique ;
4° Invariable ;   9° Bienfaisante ;
5° Évidente ;   10° Et seule suffisante.

Et telle est la puissance de tous ces attributs de perfection et de vérité, que, lorsqu'en leurs disputes les théologiens ne peuvent s'accorder sur aucun point de croyance, ils ont recours à *la loi naturelle*, dont l'oubli, disent-ils, a forcé Dieu d'envoyer de temps en temps des prophètes publier des lois nouvelles : comme si Dieu faisait des lois de circonstance, à la manière des hommes, surtout quand la première subsiste avec tant de force, qu'on peut dire qu'en tout temps et en tout pays elle n'a cessé d'être la loi de conscience de tout homme raisonnable et sensé.

D. Si, comme vous le dites, elle émane immédiatement de Dieu, enseigne-t-elle son existence ?

R. Oui, très-positivement ; car pour tout homme qui observe avec réflexion le spectacle étonnant de l'univers, plus il médite sur les propriétés et les attributs de chaque être, sur l'ordre admirable et l'harmonie de leurs mouvements, plus il lui est démontré qu'il existe un *agent suprême*, un moteur *universel et identique*, désigné par le nom de Dieu ; et il est si vrai que la loi naturelle suffit pour élever à la connaissance de Dieu, que tout ce que les hommes ont prétendu en connaître par des moyens étrangers, s'est constamment trouvé ridicule, absurde, et qu'ils ont été obligés d'en revenir aux immuables notions de la raison naturelle.

D. Il n'est donc pas vrai que les sectateurs de *la loi naturelle* soient athées ?

R. Non, cela n'est pas vrai ; au contraire, ils ont de la Divinité des idées plus fortes et plus nobles que la plupart des autres hommes ; car ils ne la souillent point du mélange de toutes les faiblesses et de toutes les passions de l'humanité.

D. Quel est le culte qu'ils lui rendent?

R. Un culte tout entier d'action : la pratique et l'observation de toutes les règles que la *suprême sagesse* a imposées aux mouvements de chaque être; règles éternelles et inaltérables, par lesquelles elle maintient l'ordre et l'harmonie de l'univers, et qui, dans leurs rapports avec l'homme, composent la loi naturelle.

D. A-t-on connu avant ce jour la loi naturelle?

R. On en a de tout temps parlé : la plupart des législateurs ont dit la prendre pour base de leurs lois; mais ils n'en ont cité que quelques préceptes, et ils n'ont eu de sa totalité que des idées vagues.

D. Pourquoi cela ?

R. Parce que, quoique simple dans ses bases, elle forme, dans ses développements et ses conséquences, un ensemble compliqué qui exige la connaissance de beaucoup de faits, et toute la sagacité du raisonnement.

D. Est-ce que l'instinct seul n'indique pas la loi naturelle ?

R. Non; car par *instinct* l'on n'entend que ce sentiment aveugle qui porte indistinctement vers tout ce qui flatte les sens.

D. Pourquoi dit-on donc que la loi naturelle est gravée dans le cœur de tous les hommes ?

R. On le dit par deux raisons : 1° parce que l'on

a remarqué qu'il y avait des actes et des sentiments communs à tous les hommes, ce qui vient de leur commune organisation; 2° parce que les premiers philosophes ont cru que les hommes naissaient avec des idées déja formées, ce qui est maintenant démontré une erreur.

D. Les philosophes se trompent donc?

R. Oui, cela leur arrive.

D. Pourquoi cela?

R. 1° Parce qu'ils sont hommes; 2° parce que les ignorants appellent philosophes tous ceux qui raisonnent bien ou mal; 3° parce que ceux qui raisonnent sur beaucoup de choses, et qui en raisonnent les premiers, sont sujets à se tromper.

D. Si la loi naturelle n'est pas écrite, ne devient-elle pas une chose arbitraire et idéale?

R. Non; parce qu'elle consiste tout entière en faits dont la démonstration peut sans cesse se renouveler aux sens, et composer une science aussi précise et aussi exacte que la géométrie et les mathématiques; et c'est par la raison même que la loi naturelle forme une science exacte, que les hommes, nés ignorants et vivant distraits, ne l'ont connue, jusqu'à nos jours, que superficiellement.

CHAPITRE III.

Principes de la loi naturelle par rapport à l'homme.

D. Développez-moi les principes de la loi naturelle par rapport à l'homme ?

R. Ils sont simples ; ils se réduisent à un précepte fondamental et unique.

D. Quel est ce précepte ?

R. C'est la conservation de soi-même.

D. Est-ce que le bonheur n'est pas aussi un précepte de la loi naturelle ?

R. Oui ; mais comme le bonheur est un état accidentel qui n'a lieu que dans le développement des facultés de l'homme et du système social, il n'est point le but immédiat et direct de la nature ; c'est, pour ainsi dire, un objet de luxe, surajouté à l'objet nécessaire et fondamental de la conservation.

D. Comment la nature ordonne-t-elle à l'homme de se conserver ?

R. Par deux sensations puissantes et involontaires, qu'elle a attachées comme deux guides, deux *génies gardiens* à toutes ses actions : l'une, sensation de douleur, par laquelle elle l'avertit et le détourne de tout ce qui tend à le détruire ;

l'autre, sensation de plaisir, par laquelle elle l'attire et le porte vers tout ce qui tend à conserver et à développer son existence.

D. Le plaisir n'est donc pas un *mal*, un *péché*, comme le prétendent les casuistes ?

R. Non : il ne l'est qu'autant qu'il tend à détruire la vie et la santé, qui, du propre aveu de ces casuistes, nous viennent de Dieu même.

D. Le plaisir est-il l'objet principal de notre existence, comme l'on dit quelques philosophes ?

R. Non : il ne l'est pas plus que la douleur ; le plaisir est un encouragement à vivre, comme la douleur est un repoussement à mourir.

D. Comment prouvez-vous cette assertion ?

R. Par deux faits palpables : l'un, que le plaisir, s'il est pris au delà du besoin, conduit à la destruction ; par exemple, un homme qui abuse du plaisir de manger ou de boire, attaque sa santé et nuit à sa vie. L'autre, que la douleur conduit quelquefois à la conservation ; par exemple, un homme qui se fait couper un membre gangrené souffre de la douleur, et c'est afin de ne pas périr tout entier.

D. Mais cela même ne prouve-t-il pas que nos sensations peuvent nous tromper sur le but de notre conservation ?

R. Oui : elles le peuvent momentanément.

D. Comment nos sensations nous trompent-elles ?

R. De deux manières : par ignorance, et par passion.

D. Quand nous trompent-elles par ignorance?

R. Lorsque nous agissons sans connaître l'action et l'effet des objets sur nos sens; par exemple, lorsqu'un homme touche des orties sans connaître leur qualité piquante, ou lorsqu'il mâche de l'opium dont il ignore la qualité endormante.

D. Quand nous trompent-elles par passion ?

R. Lorsque, connaissant l'action nuisible des objets, nous nous livrons cependant à la fougue de nos désirs et de nos appétits ; par exemple, lorsqu'un homme qui sait que le vin enivre en boit avec excès.

D. Que résulte-t-il de là ?

R. Il en résulte que l'ignorance dans laquelle nous naissons, et que les appétits déréglés auxquels nous nous livrons, sont contraires à notre conservation; que par conséquent l'instruction de notre esprit et la modération de nos passions sont deux obligations, deux lois qui dérivent immédiatement de la première loi de la conservation.

D. Mais si nous naissons ignorants, l'ignorance n'est-elle pas une loi naturelle?

R. Pas davantage que de rester enfants, nus et faibles. Loin d'être pour l'homme une loi de la nature, l'ignorance est un obstacle à la pratique de toutes ses lois. C'est le véritable péché originel.

CHAPITRE III. 263

D. Pourquoi donc s'est-il trouvé des moralistes qui l'ont regardée comme une vertu et une perfection ?

R. Parce que par bizarrerie d'esprit, ou par misanthropie, ils ont confondu l'abus des connaissances avec les connaissances mêmes : comme si, parce que les hommes abusent de la parole, il fallait leur couper la langue : comme si la perfection et la vertu consistaient dans la nullité, et non dans le développement et le bon emploi de nos facultés.

D. L'instruction est donc une nécessité indispensable à l'existence de l'homme ?

R. Oui : tellement indispensable, que sans elle il est à chaque instant frappé et blessé par tous les êtres qui l'environnent ; car, s'il ne connaît pas les effets du feu, il se brûle ; ceux de l'eau, il se noie ; ceux de l'opium, il s'empoisonne : si dans l'état sauvage il ne connaît pas les ruses des animaux et l'art de saisir le gibier, il périt de faim ; si dans l'état social il ne connaît pas la marche des saisons, il ne peut ni labourer, ni s'alimenter ; ainsi de toutes ses actions dans tous les besoins de sa conservation.

D. Mais toutes ces notions nécessaires à son existence et au développement de ses facultés, l'homme isolé peut-il se les procurer ?

R. Non : il ne le peut qu'avec l'aide de ses semblables, que vivant en *société*.

D. Mais la société n'est-elle pas pour l'homme un état contre nature ?

R. Non : elle est au contraire un besoin, une loi que la nature lui impose par le propre fait de son organisation ; car, 1° la nature a tellement constitué l'être humain, qu'il ne voit point son semblable d'un autre sexe sans éprouver des émotions et un attrait dont les suites le conduisent à vivre en famille, qui déja est un état de société; 2° en le formant sensible, elle l'a organisé de manière que les sensations d'autrui se réfléchissent en lui-même, et y excitent des *co-sentiments* de plaisir, de douleur, qui sont un attrait et un lien indissoluble de la société; 3° enfin l'état de société, fondé sur les besoins de l'homme, n'est qu'un moyen de plus de remplir la loi de se conserver ; et dire que cet état est hors de nature parce qu'il est plus parfait, c'est dire qu'un fruit amer et sauvage dans les bois, n'est plus le produit de la nature, alors qu'il est devenu doux et délicieux dans les jardins où on l'a cultivé.

D. Pourquoi donc les philosophes ont-ils appelé la vie sauvage l'état de *perfection* ?

R. Parce que, comme je vous l'ai dit, le vulgaire a souvent donné le nom de philosophes à des esprits bizarres, qui, par morosité, par vanité blessée, par dégoût des vices de la société, se sont fait de l'état sauvage des idées chimériques, contradictoires à leur propre système de l'homme parfait.

D. Quel est le vrai sens de ce mot *philosophe ?*

R. Le mot *philosophe* signifie *amant de la sagesse* : or, comme la sagesse consiste dans la pratique des lois naturelles, le vrai philosophe est celui qui connaît ces lois avec étendue et justesse, et qui y conforme toute sa conduite.

D. Qu'est-ce que l'homme dans l'état sauvage ?

R. C'est un animal brut, ignorant, une bête méchante et féroce, à la manière des ours et des orang-outangs.

D. Est-il heureux dans cet état ?

R. Non ; car il n'a que les sensations du moment ; et ces sensations sont habituellement celles de besoins violents qu'il ne peut remplir, attendu qu'il est ignorant par nature et faible par son isolement.

D. Est-il libre?

R. Non : il est le plus esclave des êtres ; car sa vie dépend de tout ce qui l'entoure ; il n'est pas libre de manger quand il a faim, de se reposer quand il est las, de se réchauffer quand il a froid ; il court risque à chaque instant de périr : aussi la nature n'a-t-elle présenté que par hasard de tels individus ; et l'on voit que tous les efforts de l'espèce humaine depuis son origine n'ont tendu qu'à sortir de cet état violent, par le besoin pressant de sa conservation.

D. Mais ce besoin de conservation ne produit-il pas dans les individus l'*égoïsme*, c'est-à-dire l'amour de *soi*? et l'égoïsme n'est-il pas contraire à l'état social?

R. Non; car, si par *égoïsme* vous entendez le penchant à nuire à autrui, ce n'est plus l'amour de soi, c'est la haine des autres. L'amour de soi, pris dans son vrai sens, non-seulement n'est pas contraire à la société, il en est le plus ferme appui, par la nécessité de ne pas nuire à autrui, de peur qu'en retour autrui ne nous nuise.

Ainsi la conversation de l'homme, et le développement de ses facultés dirigé vers ce but, sont la véritable loi de la nature dans la production de l'être humain; et c'est de ce principe simple et fécond que dérivent, c'est à lui que se rapportent, c'est sur lui que se mesurent toutes les idées de *bien* et de *mal*, de *vice* et de *vertu*, de *juste* ou d'*injuste*, de *vérité* ou d'*erreur*, de *permis* ou de *défendu*, qui fondent la morale de l'homme individu, ou de l'homme social.

CHAPITRE IV.

Bases de la morale; du bien, du mal, du péché, du crime, du vice et de la vertu.

D. Qu'est-ce que le *bien* selon la loi naturelle?
R. C'est tout ce qui tend à conserver et perfectionner l'homme.

D. Qu'est-ce que le *mal ?*

R. C'est tout ce qui tend à détruire et détériorer l'homme.

D. Qu'entend-on par mal et bien *physique*, mal et bien *moral ?*

R. On entend par ce mot *physique*, tout ce qui agit immédiatement sur le corps. La santé est un bien *physique*; la maladie est un mal *physique*. Par *moral*, on entend ce qui n'agit que par des conséquences plus ou moins prochaines. La calomnie est un mal *moral;* la bonne réputation est un bien *moral*, parce que l'une et l'autre occasionent à notre égard des dispositions et des *habitudes* (1) de la part des autres hommes, qui sont utiles ou nuisibles à notre conservation, et qui attaquent ou favorisent nos moyens d'existence.

D. Tout ce qui tend à conserver ou à produire est donc un *bien ?*

R. Oui : et voilà pourquoi certains législateurs ont placé au rang des œuvres agréables à Dieu, la culture d'un champ et la fécondité d'une femme.

D. Tout ce qui tend à donner la mort est donc un *mal ?*

R. Oui : et voilà pourquoi des législateurs ont étendu l'idée du mal et du péché jusque sur le meurtre des animaux.

---

(1) C'est de ce mot *habitudes*, *actions répétées*, en latin *mores*, que vient le mot *moral* et toute sa famille.

D. Le meurtre d'un homme est donc un crime dans la loi naturelle ?

R. Oui : et le plus grand que l'on puisse commettre ; car tout autre mal peut se réparer, mais le meurtre ne se répare point.

D. Qu'est-ce qu'un *péché* dans la loi naturelle ?

R. C'est tout ce qui tend à troubler l'ordre établi par la nature, pour la conservation et la perfection de l'homme et de la société.

D. L'intention peut-elle être un mérite ou un crime ?

R. Non; car ce n'est qu'une idée sans réalité ; mais elle est un commencement de péché et de mal, par la tendance qu'elle donne vers l'action.

D. Qu'est-ce que la *vertu* selon la loi naturelle ?

R. C'est la pratique des actions utiles à l'individu et à la société.

D. Que signifie ce mot individu ?

R. Il signifie un homme considéré isolément de tout autre.

D. Qu'est-ce que le *vice* selon la loi naturelle ?

R. C'est la pratique des actions nuisibles à l'individu et à la société.

D. Est-ce que la *vertu* et le *vice* n'ont pas un objet purement spirituel et abstrait des sens ?

R. Non : c'est toujours à un but physique qu'ils se rapportent en dernière analyse, et ce but est toujours de détruire ou de conserver le corps.

D. Le vice et la vertu ont-ils des degrés de force et d'intensité ?

R. Oui : selon l'importance des facultés qu'ils attaquent ou qu'ils favorisent, et selon le nombre d'individus en qui ces facultés sont favorisées ou lésées.

D. Donnez-m'en des exemples ?

R. L'action de sauver la vie d'un homme est plus vertueuse que celle de sauver son bien ; l'action de sauver la vie de dix hommes l'est plus que de sauver la vie d'un seul ; et l'action utile à tout le genre humain est plus vertueuse que l'action utile à une seule nation.

D. Comment la loi naturelle prescrit-elle la pratique du bien et de la vertu, et défend-elle celle du mal et du vice ?

R. Par les avantages mêmes qui résultent de la pratique du bien et de la vertu pour la conservation de notre corps, et par les dommages qui résultent, pour notre existence, de la pratique du mal et du vice.

D. Ses préceptes sont donc dans l'action ?

R. Oui : ils sont l'action même considérée dans son effet présent et dans ses conséquences futures.

D. Comment divisez-vous les vertus ?

R. Nous les divisons en trois classes : 1° vertus individuelles ou relatives à l'homme seul ; 2° vertus domestiques ou relatives à la famille ; 3° et vertus sociales ou relatives à la société.

CHAPITRE V.

Des vertus individuelles.

D. Quelles sont les vertus individuelles ?

R. Elles sont au nombre de cinq principales, savoir :

1° La *science*, qui comprend la prudence et la sagesse ;

2° La *tempérance*, qui comprend la sobriété et la chasteté ;

3° Le *courage*, ou la force du corps et de l'ame ;

4° L'*activité*, c'est-à-dire l'amour du travail et l'emploi du temps ;

5° Enfin la *propreté*, ou pureté du corps, tant dans les vêtements que dans l'habitation.

D. Comment la loi naturelle prescrit-elle la *science* ?

R. Par la raison que l'homme qui connaît les causes et les effets des choses, pourvoit d'une manière étendue et certaine à sa conservation et au développement de ses facultés. La science est pour lui l'œil et la lumière, qui lui font discerner avec justesse et clarté tous les objets au milieu desquels il se meut ; et voilà pourquoi l'on dit un homme *éclairé*, pour désigner un homme savant et instruit. Avec la science et l'instruction on a sans cesse des ressources et des moyens de subsister ; et voilà pourquoi un philosophe, qui avait fait naufrage, disait au milieu de ses compagnons qui se désolaient de la perte de leurs fonds : *Pour moi, je porte tous mes fonds en moi.*

D. Quel est le vice contraire à la science ?

R. C'est l'ignorance.

D. Comment la loi naturelle défend-elle l'ignorance ?

R. Par les graves détriments qui en résultent pour notre existence ; car l'ignorant, qui ne connaît ni les causes ni les effets, commet à chaque instant les erreurs les plus pernicieuses à lui et aux autres ; c'est un aveugle qui marche à tâtons, et qui, à chaque pas, est heurté ou heurte ses associés.

D. Quelle différence y a-t-il entre un ignorant et un sot ?

R. La même différence qu'entre un aveugle de bonne foi et un aveugle qui prétend voir clair : la sottise est la réalité de l'ignorance, plus la vanité du savoir.

D. L'ignorance et la sottise sont-elles communes ?

R. Oui, très-communes ; ce sont les maladies habituelles et générales du genre humain : il y a trois mille ans que le plus sage des hommes disait : *Le nombre des sots est infini ;* et le monde n'a point changé.

D. Pourquoi cela ?

R. Parce que, pour être instruit, il faut beaucoup de travail et de temps, et que les hommes, nés ignorants et craignant la peine, trouvent plus commode de rester aveugles et de prétendre voir clair.

D. Quelle différence y a-t-il du savant au sage ?

R. Le savant connaît, et le sage pratique.

D. Qu'est-ce que la prudence ?

R. C'est la vue anticipée, la *prévoyance* des effets et des conséquences de chaque chose; prévoyance au moyen de laquelle l'homme évite les dangers qui le menacent, saisit et suscite les occasions qui lui sont favorables : d'où il résulte qu'il pourvoit à sa conservation pour le présent et pour l'avenir d'une manière étendue et sûre, tandis que l'imprudent qui ne calcule ni ses pas, ni sa conduite, ni les efforts, ni les résistances, tombe à chaque instant dans mille embarras, mille périls, qui détruisent plus ou moins lentement ses facultés et son existence.

D. Lorsque l'Évangile appelle bienheureux les pauvres d'esprit, entend-il parler des ignorants et des imprudents ?

R. Non ; car, en même temps qu'il conseille la simplicité des colombes, il ajoute la prudente finesse des serpents. Par simplicité d'esprit on entend la droiture, et le précepte de l'Evangile n'est que celui de la nature.

CHAPITRE VI.

De la tempérance.

D. Qu'est-ce que la tempérance ?

R. C'est un usage réglé de nos facultés, qui fait que nous n'excédons jamais, dans nos sensations, le but de la nature à nous conserver ; c'est la modération des passions.

D. Quel est le vice contraire à la tempérance ?

R. C'est le déréglement des passions, l'avidité de toutes les jouissances, en un mot, la cupidité.

D. Quelles sont les branches principales de la tempérance ?

R. Ce sont la sobriété, la continence ou la chasteté.

D. Comment la loi naturelle prescrit-elle la sobriété ?

R. Par son influence puissante sur notre santé. L'homme sobre digère avec bien-être ; il n'est point accablé du poids des aliments; ses idées sont claires et faciles, il remplit bien toutes ses fonctions; il vaque avec intelligence à ses affaires; il vieillit exempt de maladies; il ne perd point son argent en remèdes; et il jouit avec allégresse des biens que le sort et sa prudence lui ont procurés.

Ainsi, d'une seule vertu la nature généreuse tire mille récompenses.

D. Comment prohibe-t-elle la gourmandise?

R. Par les maux nombreux qui y sont attachés. Le gourmand, oppressé d'aliments, digère avec anxiété; sa tête troublée par les fumées de la digestion ne conçoit point d'idées nettes et claires; il se livre avec violence à des mouvements déréglés de luxure et de colère qui nuisent à sa santé; son corps devient gras, pesant et impropre au travail; il essuie des maladies douloureuses et dispendieuses; il vit rarement vieux, et sa vieillesse est remplie de dégoûts et d'infirmités.

D. Doit-on considérer l'abstinence et le jeûne comme des actions vertueuses?

R. Oui, lorsque l'on a trop mangé; car alors l'abstinence et le jeûne sont des remèdes efficaces et simples; mais lorsque le corps a besoin d'aliments, les lui refuser et le laisser souffrir de soif ou de faim, c'est un délire et un véritable péché contre la loi naturelle.

D. Comment cette loi considère-t-elle l'ivrognerie?

R. Comme le vice le plus vil et le plus pernicieux. L'ivrogne, privé du sens et de la raison que Dieu nous a donnés, profane le bienfait de la Divinité; il se ravale à la condition des brutes; incapable de guider même ses pas, il chancelle et tombe comme l'épileptique; il se blesse et peut même se tuer; sa faiblesse dans cet état le rend le jouet et le mépris de tout ce qui l'environne ; il contracte dans l'ivresse des marchés ruineux, et il perd ses affaires; il lui échappe des propos outrageux qui lui suscitent des ennemis, des repentirs; il remplit sa maison de troubles, de chagrins, et finit par une mort précoce ou par une vieillesse cacochyme.

D. La loi naturelle interdit-elle absolument l'usage du vin?

R. Non : elle en défend seulement l'abus ; mais comme de l'usage à l'abus le passage est facile et prompt pour le vulgaire, peut-être les législateurs qui ont proscrit l'usage du vin ont-ils rendu service à l'humanité.

D. La loi naturelle défend-elle l'usage de certaines viandes, de certains végétaux, à certains jours, dans certaines saisons?

R. Non : elle ne défend absolument que ce qui nuit à la santé ; ses préceptes varient à cet égard comme les personnes, et ils composent même une science très-délicate et très-importante ; car la qualité, la quantité, la combinaison des aliments, ont la plus grande influence, non-seulement sur les affections momentanées de l'ame, mais encore sur ses dispositions habituelles. Un homme n'est point, à jeun le même qu'après un repas, fût-il sobre. Un verre de liqueur, une tasse de café donnent des degrés divers de vivacité, de mobilité, de disposition à la colère, la tristesse ou à la gaieté; tel mets, parce qu'il pèse à l'estomac, rend morose et chagrin; et tel autre, parce qu'il se digère bien, donne de l'allégresse, du penchant à obliger, à aimer. L'usage des végétaux, parce qu'ils nourrissent peu, rend le corps faible, et porte vers le repos, la paresse, la douceur; l'usage des viandes, parce qu'elles nourrissent beaucoup, et des spiritueux, parce qu'ils stimulent les nerfs, donne de la vivacité, de l'inquiétude, de l'audace. Or de ces habitudes d'aliments résultent des habitudes de constitution et d'organes qui forment ensuite les tempéraments marqués chacun be leur caractère. Et voilà pourquoi, surtout dans les pays chauds, les législateurs ont fait des lois de régime. De longues expériences avaient appris aux anciens que la science diététique composait une grande partie de la science morale; chez les Égyptiens, chez les anciens Perses, chez les Grecs même, à l'aréopage, on ne traitait les affaires gravés qu'à jeun; et l'on a remarqué que chez les peuples où l'on délibère dans la chaleur des repas ou dans les fumées de la digestion, les délibérations étaient fougueuses, turbulentes, et leurs résultats fréquemment déraisonnables et perturbateurs.

CHAPITRE VII.

De la continence.

D. La loi naturelle prescrit-elle la continence?

R. Oui : parce que la modération dans l'usage de la plus vive de nos sensations est non-seulement utile, mais indispensable au maintien des forces et de la santé ; et parce qu'un calcul simple prouve que, pour quelques minutes de privation, l'on se procure de longues journées de vigueur d'esprit et de corps.

D. Comment défend-elle le libertinage?

R. Par les maux nombreux qui en résultent pour l'existence physique et morale. L'homme qui s'y livre s'énerve, s'allanguit; il ne peut plus vaquer à ses études ou à ses travaux; il contracte des habitudes oiseuses, dispendieuses, qui portent atteinte à ses moyens de vivre, à sa considération publique, à son crédit : ses intrigues lui causent des embarras, des soucis, des querelles, des procès ; sans compter les maladies graves et profondes, la perte de ses forces par un poison intérieur et lent, l'hébétude de son esprit par l'épuisement du genre nerveux, et enfin une vieillesse prématurée et infirme.

D. La loi naturelle considère-t-elle comme vertu cette chasteté absolue si recommandée dans les institutions monastiques ?

R. Non ; car cette chasteté n'est utile ni à la société où elle a lieu, ni à l'individu qui la pratique : elle est même nuisible à l'un et à l'autre. D'abord elle nuit à la société en ce qu'elle la prive de la population, qui est un de ses principaux moyens de richesse et de puissance ; et de plus, en ce que les célibataires, bornant toutes leurs vues et leur affections au temps de leur vie, ont en général un égoïsme peu favorable aux intérêts généraux de la société.

En second lieu, elle nuit aux individus qui la pratiquent, par cela même qu'elle les dépouille d'une foule d'affections et de relations qui sont la source de la plupart des vertus domestiques et sociales ; et de plus, il arrive souvent, par des circonstances d'âge, de régime, de tempérament, que la continence absolue nuit à la santé et cause de graves maladies, parce qu'elle contrarie les lois physiques sur lesquelles la nature a fondé le système de la reproduction des êtres : et ceux qui vantent si fort la chasteté, même en supposant qu'ils soient de bonne foi, sont en contradiction avec leur propre doctrine, qui consacre la loi de la nature par le commandement si connu : *Croissez et multipliez.*

D. Pourquoi la chasteté est-elle plus considérée comme vertu dans les femmes que dans les hommes ?

R. Parce que le défaut de chasteté dans les femmes a des inconvénients bien plus graves et bien plus dangereux pour elles et pour la société; car, sans compter les chagrins et les maladies qui leur sont communs avec les hommes, elles sont encore exposées à toutes les incommodités qui précèdent, accompagnent et suivent l'état de maternité dont elles courent les risques. Que si cet état leur arrive hors des cas de la loi, elles deviennent un objet de scandale et de mépris public, et remplissent d'amertume et de trouble le reste de leur vie. De plus, elles demeurent chargées des frais d'entretien et d'éducation d'enfants dénués de pères; frais qui les appauvrissent et nuisent de toute manière à leur existence physique et morale. Dans cette situation, privées de la fraîcheur et de la santé qui font leurs appas, portant avec elles une surcharge étrangère et coûteuse, elles ne sont plus recherchées par les hommes, elles ne trouvent point d'établissement solide, elles tombent dans la pauvreté, la misère, l'avilissement, et traînent avec peine une vie malheureuse.

D. La loi naturelle descend-elle jusqu'au scrupule des désirs et des pensées ?

R. Oui, parce que dans les lois physiques du corps humain, les pensées et les désirs allument les sens, et provoquent bientôt les actions : de plus, par une autre loi de la nature dans l'organisation de notre corps, ces actions deviennent un besoin machinal qui se répète par périodes de jours ou de semaines, en sorte qu'à telle époque renaît le besoin de telle action, de telle sécrétion ; si cette action, cette secrétion, sont nuisibles à la santé, leur habitude devient destructive de la vie même. Ainsi les désirs et les pensées ont une véritable importance naturelle.

D. Doit-on considérer la pudeur comme une vertu ?

R. Oui, parce que la pudeur, n'étant que la honte de certaines actions, maintient l'ame et le corps dans toutes les habitudes utiles au bon ordre et à la conservation de soi-même. La femme pudique est estimée, recherchée, établie avec des avantages de fortune qui assurent son existence et la lui rendent agréable, tandis que l'impudente et la prostituée sont méprisées, repoussées et abandonnées à la misère et à l'avilissement.

CHAPITRE VIII.

Du courage et de l'activité.

D. Le courage et la force de corps et d'esprit sont-ils des vertus dans la loi naturelle?

R. Oui, et des vertus très-importantes; car elles sont des moyens efficaces et indispensables de pourvoir à notre conservation et à notre bien-être. L'homme courageux et fort repousse l'oppression, défend sa vie, sa liberté, sa propriété; par son travail il se procure une subsistance abondante, et il en jouit avec tranquillité et paix d'ame. Que s'il lui arrive des malheurs dont n'ait pu le garantir sa prudence, il les supporte avec fermeté et résignation; et voilà pourquoi les anciens moralistes avaient compté la force et le courage au rang des quatre vertus principales.

D. Doit-on considérer la faiblesse et la lâcheté comme des vices?

R. Oui, puisqu'il est vrai qu'elles portent avec elles mille calamités. L'homme faible ou lâche vit dans des soucis, dans des angoisses perpétuelles; il mine sa santé par la terreur, souvent mal fondée d'attaques et de dangers; et cette terreur, qui est un mal, n'est pas un remède; elle le rend au contraire l'esclave de quiconque veut l'opprimer; par la servitude et l'avilissement de toutes ses facultés, elle dégrade et détériore ses moyens d'existence, jusqu'à voir dépendre sa vie des volontés et des caprices d'un autre homme.

D. Mais, d'après ce que vous avez dit de l'influence des aliments, le courage et la force, ainsi que plusieurs autres vertus, ne sont-ils pas en grande partie l'effet de notre constitution physique, de notre tempérament?

R. Oui, cela est vrai; à tel point que ces qualités se transmettent par la génération et le sang, avec les éléments dont elles dépendent : les faits les plus répétés et les plus constants prouvent que dans les races des animaux de toute espèce, l'on voit certaines qualités physiques et morales attachées à tous les individus de ces races, s'accroître ou diminuer selon les combinaisons et les mélanges qu'elles en font avec d'autres races.

D. Mais alors que notre volonté ne suffit plus à nous procurer ces qualités, est-ce un crime d'en être privés?

R. Non; ce n'est point un crime, c'est un *malheur*; c'est ce que les anciens appelaient une *fatalité funeste;* mais alors même, il dépend encore de nous de les acquérir; car, du moment que nous connaissons sur quels éléments physiques se fonde telle ou telle qualité, nous pouvons en préparer la naissance, en exciter les développements par un maniement habile de ces éléments; et voilà ce que fait la science de l'éducation, qui, selon qu'elle est dirigée, perfectionne ou détériore les individus ou les races, au point d'en changer totalement la nature et les inclinations; et c'est ce qui rend si importante la connaissance des lois naturelles par lesquelles se font avec certitude et nécessité ces opérations et ces changements.

D. Pourquoi dites-vous que l'activité est une vertu selon la loi naturelle?

R. Parce que l'homme qui travaille et emploie utilement son temps, en retire mille avantages précieux pour son existence. Est-il né pauvre, son travail fournit à sa subsistance; et si de plus il est sobre, continent, prudent, il acquiert bientôt de l'aisance, et il jouit des douceurs de la vie : son travail même lui donne ces vertus; car, tandis qu'il occupe son esprit et son corps, il n'est point affecté de désirs déréglés, il ne s'ennuie point, il contracte de douces habitudes, il augmente ses forces, sa santé, et parvient à une vieillesse paisible et heureuse.

D. La paresse et l'oisiveté sont donc des vices dans la loi naturelle?

R. Oui, et les plus pernicieux de tous les vices; car elles conduisent à tous les autres. Par la paresse et l'oisiveté, l'homme reste ignorant et perd même la science qu'il avait acquise : il tombe dans tous les malheurs qui accompagnent l'ignorance et la sottise; par la paresse et l'oisiveté, l'homme, dévoré d'ennuis, se livre, pour les dissiper, à tous les désirs de ses sens, qui, prenant de jour en jour plus d'empire, le rendent intempérant, gourmand, luxurieux, énervé, lâche, vil et méprisable. Par l'effet certain de tous ces vices, il ruine sa fortune, consume sa santé, et termine sa vie dans toutes les angoisses des maladies et de la pauvreté.

D. A vous entendre, il semblerait que la pauvreté fût un vice?

R. Non : elle n'est pas un vice, mais elle est encore moins une vertu; car elle est bien plus près de nuire que d'être utile : elle est même communément le résultat du vice, ou son commencement; car tous les vices individuels ont l'effet de conduire à l'indigence, à la privation des besoins de la vie; et quand un homme manque du nécessaire, il est bien près de se le procurer par des moyens vicieux, c'est-à-dire nuisibles à la société. Toutes les vertus individuelles, au contraire, tendent à procurer à l'homme une subsistance abondante; et quand il a plus qu'il ne consomme, il lui est bien plus facile de donner aux autres, et de pratiquer les actions utiles à la société.

D. Est-ce que vous regardez la richesse comme une vertu?

R. Non; mais elle est encore moins un vice; c'est son usage que l'on peut appeler vertueux ou vicieux, selon qu'il est utile ou nuisible à l'homme et à la société. La richesse est un instrument dont l'usage seul et l'emploi déterminent la vertu ou le vice.

CHAPITRE IX.

De la propreté.

D. Pourquoi comptez-vous la propreté au rang des vertus?

R. Parce qu'elle en est réellement une des plus importantes, en ce qu'elle influe puissamment sur la santé du corps et sur sa conservation. La *propreté*, tant dans les vêtements que dans la maison, empêche les effets pernicieux de l'humidité, des mauvaises odeurs, des miasmes contagieux qui s'élèvent de toutes les choses abandonnées à la putréfaction : la propreté entretient la libre transpiration; elle renouvelle l'air, rafraîchit le sang, et porte l'allégresse même dans l'esprit.

Aussi voit-on que les personnes soigneuses de la propreté de leur corps et de leur habitation, sont en général plus saines, moins exposées aux maladies que celles qui vivent dans la crasse et dans l'ordure; et l'on remarque de plus, que la propreté entraîne avec elle, dans tout le régime domestique, des habitudes d'ordre et d'arrangement, qui sont l'un des premiers moyens et des premiers éléments du bonheur.

D. La *malpropreté* ou *saleté* est donc un vice véritable?

R. Oui, aussi véritable que l'ivrognerie, ou que l'oisiveté dont elle dérive en grande partie. La malpropreté est la cause seconde et souvent première d'une foule d'incommodités, même de maladies graves; il est constaté en médecine qu'elle n'engendre pas moins les dartres, la gale, la teigne, la lèpre, que l'usage des aliments corrompus ou âcres; qu'elle favorise les influences contagieuses de la peste, des fièvres malignes; qu'elle les suscite même dans les hôpitaux et dans les prisons; qu'elle occasione des rhumatismes en encroûtant la peau de crasse et s'opposant à la transpiration, sans compter la honteuse incommodité d'être dévoré d'insectes, qui sont l'apanage immonde de la misère et de l'avilissement.

Aussi la plupart des anciens législateurs avaient-ils fait de la *propreté*, sous le nom de *pureté*, l'un des dogmes essentiels de leurs religions : voilà pourquoi ils chassaient de la société et punissaient même corporellement ceux qui se laissaient atteindre des maladies qu'engendre la malpropreté; pourquoi ils avaient institué et consacré des cérémonies d'*ablutions*, de *bains*, de *baptêmes*, de *purifications* même par la flamme et par les fumées aromatiques de l'encens, de la myrrhe, du benjoin, etc.; en sorte que tout le système des souillures, tous ces rites des choses *mondes* ou *immondes*, dégénérés depuis en abus et en préjugés, n'étaient fondés dans l'origine que sur l'observation judicieuse que des hommes sages et instruits avaient faite de l'extrême influence que la propreté du corps, dans les vêtements et l'habitation, exerce sur sa santé, et par une conséquence immédiate, sur celle de l'esprit et des facultés morales.

Ainsi, toutes les vertus individuelles ont pour but plus ou moins direct, plus ou moins prochain, la conservation de l'homme qui les pratique; et par la conservation de chaque homme, elles tendent à celle de la famille et de la société, qui se composent de la somme réunie des individus.

CHAPITRE X.

Des vertus domestiques.

D. Qu'entendez-vous par vertus domestiques?
R. J'entends la pratique des actions utiles à la famille, censée vivre dans une même maison (1).

---

(1) Domestique vient du mot latin *domus*, maison.

D. Quelles sont ces vertus?

R. Ce sont l'économie, l'amour paternel, l'amour conjugal, l'amour filial, l'amour fraternel, et l'accomplissement des devoirs de maître et de serviteur.

D. Qu'est-ce que l'économie?

R. C'est, selon le sens le plus étendu du mot (1), la bonne administration de tout ce qui concerne l'existence de la famille ou de la maison; et comme la subsistance y tient le premier rang, on a resserré le nom d'*économie* à l'emploi de l'argent aux premiers besoins de la vie.

D. Pourquoi l'économie est-elle une vertu?

R. Parce que l'homme qui ne fait aucune dépense inutile se trouve avoir un surabondant qui est la vraie richesse, et au moyen duquel il procure à lui et à sa famille tout ce qui est véritablement commode et utile; sans compter que par-là il s'assure des ressources contre les pertes accidentelles et imprévues, en sorte que lui et sa famille vivent dans une douce aisance, qui est la base de la félicité humaine.

D. La dissipation et la prodigalité sont donc des vices.

R. Oui; car par elles l'homme finit par manquer du nécessaire; il tombe dans la pauvreté, la misère, l'avilissement; et ses amis mêmes,

---

(1) *Oiço-nomos*, en grec, bon ordre de la maison.

craignant d'être obligés de lui restituer ce qu'il a dépensé avec eux ou pour eux, le fuient comme le débiteur fuit son créancier, et il reste abandonné de tout le monde.

D. Qu'est-ce que l'amour paternel?

R. C'est le soin assidu que prennent les parents, de faire contracter à leurs enfants l'habitude de toutes les actions utiles à eux et à la société.

D. En quoi la tendresse paternelle est-elle une vertu pour les parents?

R. En ce que les parents qui élèvent leurs enfants dans ces habitudes, se procurent pendant le cours de leur vie des jouissances et des secours qui se font sentir à chaque instant, et qu'ils assurent à leur vieillesse des appuis et des consolations contre les besoins et les calamités de tout genre qui assiégent cet âge.

D. L'amour paternel est-il une vertu commune?

R. Non; malgré que tous les parents en fassent ostentation, c'est une vertu rare; ils n'*aiment* pas leurs enfants, ils les *caressent*, et ils les gâtent; ce qu'ils aiment en eux, ce sont les agents de leurs volontés, les instruments de leur pouvoir, les trophées de leur vanité, les hochets de leur oisiveté: ce n'est pas tant l'utilité des enfants qu'ils se proposent, que leur soumission, leur obéissance; et si parmi les enfants on compte tant de bienfaités ingrats, c'est que parmi les parents il y a autant de bienfaiteurs despotes et ignorants.

D. Pourquoi dites-vous que l'amour conjugal est une vertu?

R. Parce que la concorde et l'union qui résultent de l'amour des époux établissent au sein de la famille une foule d'habitudes utiles à sa prospérité et à sa conservation. Les époux unis aiment leur maison, et ne la quittent que peu; ils en surveillent tous les détails et l'administration; ils s'appliquent à l'éducation de leurs enfants; ils maintiennent le respect et la fidélité des domestiques; ils empêchent tout désordre, toute dissipation; et, par toute leur bonne conduite, ils vivent dans l'aisance et la considération; tandis que les époux qui ne s'aiment point remplissent leur maison de querelles et de troubles, suscitent la guerre parmi les enfants et les domestiques; livrent les uns et les autres à toute espèce d'habitudes vicieuses : chacun dans la maison dissipe, pille, dérobe de son côté; les revenus s'absorbent sans fruit; les dettes surviennent; les époux mécontents se fuient, se font des procès; et toute cette famille tombe dans le désordre, la ruine, l'avilissement et le manque du nécessaire.

D. L'adultère est-il un délit dans la loi naturelle?

R. Oui; car il traîne avec lui une foule d'habitudes nuisibles aux époux et à la famille. La femme ou le mari, épris d'affections étrangères, négligent leur maison, la fuient, en détournent autant qu'ils peuvent les revenus pour les dépenser avec l'objet de leurs affections : de là les querelles, les scandales, les procès, le mépris des enfants et des domestiques, le pillage et la ruine finale de toute la maison; sans compter que la femme adultère commet un vol très-grave, en donnant à son mari des héritiers d'un sang étranger, qui frustrent de leur légitime portion les véritables enfants.

D. Qu'est-ce que l'amour filial?

R. C'est, de la part des enfants, la pratique des actions utiles à eux et à leurs parents.

D. Comment la loi naturelle prescrit-elle l'amour filial?

R. Par trois motifs principaux : 1° par sentiment, car les soins affectueux des parents inspirent dès le bas âge de douces habitudes d'attachement; 2° par justice, car les enfants doivent à leurs parents le retour et l'indemnité des soins et même des dépenses qu'ils leur ont causés; 3° par intérêt personnel, car s'ils les traitent mal, ils donnent à leurs propres enfants des exemples de révolte et d'ingratitude, qui les autorisent un jour à leur rendre la pareille.

D. Doit-on entendre par amour filial une soumission passive et aveugle?

R. Non, mais une soumission raisonnable, et fondée sur la connaissance des droits et des devoirs mutuels des pères et des enfants; droits et devoirs sans l'observation desquels leur conduite mutuelle n'est que désordre.

D. Pourquoi l'amour fraternel est-il une vertu?

R. Parce que la concorde et l'union, qui résultent de l'amour des frères, établissent la force, la sûreté, la conservation de la famille : les frères unis se défendent mutuellement de toute oppression; ils s'aident dans leurs besoins, se secourent dans leurs infortunes, et assurent ainsi leur commune existence; tandis que les frères désunis, abandonnés chacun à leurs forces personnelles, tombent dans tous les inconvénients de l'isolement et de la faiblesse individuelle. C'est ce qu'exprimait ingénieusement ce roi scythe, qui, au lit de la mort, ayant appelé ses enfants, leur ordonna de rompre un faisceau de flèches : les jeunes gens, quoique nerveux, ne l'ayant pu, il le prit à son tour, et l'ayant délié, il brisa du bout des doigts chaque flèche séparée. « Voilà, leur dit-il, les effets de l'union : unis en faisceau, vous serez invincibles; pris séparément, vous serez brisés comme des roseaux. »

D. Quels sont les devoirs réciproques des maîtres et des serviteurs?

R. C'est la pratique des actions qui leur sont respectivement et justement utiles; et là commencent les rapports de la société; car la règle et la mesure de ces actions respectives est l'équilibre ou l'égalité entre le service et la récompense, entre ce que l'un rend et ce que l'autre donne; ce qui est la base fondamentale de toute société.

Ainsi, toutes les vertus domestiques et individuelles se rapportent plus ou moins médiatement, mais toujours avec certitude, à l'objet physique de l'amélioration et de la conservation de l'homme, et sont par-là des préceptes résultants de la loi fondamentale de la nature dans sa formation.

CHAPITRE XI.

Des vertus sociales; de la justice.

D. Qu'est-ce que la société?

R. C'est toute réunion d'hommes vivant ensemble sous les clauses d'un contrat exprès ou tacite, qui a pour but leur commune conservation.

D. Les vertus sociales sont-elles nombreuses?

R. Oui : l'on en peut compter autant qu'il y a d'espèces d'actions utiles à la société; mais toutes se réduisent à un seul principe.

D. Quel est ce principe fondamental?

R. C'est la *justice*, qui seul comprend toutes les vertus de la société.

D. Pourquoi dites-vous que la justice est la

vertu fondamentale et presque unique de la société?

R. Parce qu'elle seule embrasse la pratique de toutes les actions qui lui sont utiles, et que toutes les autres vertus, sous les noms de charité, d'humanité, de probité, d'amour de la patrie, de sincérité, de générosité, de simplicité de mœurs et de modestie, ne sont que des formes variées et des applications diverses de cet axiome : *Ne fais à autrui que ce que tu veux qu'il te fasse*, qui est la définition de la justice.

D. Comment la loi naturelle veut-elle la justice?

R. Par trois attributs physiques, inhérents à l'organisation de l'homme.

D. Quels sont ces attributs?

R. Ce sont l'égalité, la liberté, la propriété.

D. Comment l'égalité est-elle un attribut physique de l'homme?

R. Parce que tous les hommes ayant également des yeux, des mains, une bouche, des oreilles, et le besoin de s'en servir pour vivre, ils ont par ce fait même un droit égal à la vie, à l'usage des éléments qui l'entretiennent; ils sont tous égaux devant Dieu.

D. Est-ce que vous prétendez que tous les hommes entendent également, voient également, sentent également, ont des besoins égaux, des passions égales?

R. Non; car il est d'évidence et de fait journalier, que l'un a la vue courte, et l'autre longue; que l'un mange beaucoup, et l'autre peu; que l'un a des passions douces, et l'autre violentes; en un mot, que l'un est faible de corps et d'esprit, tandis que l'autre est fort.

D. Ils sont donc réellement inégaux?

R. Oui, dans les développements de leurs moyens, mais non pas dans la nature et l'essence de ces moyens; c'est une même étoffe, mais les dimensions n'en sont pas égales; le poids, la valeur, n'en sont pas les mêmes. Notre langue n'a pas le mot propre pour désigner à la fois l'identité de la nature, et la diversité de la forme et de l'emploi. C'est une égalité proportionnelle; et voilà pourquoi j'ai dit, égaux devant Dieu et dans l'ordre de nature.

D. Comment la liberté est-elle un attribut physique de l'homme?

R. Parce que tous les hommes ayant des sens suffisants à leur conservation, nul n'ayant besoin de l'œil d'autrui pour voir, de son oreille pour entendre, de sa bouche pour manger, de son pied pour marcher, ils sont tous par ce fait même constitués naturellement indépendants, libres; nul n'est nécessairement soumis à un autre, ni n'a le droit de le dominer.

D. Mais si un homme est né fort, n'a-t-il pas le droit naturel de maîtriser l'homme né faible?

R. Non : car ce n'est ni une nécessité pour lui, ni une convention entre aux ; c'est une extension abusive de sa force ; et l'on abuse ici du mot *droit*, qui, dans son vrai sens, ne peut désigner que *justice* ou *faculté réciproque.*

D. Comment la propriété est-elle un attribut physique de l'homme ?

R. En ce que tout homme étant constitué égal ou semblable à un autre, et par conséquent indépendant, libre, chacun est le maître absolu, le propriétaire plénier de son corps et des produits de son travail.

D. Comment la justice dérive-t-elle de ces trois attributs ?

R. En ce que les hommes étant égaux, libres, ne se devant rien, ils n'ont le droit de rien se demander les uns aux autres, qu'autant qu'ils se rendent des valeurs égales ; qu'autant que la balance du donné au rendu est en *équilibre :* et c'est cette *égalité*, cet *équilibre* qu'on appelle *justice, équité* (1) ; c'est-à-dire qu'*égalité* et *justice* sont un même mot, sont la même *loi* naturelle, dont les vertus sociales ne sont que des applications et des dérivés.

---

(1) *Æquitas, æquilibrium, æqualitas*, sont tous de la même famille.

CHAPITRE XII.

Développement des vertus sociales.

D. Développez-moi comment les vertus sociales dérivent de la loi naturelle ; comment la charité ou l'amour du prochain en est-il un précepte, une application ?

R. Par raison d'égalité et de réciprocité : car, lorsque nous nuisons à autrui, nous lui donnons le droit de nous nuire à son tour : ainsi, en attaquant l'existence d'autrui, nous portons atteinte à la nôtre par l'effet de la réciprocité ; au contraire, en faisant du bien à autrui, nous avons lieu et droit d'en attendre l'échange, l'équivalent : et tel est le caractère de toutes les vertus sociales, d'être utiles à l'homme qui les pratique, par le droit de réciprocité qu'elles lui donnent sur ceux à qui elles ont profité.

D. La charité n'est donc que la justice ?

R. Non, elle n'est que la justice, avec cette nuance, que la stricte justice se borne à dire : *Ne fais pas à autrui le mal que tu ne voudrais pas qu'il te fît ;* et que la charité ou l'amour du prochain s'étend jusqu'à dire : *Fais à autrui le bien que tu en voudrais recevoir.* Ainsi l'Évangile, en disant que ce précepte renfermait toute la loi et tous les prophètes, n'a fait qu'énoncer le précepte de la loi naturelle.

D. Ordonne-t-elle le pardon des injures?

R. Oui, en tant que ce pardon s'accorde avec la conservation de nous-mêmes.

D. Donne-t-elle le précepte de tendre l'autre joue, quand on a reçu un soufflet?

R. Non; car d'abord il est contraire à celui d'aimer le prochain *comme soi-même*, puisqu'on l'aimerait plus que soi, lui qui attente à notre conservation. 2° Un tel précepte, pris à la lettre, encourage le méchant à l'oppression et à l'injustice; et la loi naturelle a été plus sage, en prescrivant une mesure calculée de courage et de modération, qui fait oublier une première injure de vivacité, mais qui punit tout acte tendant à l'oppression.

D. La loi naturelle prescrit-elle de faire du bien à autrui sans compte et sans mesure?

R. Non; car c'est un moyen certain de le conduire à l'ingratitude. Telle est la force du sentiment de la justice implanté dans le cœur des hommes, qu'ils *ne savent pas même gré des bienfaits donnés sans discrétion.* Il n'est qu'une seule mesure avec eux, c'est d'être juste.

D. L'aumône est-elle une action vertueuse?

R. Oui, quand elle est faite selon cette règle; sans quoi elle devient une imprudence et un vice, en ce qu'elle fomente l'oisiveté, qui est nuisible au mendiant et à la société; nul n'a droit de jouir du bien et du travail d'autrui, sans rendre un équivalent de son propre travail.

D. La loi naturelle considère-t-elle comme vertus l'espérance et la foi, que l'on joint à la charité ?

R. Non : car ce sont des idées sans réalité ; que s'il en résulte quelques effets, ils sont plutôt à l'avantage de ceux qui n'ont pas ces idées que de ceux qui les ont ; en sorte que l'on peut appeler la *foi* et l'*espérance* les vertus des *dupes* au profit des fripons.

D. La loi naturelle prescrit-elle la probité?

R. Oui : car la probité n'est autre chose que le respect de ses propres droits dans ceux d'autrui; respect fondé sur un calcul prudent et bien combiné de nos intérêts comparés à ceux des autres.

D. Mais ce calcul, qui embrasse des intérêts et des droits compliqués dans l'état social, n'exige-t-il pas des lumières et des connaissances qui en font une science difficile?

R. Oui, et une science d'autant plus délicate, que l'honnête homme prononce dans sa propre cause.

D. La probité est donc un signe d'étendue et de justesse dans l'esprit?

R. Oui: car presque toujours l'honnête homme néglige un intérêt présent afin de ne pas en détruire un à venir ; tandis que le fripon fait le contraire, et perd un grand intérêt à venir pour un petit intérêt présent.

D. L'improbité est donc un signe de fausseté dans le jugement, et de rétrécissement dans l'esprit?

R. Oui : et l'on peut définir les fripons, des calculateurs ignorants ou sots ; car ils n'entendent point leurs véritables intérêts, et ils ont la prétention d'être fins ; et cependant leurs finesses n'aboutissent jamais qu'à être connus pour ce qu'ils sont ; à perdre la confiance, l'estime, et tous les bons services qui en résultent pour l'existence sociale et physique. Ils ne vivent en paix ni avec les autres, ni avec eux-mêmes ; et sans cesse menacés par leur conscience et par leurs ennemis, ils ne jouissent d'autre bonheur réel que de celui de n'être pas encore pendus.

D. La loi naturelle défend donc le vol ?

R. Oui : car l'homme qui vole autrui lui donne le droit de le voler lui-même ; dès lors plus de sûreté dans sa propriété ni dans ses moyens de conservation : ainsi, en nuisant à autrui, il se nuit par contre-coup à lui-même.

D. Défend-elle même le désir du vol?

R. Oui : car ce désir mène naturellement à l'action ; et voilà pourquoi l'on a fait un péché de l'envie.

D. Comment défend-elle le meurtre ?

R. Par les motifs les plus puissants de la conservation de soi-même; car, 1° l'homme qui attaque s'expose au risque d'être tué, par droit de defense; 2° s'il tue, il donne aux parents, aux amis du mort, et à toute la société un droit égal, celui de le tuer lui-même; et il ne vit plus en sûreté.

D. Comment peut-on, dans la loi naturelle, réparer le mal que l'on a fait?

R. En rendant à ceux à qui on a fait ce mal, un bien proportionnel.

D. Permet-elle de le réparer par des prières, des vœux, des offrandes à Dieu, des jeûnes, des mortifications?

R. Non : car toutes ces choses sont étrangères à l'action que l'on veut réparer; elles ne rendent ni le bœuf à celui à qui on l'a volé, ni l'honneur à celui que l'on en a privé, ni la vie à celui à qui on l'a arrachée; par conséquent elles manquent le but de la justice; elles ne sont qu'un contrat pervers, par lequel un homme vend à un autre un bien qui ne lui appartient pas; elles sont une véritable dépravation de la morale, en ce qu'elles enhardissent à consommer tous les crimes par l'espoir de les expier : aussi ont-elles été la cause véritable de tous les maux qui ont toujours tourmenté les peuples chez qui ces pratiques expiatoires ont été usitées.

D. La loi naturelle ordonne-t-elle la sincérité?

R. Oui : car le mensonge, la perfidie, le par-jure, suscitent parmi les hommes les défiances, les querelles, les haines, les vengeances, et une foule de maux qui tendent à leur destruction commune; tandis que la sincérité et la fidélité établissent la confiance, la concorde, la paix, et les biens infinis qui résultent d'un tel état de choses pour la société.

D. Prescrit-elle la douceur et la modestie?

R. Oui : car la rudesse et la dureté, en aliénant de nous le cœur des autres hommes, leur donnent des dispositions à nous nuire ; l'ostentation et la vanité, en blessant leur amour-propre et leur jalousie, nous font manquer le but d'une véritable utilité.

D. Prescrit-elle l'humilité comme une vertu?

R. Non : car il est dans le cœur humain de mépriser secrètement tout ce qui lui présente l'idée de la faiblesse ; et l'avilissement de soi encourage dans autrui l'orgueil et l'oppression : il faut tenir la balance juste.

D. Vous avez compté pour vertu sociale la *simplicité des mœurs;* qu'entendez-vous par ce mot?

R. J'entends le resserrement des besoins et des désirs à ce qui est véritablement utile à l'existence du citoyen et de sa famille; c'est-à-dire que l'homme de *mœurs simples* a peu de besoins, et vit content de peu.

D. Comment cette vertu nous est-elle prescrite?

R. Par les avantages nombreux que sa pratique procure à l'individu et a la société ; car l'homme qui a besoin de peu, s'affranchit tout à coup d'une foule de soins, d'embarras, de travaux ; évite une foule de querelles et de contestations qui naissent de l'avidité et du désir d'acquérir ; il s'épargne les soucis de l'ambition, les inquiétudes de la possession et les regrets de la perte : trouvant partout du superflu, il est le véritable riche ; toujours content de ce qu'il a, il est heureux à peu de frais ; et les autres, ne craignant point sa rivalité, le laissent tranquille, et sont disposés au besoin à lui rendre service.

Que si cette vertu de simplicité s'étend à tout un peuple, il s'assure par elle l'abondance ; riche de tout ce qu'il ne consomme point, il acquiert des moyens immenses d'échange et de commerce ; il travaille, fabrique, vend à meilleur marché que les autres, et atteint à tous les genres de prospérité au dedans et au dehors.

D. Quel est le vice contraire à cette vertu ?

R. C'est la cupidité et le luxe.

D. Est-ce que le luxe est un vice pour l'individu et la société ?

R. Oui : à tel point, que l'on peut dire qu'il embrasse avec lui tous les autres ; car l'homme qui se donne le besoin de beaucoup de choses, s'impose par-là même tous les soucis, et se soumet à tous les moyens justes ou injustes de leur acquisition. A-t-il une jouissance, il en désire une autre; et au sein du superflu de tout, il n'est jamais riche : un logement commode ne lui suffit pas, il lui faut un hôtel superbe; il n'est pas content d'une table abondante, il lui faut des mets rares et coûteux : il lui faut des ameublements fastueux, des vêtements dispendieux, un attirail de laquais, de chevaux, de voitures, des femmes, des spectacles, des jeux. Or, pour fournir à tant de dépenses, il lui faut beaucoup d'argent; et pour se le procurer, tout moyen lui devient bon, et même nécessaire : il emprunte d'abord, puis il dérobe, pille, vole, fait banqueroute, est en guerre avec tous, ruine et est ruiné.

Que si le luxe s'applique à une nation, il y produit en grand les mêmes ravages; par cela qu'elle consomme tous ses produits, elle se trouve pauvre avec l'abondance; elle n'a rien à vendre à l'étranger; elle manufacture à grand frais; elle vend cher; elle se rend tributaire de tout ce qu'elle retire; elle attaque au dehors sa considération, sa puissance, sa force, ses moyens de défense et de conservation, tandis qu'au dedans elle se mine et tombe dans la dissolution de ses membres. Tous les citoyens étant avides de jouissances, se mettent dans une lutte violente pour se les procurer; tous se nuisent ou sont prêts à se nuire : et de là des actions et des habitudes usurpatrices qui composent ce que l'on appelle *corruption morale*, guerre intestine de citoyen à citoyen... Du luxe naît l'avidité; de l'avidité, l'invasion par violence, par mauvaise foi : du luxe naît l'iniquité du juge, la vénalité du témoin, l'improbité de l'époux, la prostitution de la femme, la dureté des parents, l'ingratitude des enfants, l'avarice du maître, le pillage du serviteur, le brigandage de l'administrateur, la perversité du législateur, le mensonge, la perfidie, le parjure, l'assassinat, et tous les désordres de l'état social; en sorte que c'est avec un sens profond de vérité que les anciens moralistes ont posé la base des vertus sociales sur la simplicité des mœurs, la restriction des besoins, le contentement de peu; et l'on peut prendre pour mesure certaine des vertus ou des vices d'un homme, la mesure de ses dépenses proportionnées à son revenu, et calculer sur ses besoins d'argent, sa probité, son intégrité à remplir ses engagements, son dévouement à la chose publique, et son amour sincère ou faux de la *patrie*.

D. Qu'entendez-vous par ce mot *patrie?*

R. J'entends la *communauté* des *citoyens* qui, réunis par des sentiments fraternels et des besoins réciproques, font de leurs forces respectives une force commune, dont la réaction sur chacun d'eux prend le caractère conservateur et bienfaisant de la *paternité*. Dans la société, les citoyens forment une banque d'intérêt : dans la patrie, ils forment une famille de doux attachements; c'est la charité, l'amour du prochain étendu à toute une nation. Or, comme la charité ne peut s'isoler de la justice, nul membre de la famille ne peut prétendre à la jouissance de ces avantages, que dans la proportion de ses travaux; s'il consomme plus qu'il ne produit, il empiète nécessairement sur autrui; et ce n'est qu'autant qu'il consomme au-dessous de ce qu'il produit ou de ce qu'il possède, qu'il peut acquérir des moyens de sacrifice et de générosité.

D. Que concluez-vous de tout ceci?

R. J'en conclus que toutes les *vertus sociales* ne sont que *l'habitude des actions utiles* à la société et à l'individu qui les pratique;

Qu'elles reviennent toutes à l'objet physique de la conservation de l'homme;

Que la nature, ayant implanté en nous le besoin de cette conservation, elle nous fait une loi de toutes ses conséquences, et un crime de tout ce qui s'en écarte;

Que nous portons en nous le germe de toute vertu, de toute perfection;

Qu'il ne s'agit que de le développer;

Que nous ne sommes heureux qu'autant que nous observons les règles établies par la nature dans le but de notre conservation;

Et que toute sagesse, toute perfection, toute loi, toute vertu, toute philosophie, consistent dans la pratique de ces axiomes fondés sur notre propre organisation :

>Conserve-toi;
>Instruis-toi;
>Modère-toi;

Vis pour tes semblables, afin qu'ils vivent pour toi.

NOTES

SERVANT D'ÉCLAIRCISSEMENTS ET D'AUTORITÉS A DIVERS PASSAGES DU TEXTE.

PAGE 7, ligne 12. (*Le fil de la Sérique.*) C'est-à-dire la *soie*, originaire du pays montueux où se termine la *grande muraille*, pays qui paraît avoir été le berceau de l'empire chinois, connu des Latins sous le nom de *Regio Serarum*, *Serica*.

Ibidem. (*Les tissus de Kachemire.*) C'est-à-dire les chales, qu'Ézéchiel, cinq siècles avant notre ère, paraît avoir désignés sous le nom de *Choud-Choud*.

Pag. 23, ligne 7. (*La presqu'île trop célèbre de l'Inde.*) Quel bien véritable le commerce de l'Inde, entièrement composé d'objets de luxe, procure-t-il à la masse d'une nation ? quels sont ses effets, sinon d'en exporter, par une marine dispendieuse en hommes, des matières de besoin et d'utilité, pour y importer des denrées inutiles, qui ne servent qu'à marquer mieux la distinction du riche et du pauvre ; et quelle masse de superstitions l'Inde n'a-t-elle pas ajoutée à la superstition générale ?

Ibidem, ligne 25. (*Voilà Thèbes aux cent palais.*) L'expédition française en Égypte a prouvé que Thèbes, divisée en quatre grandes cités, sur les deux bords du Nil, ne put avoir les *cent* portes dont parle Homère, (*Voy.* le tom. II de la *Commission d'Égypte.*) L'historien Diodore de Sicile avait déja indiqué la cause de l'erreur, en observant que le mot oriental, *porte*, signifiait aussi palais (à cause du vestibule public qui en forme toujours l'entrée), et cet auteur semble avoir saisi la cause de cette tradition grecque, quand il ajoute : « Depuis Thèbes jusqu'à Memphis, il a existé le « long du fleuve *cent* vastes écuries royales, dont on voit « encore les ruines, et qui contenaient chacune *deux cents* « chevaux (pour le service du monarque) : » tous ces nombres sont exactement ceux d'Homère. (Voy. *Diodore de Sicile*, liv. 1 ; sect. 11, § des *premiers rois d'Égypte*.) Le nom d'*Éthiopiens* appliqué ici aux *Thébains*, est justifié par l'exemple d'Homère, et par la peau réellement noire de ces peuples. Les expressions d'Hérodote, lorsqu'il dit que les *Égyptiens* avaient la *peau noire* et les *cheveux crépus*, d'accord avec la tête du sphinx des pyramides, ont pu et dû faire croire à l'*auteur du Voyage en Syrie*, que cet ancien peuple fut de race *nègre*; mais tout ce que l'expédition française a fait connaître de momies et de têtes sculptées est venu démentir cette idée ; et le voyageur, docile aux leçons des faits, a délaissé son opinion, avec plusieurs autres qu'il avait consignées dans un Mémoire chronologique, composé à l'âge de vingt-deux ans, et qui, mal à propos, occupe une place dans l'Encyclopédie in-4°, tom. 111 des *Antiquités*. L'expérience et l'étude lui ont procuré le mérite de se redresser lui-même sur bien des points, dans un dernier ouvrage publié à Paris, en 1814 et 1815, sous le titre de *Recherches nouvelles sur l'Histoire ancienne*, 2 vol. in-8°, (Chez Bossange frères, rue de Seine, n° 12. *Voy*. le tom. 11 pour les Égyptiens.)

Pag. 24, lig. 14. (*Ici étaient ces ports iduméens*.) Les villes d'*Aïlah* et d'*Atsiom Gaber*, d'où les Juifs de Salomon, guidés par les *Tyriens* de *Hiram*, partaient pour se rendre à *Ophir*, lieu inconnu sur lequel on a beaucoup écrit, mais qui paraît avoir laissé sa trace dans *Ofor*, canton arabe, à l'entrée du golfe Persique. (*Voy*. à ce sujet les *Recherches nouvelles*, citées ci-dessus, tom. 1, et le *Voyage en Syrie* tom. 11.)

Pag. 46, lig. 17. (*Ainsi, parce qu'un homme fut plus*

fort, cette inégalité, accident de la nature, fut prise pour sa loi.) Presque tous les anciens philosophes et politiques ont établi en principe et en dogme, que les **hommes naissent inégaux ; que la nature a créé les uns pour être libres, les autres pour être esclaves.** Ce sont les expressions positives d'Aristote dans sa *Politique*, et de Platon, appelé *divin*, sans doute dans le sens des rêveries mythologiques qu'il a débitées. Le *droit du plus fort* a été le *droit des gens* de tous les anciens peuples, des Gaulois, des Romains, des Athéniens ; et c'est de là précisément que sont dérivés les grands désordres politiques et les crimes publics des nations.

Pag. 47, lig. 7. (*Et le despotisme paternel fonda le despotisme politique.*) Qu'est-ce qu'une famille ? C'est la *portion* élémentaire dont se compose le grand corps appelé *nation*. L'esprit de ce grand corps n'est que la somme de ses fractions ; telles les mœurs de la famille, telles celles du tout. Les grands vices de l'Asie sont, 1° le *despotisme* paternel ; 2° la polygamie, qui démoralise toute la maison, et qui, chez les rois et les princes, cause le massacre des frères à chaque succession, et ruine le peuple en apanages ; 3° le défaut de propriété des biens-fonds, par le droit tyrannique que s'arroge le despote ; 4° l'inégalité de partage entre les enfants ; 5° le droit abusif de tester ; 6° et l'exclusion donnée aux femmes dans l'héritage. Changez ces lois, vous changerez l'Asie.

Pag. 50, lig. 23. (*L'autre* (effet de l'égoïsme), *que tendant toujours à concentrer le pouvoir en une seule main.*) Il est très-remarquable que la marche constante des sociétés a été dans ce sens, que, commençant toutes par un état anarchique ou *démocratique*, c'est-à-dire par une grande division des pouvoirs, elles ont ensuite passé à l'*aristocratie*, et de l'aristocratie à la monarchie. De ce fait historique il résulterait que ceux qui *constituent des États sous la forme démocratique*, les destinent à subir tous les troubles qui doivent amener la *monarchie*; mais il faudrait en même temps prouver que les *expériences sociales* sont déjà épuisées pour l'espèce humaine, et que ce mouvement spontané n'est pas l'effet même de son ignorance et de ses habitudes.

Pag. 52, lig. 26. (*Sous prétexte de religion, leur orgueil fonda des temples, dota des prêtres oiseux, bâtit pour de vains squelettes d'extravagants tombeaux, mausolées et pyramides.*) Le savant Dupuis n'a pu croire que les pyramides fussent des tombeaux; mais, outre le témoignage positif des historiens, lisez ce que dit Diodore de l'importance religieuse et superstitieuse que tout Égyptien attachait à bâtir sa *demeure éternelle*, lib. 1.

"Pendant vingt ans, dit Hérodote, cent mille hommes travaillèrent chaque jour à bâtir la pyramide du roi égyptien *Cheops*.— Supposons par an seulement trois cents jours, à cause du *sabbat*; ce sera 30 millions de journées de travail en une année, et 600 millions de journées en vingt ans; à 15 sous par jour, ce sera 450 millions de francs perdus sans aucun produit ultérieur. — Avec cette somme, si ce roi eût fermé l'isthme de Suez d'une *forte muraille*, comme celle de la *Chine*, la destinée de l'Égypte eût été tout autre: les invasions étrangères eussent été arrêtées, anéanties, et les Arabes du désert n'eussent ni conquis, ni vexé ce pays. — *Travaux stériles!* que de milliards perdus à mettre pierre sur pierre, en forme de *temples* et d'*églises!* Les alchimistes changent *les pierres en or*; les architectes changent l'or en pierres. Malheur aux rois (comme aux bourgeois) qui livrent leur bourse à ces deux classes d'empiriques!

Pag. 65, lig. 1. (*A prononcer mystérieusement* Aûm.) Ce mot pour le sens, et presque pour le son, ressemble à l'*Aeuum* (ævum) des Latins, l'*éternité*, le *temps sans bornes*. Selon les Indiens, ce mot est l'emblème de la divinité tripartite: *A* désigne *Bramha* (le temps passé, qui a créé); *U*, *Vichenou* (le temps présent, qui conserve); *M*, *Chiven* (le temps futur, qui détruira).

Ibid., lig. 4. (*S'il faut commencer par le coude.*) C'est un des grands points de schisme entre les partisans d'Omar et ceux d'Ali. Supposons que deux musulmans se rencontrent en voyage, et qu'ils s'abordent fraternellement; l'heure de la prière venue, l'un commence l'ablution par le bout des doigts, l'autre par le coude, et les voilà ennemis à mort. En d'autres pays, qu'un homme veuille manger de la viande tel jour plutôt que tel autre; ce sera un cri d'indignation. Quel nom donner à de telles folies ?

Pag. 74, lig. 29. (*La horde des Oguzians.*) Avant que les Turcs eussent pris le nom de leur chef Othman.Ier, ils portaient celui d'*Oguzians*; et c'est sous cette dénomination qu'ils furent chassés de la Tartarie par Gengiz, et vinrent des bords du *Gihoun* s'établir dans l'Anadoli.

Pag. 80, lig. 19. (*Qu'il régnait de peuple à peuple... des haines implacables.*) Lisez l'histoire des guerres de Rome et de Carthage, de Sparte et de Messène, d'Athènes et de Syracuse, des Hébreux et des Phéniciens, et voilà cependant ce que l'antiquité vante de plus policé !

Pag. 87, lig. 26. (*Le Chinois avili par le despotisme du bambou.*) Les jésuites se sont efforcés de peindre sous de belles couleurs le gouvernement chinois, aujourd'hui l'on sait que c'est un pur despotisme oriental (entravé par le vice d'une langue et surtout d'une écriture mal construites). Le peuple chinois est pour nous la preuve que dans l'antiquité, jusqu'à l'invention de l'écriture alphabétique, l'esprit humain eut beaucoup de peine à se déployer, comme avant les chiffres arabes on avait beaucoup de peine à compter. Tout dépend des méthodes : on ne changera la Chine qu'en changeant sa langue.

Pag. 96, lig. 5. (*Reconnaissez l'autorité légitime.*) Pour apprécier le sens du mot *légitime*, il faut remarquer qu'il vient du latin *legi-intimus*, *intrinsèque à la loi*, écrit en elle. Si donc la loi est faite par le *prince seul*, le prince seul se fait lui-même légitime : alors il est purement despote ; sa volonté est la *loi*. Ce n'est pas là ce qu'on veut dire ; car le même droit serait acquis à tout pouvoir qui le renverserait. Qu'est-ce que la *loi* (source de droit)? Le latin va encore nous le dire : le radical *leg-ere*, lire, *lectio*, a fait *lex*, *res lecta*, *chose lue* : cette chose lue est un *ordre de faire ou de ne pas faire telle action désignée*, et ce, sous la condition d'une *peine* ou d'une *récompense* attachées à l'*observation* ou à l'*infraction*. Cet ordre est *lu* à ceux qu'il concerne, afin qu'ils n'en ignorent. Il a été *écrit*, afin d'être lu sans altération : tel est le sens, et telle fut l'origine du mot *loi*. De là les diverses épithètes dont il est susceptible: *loi sage, loi absurde, loi juste, loi injuste*, selon l'effet qui en résulte; et c'est cet effet qui caractérise le pouvoir d'où elle émane. Or, dans l'état social, dans le gouvernement des hommes, qu'est-ce que le *juste* et l'*injuste ?* Le juste est de maintenir ou de rendre à chaque individu ce qui lui appartient : par conséquent, d'abord la vie, qu'il tient d'un *pouvoir au-dessus de tout*; 2° l'usage des sens et des facultés qu'il tient de ce même pouvoir; 3° la jouissance des fruits de son travail; et tout cela en ce qui ne blesse pas les *mêmes* droits en autrui; car s'il les blesse, il y a *injustice*, c'est-à-dire rupture d'*égalité* et d'*équilibre* d'homme à homme. Or, plus il y a de lésés, plus il y a d'injustices : par conséquent, si, comme il est de fait, ce qu'on appelle le *peuple* compose l'immense majorité de la nation, c'est l'intérêt, c'est le bien-être de cette majorité qui *constitue* la justice : ainsi la vérité se trouve dans l'axiome qui a dit, Salus populi suprema lex esto. Le *salut* du peuple, voilà la loi, voilà la *légitimité*. Et remarquez que le *salut* ne veut pas dire la *volonté*, comme l'ont supposé quelques fanatiques; car d'abord le peuple peut se tromper; puis comment exprimer cette volonté collective et abstraite? l'expérience nous l'a prouvé. Salus populi ! L'art est de le connaître et de l'effectuer.

Pag. 102, lig. 17. (*L'idée de liberté contient essentiellement celle de justice, qui naît de l'égalité.*) Les mots retracent eux-mêmes cette connexion; car *æquilibrium*, *æquitas*, *æqualitas* sont tous d'une même famille, et l'idée de l'*égalité* matérielle, de la balance, est le type de toutes ces idées abstraites. La liberté elle-même, bien analysée, n'est encore que la *justice :* car si un homme, parce qu'il se dit libre, en attaque un autre, celui-ci, par le même droit de liberté, peut et doit le repousser; le droit de l'un est égal au droit de l'autre : la force peut rompre cet équilibre, mais elle devient injustice et tyrannie de la part du plus bas démocrate, comme de celle du plus haut potentat.

Pag. 116, lig. 15. (*Et cette religion* (de Mahomet) *n'a cessé d'inonder de sang la terre.*) Lisez l'histoire de l'islamisme par ses propres écrivains; et vous vous convaincrez que toutes les guerres qui ont désolé l'Asie et l'Afrique depuis Mahomet, ont eu pour cause principale le fanatisme apostolique de sa doctrine. On a calculé que César avait fait périr trois millions d'hommes : il serait curieux de faire le même calcul sur chaque fondateur de religion.

Pag. 119, lig. 21. (*Et cent autres sectes.*) Lisez à ce sujet le *Dictionnaire des hérésies*, par l'abbé Pluquet, qui en a omis un grand nombre; 2 vol. in-8°, petit caractère.

Pag. 122, lig. 3. (*Et les Parsis se diviseront.*) Les sectateurs de Zoroastre, nommés *Parsis*, comme descendants des Perses, sont plus connus en Asie sous le nom injurieux de *Gaures* ou *Guèbres*, qui veut dire *infidèles ;* ils y sont ce que sont les Juifs en Europe. *Mobed* est le nom de leur pape ou *grand-prêtre.* Voy. Henri lord Hyde, et le *Zend-avesta*, sur les rites de cette religion.

Ibidem, lig. 26 (*Brahma... réduit à servir de piédestal au lingam.*) Voy. le tome Ier in-4° du *Voyage de Sonnerat aux Indes.*

Pag. 124, lig. 13. (*Le Chinois l'adore dans* Fôt). La langue chinoise n'ayant ni le *B* ni le *D*, ce peuple a prononcé *Fôt* ce que les Indiens et les Persans prononcent *Bodd*, ou *Boudd* (par *ou* bref). *Fôt*, au Pégou, est devenu *Fota* et *Fta*, etc. Ce n'est que depuis peu d'années que l'on commence d'avoir des notions exactes de la doctrine de Boudd et de ses divers sectaires : nous devons ces notions aux savants anglais, qui, à mesure que leur nation subjugue les peuples de l'Inde, en étudient les religions et les mœurs, pour les faire connaître. L'ouvrage intitulé *Asiatick Researches* est une collection précieuse en ce genre : on trouve dans le tome vi, pag. 163, dans le tome vii, pag. 32 et pag. 399, trois mémoires instructifs sur les *Boudistes* de *Ceylan* et de *Birmah* ou *Ava*. Un écrivain anonyme, mais qui paraît avoir médité ce sujet, a publié dans l'*Asiatick journal* de 1816, mois de janvier et suivants, jusqu'en mai, des lettres qui font désirer de plus grands développements. Nous reviendrons à cet article dans une note du chapitre xxi.

Ibidem, lig. 29. (*Le sintoïste nie l'existence.*) Voyez dans Kempfer la doctrine des sintoïstes, qui est celle d'*Épicure* mêlée à celle des *stoïciens*.

Pag. 125, lig. 4. (*Le Siamois, l'écran talipat à la main.*) C'est une feuille de palmier *latanier*; de là est venu aux bonzes le nom de *Talapoin*. L'usage de cet écran est un *privilège exclusif*.

Ibidem, lig. 9. (*Le sectateur de Confutzée cherche son horoscope.*) Les sectateurs de Confucius ne sont pas moins adonnés à l'astrologie que les bonzes : c'est la maladie morale de tout l'Orient.

Ibidem, lig. 13. *Le Dalaï-Lama*, ou *l'immense prêtre de Là*, est ce que nos vieilles relations appelaient le prêtre *Jean*, par l'abus du mot persan *Djehân*, qui veut dire le *monde*. Ainsi le prêtre *Monde*, le dieu *Monde*, se lient parfaitement.

Dans une expédition récente, les Anglais ont trouvé des idoles des *lamas* qui contenaient des *pastilles sacrées* de la garde-robe du *grand-prêtre*. On peut citer pour témoins *Hastings*, et le colonel *Pollier*, qui a péri dans les troubles d'Avignon. On sera bien étonné d'apprendre que cette idée si révoltante tient à une idée profonde, celle de la *métempsycose*, qu'admettent les *lamas*. Lorsque les Tartares avaient les reliques du *pontife* (comme ils le pratiquent), ils imitent le jeu de l'univers, dont les parties s'absorbent et passent sans cesse les unes dans les autres. C'est le *serpent qui dévore sa queue* ; et ce serpent est *Boudd* ou le *monde*.

Pag. 126, lig. 12. (*Qui adorent un serpent dont les porcs sont avides*) Il arrive souvent que les porcs dévorent des serpents de l'espèce que les nègres adorent, et c'est une grande désolation dans le pays. Le président de Brosses a rassemblé, dans son *Histoire des Fétiches*, un tableau curieux de toutes ces folies.

(*Voilà le Teleute*) Les Teleutes, nation tartare, se peignent Dieu portant un vêtement de toutes les couleurs, et surtout des couleurs rouge et verte; et parce qu'ils les trouvent dans un habit de dragon russe, ils en font la comparaison à ce genre de soldat. Les Égyptiens habillaient aussi le dieu Monde d'un habit de toutes couleurs. *Eusèbe, Prép. evang.*, p. 115, lib. III. Les *Teleutes* appellent Dieu *Bou*, ce qui n'est qu'une altération de *Boudd*, le dieu *OEuf* et *Monde*.

(*Voilà le Kamtschadale*.) Consultez à ce sujet l'ouvrage intitulé *Description des peuples soumis à la Russie*, et vous verrez que le tableau n'est point chargé.

Pag. 140, lig. 28. (*Votre système porte tout entier sur des sens allégoriques.*) Quand on lit les Pères de l'Église, et que l'on voit sur quels arguments ils ont élevé l'édifice de la religion, l'on a peine à comprendre tant de crédulité ou de mauvaise foi ; mais c'était alors la manie des allégories : les païens s'en servaient pour expliquer les actions des dieux, et les chrétiens ne firent que suivre l'esprit de leur siècle, en le tournant vers un autre côté. Il serait curieux de publier aujourd'hui de tels livres, ou seulement leurs extraits.

Pag. 144, lig. 24. (*Les Juifs devinrent nos imitateurs, nos disciples.*) Voy. à ce sujet le tome Ier des *Recherches nouvelles sur l'Histoire ancienne*, où il est démontré que le *Pentateuque* n'est point l'ouvrage de Moïse : cette opinion était répandue dans les premiers temps du christianisme, comme on le voit dans les *Clémentines*, homélie 1, § 51, et homélie vიი, § 42; mais personne n'avait démontré que le véritable auteur fût le grand-prêtre *Helkias*, l'an 618 avant J. C.

Pag. 146, lig. 5. (*Tant de choses analogues aux trois religions.*) Les *Parsis* modernes et les *Mithriaques* anciens, qui sont la même chose, ont tous les sacrements des chrétiens, même le *soufflet* de la confirmation. « Le *prêtre de Mithra*, dit Tertullien, *De præscriptione*, c. 40, promet la délivrance des péchés par leur *aveu* et par le *baptême*; et, s'il m'en souvient bien, *Mithra* marque ses soldats au front (avec le *chrême*, *Kouphi* égyptien); il célèbre l'*oblation du pain*, l'image de la *résurrection*, et présente la *couronne*, en menaçant de l'épée, etc. »

Dans ces mystères on éprouvait l'initié par mille terreurs, par la menace du feu, de l'épée, etc., et on lui présentait une couronne, qu'il refusait, en disant : *Dieu est ma couronne*. (*Voyez* cette *couronne* dans la sphère céleste, à côté de *Boötes*.) Les personnages de ces mystères portaient tous des noms d'*animaux constellés*. La messe n'est pas autre chose que la célébration de ces mystères et de ceux d'Éleusis. Le *Dominus vobiscum* est à la lettre la formule de réception, *chon-k, am, p-ak*. Voy. Beausobre, Histoire du Manichéisme, tom. 11.

Pag. 147, lig. 10. Les *Vedas* ou *Vedams* sont les livres sacrés des Indous, comme les Bibles chez nous. On en compte trois : le *Rick* Veda, le *Yadjour* Veda, et le *Sama* Veda. Ils sont si rares dans l'Inde, que les Anglais ont eu beaucoup de peine à en trouver l'original, dont ils ont fait faire une copie déposée au British Muséum. Ceux qui comptent *quatre* Vedas, y comprennent l'*Attar* Veda, qui traite des cérémonies, et qui est perdu. Il y a en suite des commentaires nommés *Upanishada*, dont l'un a été publié par Anquetil Duperron, sous le titre de *Oupnek'hat*, livre curieux en ce qu'il donne une idée de tous les autres. La date de ces livres passe 25 siècles au-dessus de notre ère; leur contenu prouve que toutes les rêveries des métaphysiciens grecs viennent de l'Inde et de l'Égypte. — Depuis l'an 1788, les savants Anglais exploitent dans l'Inde une mine de littérature dont on n'avait aucune idée en Europe, et qui prouve que la civilisation de l'Inde remonte à une très-haute antiquité. Après les *Vedas* viennent les *Chastras*, au nombre de six. Ils traitent de théologie et de sciences. Puis viennent au nombre de 18, les *Pouranas*, qui traitent de mythologie et d'histoire : voyez le *Bahgouet-guíta*, le *Baga Vedam*, et l'*Ézour-Vedam*, traduits en français, etc,

Pag. 151, lig. 14. Toute cette cosmogonie des *lamas*, des *bonzes*, et même des brames, comme l'atteste Henri Lord, revient littéralement à celle des anciens Égyptiens. « Les « *Égyptiens*, dit Porphyre, *appellent Kneph l'intelligence* « *ou cause effective* (de l'univers). Ils racontent que ce dieu « rendit par la bouche un *œuf*, duquel fut produit un autre « *dieu*, nommé *Phtha* ou Vulcain (le feu principe, le soleil;) « et ils ajoutent que cet *œuf* est le monde. » *Eusœb.*, *Prep. evang.*, pag. 115.

« Ils représentent, dit-il ailleurs, le dieu *Kneph* ou la « cause efficiente, sous la forme d'un homme de couleur bleu « foncé (celle du ciel), ayant en main un sceptre, portant une « ceinture, et coiffé d'un petit *bonnet royal de plumes très-* « *légères*, pour marquer combien est *subtile* et fugace l'idée « de cet être. » Sur quoi j'observerai que *Kneph*, en hébreu, signifie une *aile*, une *plume*; que cette couleur bleue (céleste) se trouve dans la plupart des dieux de l'Inde, et qu'elle est, sous le nom de *narayan*, une de leurs épithètes les plus célèbres.

Pag. 153, lig. 25. (*Que les lamas ne sont que des manichéens.*) Voyez l'Histoire du Manichéisme, par Beausobre, qui prouve que ces sectaires furent purement des zoroastriens; ce qui fait remonter l'existence de leurs opinions 1200 ans avant J. C. Il suit de là que *Boudd Chaucasam* fut encore antérieur, puisque la doctrine *boudiste* se trouve dans les plus anciens livres indiens, dont la date passe 3100 ans avant notre ère (tel que le *Bahgouet-guíta*) Observez d'ailleurs que *Boudd* est la 9e *avatar* ou *incarnation de Vichenou*, ce qui le place à l'origine de cette théologie. En outre, chez les Indiens, les Chinois, les Thibétains, etc., *Boudd* est le nom de la planète que nous appelons *Mercure*, et du jour de la semaine consacré à cette planète (le mercredi); cela le remonte à l'origine du calendrier; en même temps cela nous l'indique primitivement identique à *Hermès*, ce qui étend son existence jusqu'en Égypte. Maintenant remarquez que les prêtres égyptiens racontaient qu'*Hermès mourant* avait dit : « Jusqu'ici j'ai vécu exilé de ma véritable patrie ; j'y « retourne : ne me pleurez pas ; je retourne à la céleste patrie « où chacun se rend à son tour : là est Dieu ; cette vie n'est « qu'une mort. » Voyez *Chalcidius in Timœum*. Or, cette doctrine est précisément celle des *boudistes anciens*, ou *samanéens*, des *pythagoriciens* et des *orphiques*. Dans la doctrine d'Orphée, le *dieu monde* est représenté par un *œuf* : dans les idiomes hébreu et arabe, l'œuf se nomme *baidh*, analogue à *Boudd* (Dieu), et à *Boûd*, en persan l'*existence*, *ce qui est* (le monde). *Boudd* est encore analogue à *bed* et *vad*, qui chez les Indiens signifie *science*. Hermès en était le dieu : il était l'auteur des livres sacrés ou *Vedas* égyptiens. On voit quels rameaux présente, et à quelle antiquité tout ceci nous porte. Maintenant le prêtre *boudiste d'Ava* ajoute : « Qu'il est « de foi que, de temps à autre, le ciel envoie sur la terre des « *Boudda* pour *amender les hommes, les retirer de leurs* « *vices*, *et les remettre en voie de salut.* » Avec un tel dogme répandu dans l'Inde, dans la Perse, dans l'Égypte, dans la Judée, on sent combien les esprits ont dû être disposés dès long-temps à ce que des siècles postérieurs nous offrent.

Pag. 154, lig. 6. (*Long-temps avant Iésous.*) D'après les notions des savants anglais de l'Inde, la doctrine de *Boudda* y est très-ancienne. L'écrivain anonyme que nous avons cité, pag. 319, lig. 23, cite un traité écrit il y a peu d'années par le chef des prêtres *bouddites* d'*Ava*, à la prière de l'évêque catholique de cette ville, qui dit : « Que les *dieux* qui ont ap« paru dans le présent monde jusqu'à ce jour, sont au nombre « de quatre, savoir : *Boudda Chaucasam, Boudda Gonagom,* « *Boudda Gaspa*, et *Boudda Gautama*, duquel la loi règne

« actuellement ; il obtint la divinité à trente-cinq ans, et passa
« à l'immortalité 2362 ans (avant la date du dit écrit, qui se
« place vers 1805.) » Par conséquent *Gautama* serait mort
vers l'an 557 avant l'ère chrétienne, au temps où régnait
Kyrus en Perse, et où florissait Pythagore.

2° D'autre part, des écrivains arabes et persans, cités dans
l'Hist. des Huns, tom. 11, par de Guignes; dans l'Hist. de la
Chine, tom. v, in-4°, note de la page 50, et dans la préface
de l'*Ezour Vedam* (Yadjour-Veda), placent l'apparition d'un
autre *Boudda* à l'année 1027 avant notre ère (ce serait
Gaspa).

3° Le tableau *statistique* de l'empereur mogol *Akbar*, intitulé *Ain Akberi*, traduit par Gladwin, dit, pag. 433, tom. 11,
que *Boudd* avait disparu 2962 ans avant l'an 40 de cet empereur, c'est-à-dire 1366 ans avant J.-C. (ce serait *Gonagom*.)

Pag. 154, lig. 14 (*Fondés sur l'absence de tout témoignage
authentique.*) « Tout le monde sait, » disait *Fauste*, qui,
quoique manichéen, fut un des plus savants hommes du IIIe
siècle, « tout le monde sait que les Évangiles n'ont été écrits
« ni par J.-C. ni par ses apôtres, mais *long-temps* après, par
« des inconnus, qui, jugeant bien qu'on ne les croirait pas
« sur des choses qu'ils n'avaient pas vues, mirent à la tête de
« leurs récits des noms d'apôtres ou d'hommes apostoliques et
« contemporains. » Sur cette question, voyez l'*Histoire des
Apologistes de la Religion chrétienne*, attribuée à Fréret, mais
qui est de Burigny, membre de l'Académie des inscriptions.
Voyez aussi Mosheim, *De rebus christianorum*; *Correspondance of Atterbury*, Archbishop, 5 vol. in-8°, 1798; Toland,
Nazarenus; et Beausobre, *Histoire du Manichéisme*, tom. 1.
Il résulte de tout ce qu'on a écrit pour et contre, que l'origine précise du christianisme n'est pas connue; que les prétendus témoignages de Josèphe (*Antiq. jud.*, lib. xvııı, c. 3)
et de Tacite (*Annales*, lib. xv, c. 44) ont été interpolés vers
le temps du concile de Nikée, et que personne n'a encore
mis en évidence le fait radical, c'est-à-dire l'existence réelle
du personnage qui a occasioné le système. Sans cette exi-

stence néanmoins, il serait dificile de concevoir l'apparition du système à son époque connue, encore qu'il ne soit pas sans exemple en histoire de voir des suppositions gratuites et absolues. Pour résoudre ce problème, vraiment curieux et important, il faudrait qu'un esprit doué de sagacité, muni d'instruction, et surtout d'impartialité, profitant des recherches déja faites, y ajoutât un tableau comparatif de la doctrine des boudistes, et spécialement de la secte de *Samana Gautama*, contemporain de Kyrus; qu'il examinât quelle fut la facilité des communications de l'Inde avec la Perse et la Syrie, surtout depuis le règne de Darius Hystaspe, qui, selon Agathias et Ammien, consulta les sages de l'Inde, et introduisit plusieurs de leurs idées chez les mages ; quelle fut encore cette facilité depuis Alexandre, sous les Séleucides, qui entretenaient des relations diplomatiques avec les rois indiens il verrait que, par suite de ces communications, le système des samanéens put se répandre de proche en proche jusqu'en Égypte; qu'il put être la cause déterminante de la corporation des esséniens en Judée, etc, : alors il ne resterait plus qu'à examiner si, toutes choses étant ainsi préparées, l'exaltation générale des esprits n'a pas pu susciter un individu qui aurait rempli le rôle désigné : soit que lui-même se fût cru et annoncé pour être le *personnage* attendu, soit que ce fût la multitude qui, enthousiasmée de sa conduite, de sa doctrine et de ses prédications, lui en eût attribué l'emploi. Dans l'un et l'autre cas, il serait conforme aux probabilités humaines que des attroupements populaires eussent excité la surveillance et l'inquiétude du gouvernement romain, et qu'enfin un incident remarquable, tel que l'*entrée* en Jérusalem, eût déterminé le préfet à une mesure de rigueur, à un acte de sévice qui aurait brusquement terminé ce drame (à peu près comme il est raconté), mais qui n'aurait fait qu'accroître l'intérêt pour le personnage regretté, et par-là donné lieu à des récits et à des associations dont le résultat cadrerait parfaitement avec l'état de choses qui apparaît ensuite dans l'histoire. Sans doute là où manque son témoignage positif, l'on ne pourrait établir ce qu'on appelle *certitude morale* ; mais par l'enchaînement des causes et des effets, on pourrait arriver à un degré de *probabilité* qui en produirait l'effet ; puisque d'ailleurs, avec les témoignages les plus positifs, l'histoire n'a jamais de droit qu'aux plus ou moins grandes probabilités.

Ibidem, lig. 27. (*La doctrine intérieure*) Les boudistes ont deux doctrines, l'une *publique* et ostensible, l'autre *intérieure* et secrète, précisément comme les prêtres égyptiens. Pourquoi cette différence ? demandera-t-on. C'est que la doctrine *publique* enseignant les *offrandes*, les *expiations*, les *fondations*, etc., il est *utile* de la prêcher au peuple ; au lieu que l'autre enseignant le *néant* et ne rapportant rien, il convient de ne la faire connaître qu'aux adeptes. On ne peut classer plus évidemment les hommes en *fripons* et en *dupes*.

Pag. 156, lig. 18. (*Voilà ce qu'a révélé notre Boudah.*) Ce sont les propres termes de *La Loubère*, dans sa Description du royaume de Siam et de la théologie des *bonzes*. Leurs dogmes, comparés à ceux des anciens philosophes de la Grèce et de l'Italie, retracent absolument tout le système des stoïciens et des épicuriens, mêlé avec des superstitions astrologiques et quelques traits du pythagorisme.

Pag. 165, lig. 4. (*La barbarie originelle du genre humain.*) C'est le témoignage unanime de toutes les histoires, et même des légendes, que les premiers hommes furent partout des sauvages, et que ce fut pour les civiliser et leur apprendre à *faire du pain*, que les dieux se manifestèrent.

Ibidem, lig. 9. (*N'acquiert d'idées que par l'intermède de ses sens*). Voilà précisément où ont échoué les anciens, et d'où sont venues leurs erreurs : ils ont supposé les *idées de Dieu innées*, coéternelles à l'ame ; et de là toutes les rêveries développées dans Platon et Iamblique. *Voy*. le *Timée*, le *Phédon*, et *de Mysteriis Ægyptiorum*, sect. Ire, chap. 3.

Pag. 170, lig. 21. (*Le témoignage de tous les anciens monuments.*) Il résulte clairement, dit Plutarque, des *vers d'Orphée* et des livres *sacrés* des Égyptiens et des Phrygiens que la *théologie* ancienne, non-seulement des Grecs, mais en général de tous les peuples, ne fut autre chose qu'un *système de physique*, qu'un *tableau des opérations de la nature*, enveloppé *d'allégories mystérieuses* et de *symboles enigmatiques* : de manière que la multitude ignorante s'attachât plutôt au sens apparent qu'au sens caché, et que même dans ce qu'elle comprenait de ce dernier, elle supposât toujours quelque chose de plus profond que ce qui paraissait. *Plutarque, fragment d'un ouvrage perdu, cité dans Eusèbe, Præpar. evang. lib. III, chap. I, page 85.*

« La plupart des philosophes, dit *Porphyre*, et entre autres *Chæremon* (*qui vécut en Égypte dans le premier siècle de l'ère chrétienne*) ne pensent pas qu'il ait jamais existé d'autre monde que celui que nous voyons : et ils ne reconnaissent pas d'*autres dieux*, de tous ceux qu'allèguent les Égyptiens, que ce que l'on appelle vulgairement les *planètes*, les *signes du zodiaque* et les *constellations*, qui jouent avec eux en aspect (de *lever* et de *coucher*); à quoi ils ajoutent *leurs divisions* de *signes* en *décans* ou *maîtres du temps*, qu'ils appellent les *chefs forts et puissants* dont les *noms*, les *vertus curatives* des maladies, les *couchers*, les *levers*, les *présages* de ce qui doit arriver, font la matière des almanachs (c'est-à-dire que les prêtres égyptiens faisaient de véritables almanachs de *Mathieu Laensberg*); car lorsque les prêtres disaient que le soleil était l'*architecte* de l'univers, Chæremon sentait que tous leurs récits sur *Isis* et sur *Osiris*, que toutes leurs fables sacrées se rapportaient en partie aux planètes, aux phases de la lune, au cours du soleil, en partie (*aux étoiles de*) l'hémisphère du jour et de la nuit, ou au fleuve du Nil, en un mot, à des êtres physiques, naturels, et rien à des êtres *immatériels* et *dépourvus* de corps... Tous ces philosophes croient que les mouvements de notre volonté et de nos actions dépendent de ceux des astres, qu'ils en sont dirigés; et ils se soumettent aux lois d'une *nécessité* (physique) qu'ils appellent *destin* ou *fatum*, supposant une chaîne (de causes et d'effets) qui lie, par je ne sais quel lien, tous les hommes entre eux (depuis l'atome) jusqu'à la puissance supérieure et à l'influence première de ces *dieux*; en sorte que, soit dans les temples, soit dans les *simulacres* ou *idoles*, ils n'adorent autre chose que la *puissance de la destinée*, » (Porphyr. *Epis. ad Ianebonem.*)

Pag. 171, lign. 11. (*Exigea la connaissance des cieux.*) Jusqu'à ce jour on a répété, sur l'autorité indirecte de la *Genèse*, que l'astronomie avait été inventée par les *enfants de Noé*. On a raconté gravement que, pâtres errants dans les plaines de *Sennaar*, ils employaient leur désœuvrement à rédiger un système des cieux; comme si des pâtres avaient *besoin* de connaître plus que l'étoile polaire, et comme si le *besoin* n'était pas l'unique motif de toute invention! Si les anciens pasteurs furent si studieux et si habiles, comment arrive-t-il que les modernes soient si ignorants et si négligents? Or, il est de fait que les Arabes du désert ne connaissent pas six constellations, et qu'ils n'entendent pas un mot d'astronomie.

Pag. 172, lign. 12. (*Des génies auteurs des biens et des maux.*) Il paraît que par le mot *genius* les anciens ont entendu proprement une *qualité*, une *faculté génératrice*, productrice; car tous les mots de cette famille reviennent à ce sens : *generare, genos, genesis, genus, gens*.

« Les sabéens anciens et modernes, dit Maimonides, reconnaissent un dieu principal, fabricateur du monde et possesseur du ciel; mais à cause de son éloignement trop grand, ils le pensent inaccessible; et imitant la conduite du peuple à l'égard des rois, ils emploient auprès de lui pour médiateurs les *planètes* et leurs *anges*, auxquels ils donnent le titre de princes et de rois, et qu'ils supposent habiter dans ces corps lumineux, comme dans des *palais* ou *tabernacles*, etc. » (More Nebuchim, pars III, c. 29.)

Ibidem, lign. 28. (*Un sexe tiré du genre de son appellation.*) Selon qu'un objet se trouva du genre masculin ou féminin dans la langue d'un peuple, le dieu qui porta son nom se trouva mâle ou femelle chez ce peuple. Ainsi les Cappadociens disaient le *dieu Lunus* et la *déesse Soleil*; et ceci présente sans cesse les mêmes êtres sous des formes diverses, dans la mythologie des anciens.

Pag. 173, lig. 20. (*Ce qui contribue à la conservation de soi et de ses semblables.*) A ceci Plutarque ajoute que ces prêtres (égyptiens) ont toujours fait le plus grand cas de la conservation de la santé..., et qu'ils la regardent comme une condition nécessaire au service des dieux et à la piété, etc. (Voy. *Isis* et *Osiris*, à la fin.)

Ibidem, lig. 26. (*Paraissent remonter au delà de quinze mille ans.*) L'orateur historien suit ici l'opinion du savant *Dupuis*, qui d'abord en son mémoire sur l'*Origine des Constellations*, puis dans son grand ouvrage sur l'*Origine de tous les Cultes*, a rassemblé une foule de preuves que jadis la *balance* était placée à l'équinoxe du printemps, et le *belier* à l'équinoxe d'automne, c'est-à-dire que la *précession* des équinoxes a causé un déplacement de plus de sept signes. L'action de ce phénomène est incontestable : les calculs les plus récents l'évaluent à 50 secondes, 12 ou 15 tierces par an ; donc chaque degré de signe zodiacal est déplacé et *mis en arrière*, en 71 ans 8 ou 9 mois ; donc un signe entier, en 2152 ou 53 ans. Or si, comme il est de fait, le point équinoxial du printemps fut juste au 1er degré du *belier*, l'an 388 avant J.-C.; c'est-à-dire si, à cette époque, le soleil avait parcouru et mis en arrière tout ce signe pour entrer dans les *poissons*, qu'il a quittés de nos jours, il s'ensuit qu'il avait quitté le *taureau* 2153 ans auparavant, c'est-à-dire vers l'an 2540 avant J.-C., et qu'il y était entré vers l'an 4692 avant J.-C. Ainsi, remontant de signe en signe, le 1er degré du *belier* avait été le point équinoxial d'automne environ 12,912 ans avant l'an 388, c'est-à-dire 13,300 ans avant l'ère chrétienne : ajoutez nos dix-huit siècles, vous avez 15,100 ans, et de plus la quantité de temps et de siècles qu'il fallut pour amener les connaissances astronomiques à ce degré d'élévation. Maintenant remarquez que le culte du signe *taureau* joue un rôle principal chez les Égyptiens, les Perses, les Japonais, etc.; ce qui indique à cette époque une marche commune d'idées chez ces divers peuples. Les 5 ou 6000 ans de la Genèse ne font objection que pour ceux qui y croient par éducation. (*Voy.* à ce sujet l'analyse de la Genèse, dans le tom. 1er des *Recherches nouvelles sur l'histoire ancienne;* voy. aussi l'*Origine des Constellations*, par Dupuis, 1781; l'*Origine des Cultes*, en 3 vol. in-4°, 1794, et le *Zodiaque chronologique*, in-4°, 1806.)

Pag. 176, lig. 2. (*Les noms des objets terrestres qui leur répondaient.*) « Les anciens, dit Maimonides, portant toute « leur attention sur l'agriculture, donnèrent aux étoiles des « noms tirés de leurs occupations pendant l'année. » (*More Neb....*, pars v.)

Pag. 177, lig. 19. (*Tel fut le moyen d'appellation.*) Les anciens disaient : *crabiser, capriser, tortuiser,* comme nous disons *serpenter, coqueter;* tout le langage a été construit sur ce mécanisme.

Pag. 179, lig. 26. (*En qui la vertu des astres s'était insérée.*) « Les anciens astrologues, dit le plus savant des Juifs (Maimonides), ayant consacré à chaque planète une couleur, un animal, un bois, un métal, un fruit, une plante, ils formaient de toutes ces choses une *figure* ou représentation de l'astre, observant pour cet effet de choisir un *instant approprié, un jour heureux,* tel que la *conjonction* ou tout autre aspect favorable; par leurs cérémonies (magiques), ils croyaient pouvoir faire passer dans ces *figures* ou *idoles* les influences des êtres supérieurs (leurs modèles). C'étaient ces idoles qu'adoraient les *Kaldéens-sabéens :* dans le culte qu'on leur rendait, il fallait être vêtu de la couleur propre.... Ainsi, par leurs pratiques, les astrologues introduisirent l'idolâtrie, *ayant pour objet de se faire regarder comme les dispensateurs des faveurs des cieux;* et parce que les peuples anciens étaient entièrement adonnés à l'agriculture, ils leur persuadaient qu'ils avaient le pouvoir de disposer des *pluies* et des autres biens des saisons; ainsi, toute l'agriculture s'exerçait par des règles d'astrologie, et les prêtres faisaient des talismans pour chasser les sauterelles, les mouches, etc. » Voy. *Maimonides, More Nebuchim*, pars III, c. 9.

« Les prêtres égyptiens, indiens, perses, etc., prétendent lier les dieux à leurs idoles, les faire descendre du ciel à leur gré; ils menacent le soleil et la lune de révéler les secrets des mystères, d'ébranler les *cieux*, etc. » Eusèbe, *Præparat. evang.*, pag. 198; et Iamblique, *de Mysteriis Ægyptiorum*.

Pag. 180, lign. 12. (*Fut censé en remplir les rôles astronomiques.*) Ce sont les propres paroles de Iamblique, *de Symbolis Ægyptiorum*, c. 2, sect. 7. Il était le grand *Protée*, le *métamorphiste universel*.

Pag. 181, lig. 22. (*Votre tonsure est le disque du soleil.*) « Les Arabes, dit Hérodote, lib. III, *se rasent la tête en rond et autour des tempes*, ainsi que se la rasait, disaient-ils, Bacchus (qui est le soleil). » Jérémie, c. 25, v. 23, parle de cette coutume. La touffe que conservent les musulmans est encore prise du soleil, qui, chez les Égyptiens, était peint, au solstice d'hiver, n'ayant plus *qu'un cheveu sur la tête*. (*Votre étole est son zodiaque*). Les étoles de la déesse de Syrie et de la Diane d'Éphèse, d'où dérive celle des prêtres, portent les douze animaux du zodiaque. Les *chapelets* se retrouvent dans toutes les idoles indiennes, composées il y a plus de 4500 ans, et leur usage est universel et immémorial en Asie. La *crosse* est précisément le bâton de *Bootes* ou *Osiris*. (*Voy.* la planche III.) Tous les lamas portent la mitre, où bonnet *conique*, qui était l'emblème du soleil.

Pag. 182, lig. 21. (*On en fit la vie historique d'Hercule.*) Voy. l'ouvrage de Dupuis, *Origine des Constellat*. et *Origine de tous les Cultes*.

Pag. 183, lig. 19. (*La réunion de ces figures avait des sens convenus.*) Le lecteur verra sans doute avec plaisir plusieurs exemples des hiéroglyphes des anciens.

« Les Égyptiens, dit Hor-Apollo, désignent l'éternité par

les figures du soleil et de la lune. Ils figurent le monde par un serpent bleu à *écailles jaunes* (*les étoiles;* c'est le dragon chinois). S'ils veulent exprimer l'année, ils représentent *Isis*, qui dans leur langue se nomme aussi *Sothis*, ou la *canicule*, première des constellations, par le lever de qui l'année commençait. Son inscription à Saïs était : *C'est moi qui me lève dans la constellation du chien.*

« Ils figurent aussi l'année par un *palmier*, et le mois par un *rameau*, parce que, chaque mois, le palmier pousse une branche.

« Ils la figurent encore par le quart d'un arpent. (L'arpent entier, divisé en *quatre*, désignait la période bissextile de quatre ans : l'abréviation de cette figure du champ quadripartite est visiblement la lettre *ha* ou *héth*, septième de l'alphabet samaritain; les lettres alphabétiques pourraient bien n'être que des abréviations d'hiéroglyphes astronomiques, et par cette raison on aurait écrit de droite à gauche, dans le sens de la marche des étoiles.) Ils désignent un *prophète* par l'image d'un *chien*, attendu que l'astre-chien (*Anoubis*) annonce par son lever l'inondation.

« Ils peignent l'inondation par un lion, parce qu'elle arrive sous ce signe; et de là, dit Plutarque, l'usage des figures de lion vomissant de l'eau à la porte des temples.

« Ils expriment Dieu et la destinée par une étoile. Ils représentent aussi Dieu, dit Porphyre, par une pierre *noire*, parce que sa nature est *ténébreuse*, *obscure*. Toutes les choses blanches expriment les dieux *célestes*, *lumineux;* toutes les *circulaires* expriment le monde, la *lune*, le *soleil*, les *orbites;* tous les *arcs* et *croissans*, la lune.... Ils figurent le *feu* et les dieux de l'Olympe par des *pyramides* et des *obélisques* (le nom du soleil, *Baal*, se trouve dans ce dernier mot); le soleil par un *cône* (la mitre d'Osiris); la terre par un cylindre (qui roule); la puissance génératrice (de l'air) par le *phallus*, et celle de la terre par un triangle, emblème de l'organe femelle. (*Euseb.*, *Præpar. evang.*, p. 98.)

« Le limon, dit Iamblique, *de Symbolis*, sect. 7, c. 2, désigne la *matière*, la puissance *générative et nutritive;* tout ce qui reçoit la *chaleur*, la *fermentation* de la vie.

« Un homme assis sur le *lotos* ou *nénuphar* désigne l'*esprit moteur* (le soleil), qui, de même que cette plante vit dans l'eau sans toucher au limon, existe pareillement séparé de la matière, nageant dans l'espace, se *reposant sur lui-même; rond* dans toutes ses parties, comme le fruit, les feuilles et les fleurs du *lotos*. (Brahma a des yeux de lotos, dit le *Chaster Néardisen*, pour désigner son intelligence, son *œil*, qui surnage à tout, comme la fleur du *lotos* sur l'eau.) Un homme au timon d'un vaisseau, continue Iamblique, désigne le *soleil* qui *gouverne* tout. Et Porphyre nous dit que c'est encore lui que représente un homme dans un vaisseau sur un crocodile (amphibie, emblème de l'air et de l'eau.)

« A Éléphantine on adorait une figure d'homme *assis*, de *couleur bleue*, ayant une tête de *belier*, et des cornes de bouc qui embrassaient le disque; le tout pour figurer la conjonction du soleil dans le belier avec la lune. La couleur bleue désigne la puissance attribuée à la lune dans cette conjonction, d'élever les eaux en *nuages* (apud Euseb., *Præpar. evang.*, pag. 116).

« L'épervier est l'emblème du *soleil* et de la *lumière*, à raison de son vol rapide et élevé au plus haut de l'air, où *abonde la lumière*.

« Le poisson est l'emblème de l'aversion, et l'hippopotame de la violence, parce que, dit-on, il tue son père et viole sa mère. De là, dit Plutarque, l'inscription hiéroglyphique du temple de Saïs, où l'on voit peints sur le vestibule, 1° un enfant, 2° un vieillard, 3° un épervier, 4° un poisson, et 5° un hippopotame; ce qui signifie : 1° arrivants (à la vie), et 2° partants, 3° dieu, 4° hait, 5° l'injustice. (Voyez *Isis* et *Osiris*.)

« Les Égyptiens, ajoute-t-il, peignent le *monde* par un scarabée, parce que cet insecte pousse à contre-sens de sa marche une boule qui contient ses *œufs*, comme le ciel des fixes pousse le *soleil* (jaune de l'œuf) à contre-sens de sa rotation.

« Ils peignent le monde par le nombre *cinq*, qui est celui des éléments, savoir, dit Diodore, la terre, l'eau, l'air, le feu et l'éther ou *spiritus* (ils sont les mêmes chez les Indiens); et, selon les mystiques, dans Macrobe, ce sont le Dieu suprême ou premier mobile, l'intelligence ou *mens* née de lui, l'ame du monde qui en procède, les sphères célestes et les choses terrestres. De là, ajoute Plutarque, l'analogie de *penté*, *cinq* (en grec), à *Pan*, le *tout*.

« L'âne, dit-il encore, désigne *Typhon*, parce qu'il est de couleur *rousse*, comme lui : or, Typhon est tout ce qui est *bourbeux*, limoneux » (et j'observerai qu'en hébreu, *limon*, couleur *rousse*, et *âne*, sont des mots formés de la même racine *hamr*). De plus, Iamblique nous a dit que le *limon* désignait la *matière*, et il ajoute ailleurs que tout *mal*, toute *corruption* viennent de la matière; ce qui, comparé au mot de Macrobe, *tout est périssable*, sujet au changement dans la sphère céleste, nous donne la théorie du système d'abord physique, puis moralisé, du *bien* et du *mal* des anciens. (*Voy.* encore le Mémoire *sur le zodiaque de Dendera*, que le savant Dupuis a inséré dans le journal intitulé : *Revue philosophique*, année 1801.)

Pag. 187, lig. 1. (*Une cause insensée de superstition.*) C'est le propre texte de Plutarque, qui raconte que ces divers cultes furent donnés par un roi d'Égypte, aux différentes villes, pour les désunir et les asservir (et ces rois étaient pris dans la caste des prêtres). V. *Isis* et *Osiris*.

Pag. 189, lig. 15. (*Dans la projection de la sphère que traçaient les prêtres astronomes.*) Les anciens prêtres eurent trois espèces de projection, qu'il est utile de faire connaître au lecteur.

« Nous lisons dans *Eubulus*, dit Porphyre, que *Zoroastre* fut le premier qui, ayant choisi dans les montagnes voisines de la Perse une caverne agréablement située, la consacra à *Mithra* (le soleil), *créateur* et *père* de toutes choses, c'est-à-dire qu'ayant partagé cet antre en divisions géométriques qui représentaient les *climats* et les *éléments*, il imita en petit l'ordre et la disposition de l'univers par *Mithra*. Après Zoroastre, ce devint un usage de consacrer les antres à la célébration des *mystères;* en sorte.que., de même que les temples sont affectés aux dieux célestes, les autels champêtres aux héros et aux dieux terrestres, les souterrains aux dieux *infernaux* (inférieurs); de même les *antres* et les grottes furent spécialement attribués au *monde*, à l'*univers* et aux nymphes: de là est venue à Pythagore et à Platon l'idée d'appeler le *monde* une *caverne.*, un *antre.* (*Porphyre*, *De antro Nympharum.*)

Voici donc une première projection en relief; et quoique les *Perses* aient fait honneur de son invention à Zoroastre, on peut assurer qu'elle eut lieu chez les Égyptiens, et que même étant la plus simple, elle dut y être la plus ancienne; les cavernes de Thèbes, remplies de peintures, autorisent ce sentiment.

En voici une seconde. « Les *prophètes* ou *hiérophantes* des Égyptiens, dit l'évêque Synnesius, qui avait été *initié* aux mystères, ne permettent pas aux ouvriers ordinaires de faire les idoles ou images des dieux; mais ils descendent eux-mêmes dans les *antres* sacrés, où ils ont des coffres cachés, qui renferment certaines *sphères* sur lesquelles ils composent ces *images* en secret et à l'insu du *peuple*, qui méprise les choses simples et naturelles, et qui veut des *prodiges* et des *fables.*» (*Syn.*, *in Calvit.*) C'est-à-dire que les prêtres avaient des sphères armillaires comme les nôtres; et ce passage, si concordant avec celui de Chérémon, nous donne la clé de toute leur *théologie astrologique.*

Enfin, ils avaient des *plans plats*, dans le genre de la planche III; avec cette différence, que leurs plans, très-compliqués, portaient toutes leurs divisions fictives de *décans* et *sous-décans*, avec les indications (hiéroglyphiques) de leurs influences. Kirker en a donné une copie dans son OEdipe égyptien, et Gébelin un fragment figuré dans son volume du calendrier (sous le nom de *Zodiaque* égyptien). Les anciens Égyptiens, dit l'astrologue *Julius Firmicus* (*Astron.*, lib. II, c. 4, et lib. IV, c. 16), divisent chaque signe du zodiaque en trois sections; et chaque section fut sous la direction d'un être fictif, qu'ils appelèrent *décan* ou *chef de dixaine;* en sorte qu'il y eut trois *décans* par mois et trente-six par an.

Or, ces *décans*, qui furent aussi appelés *dieux* (Théoi), règlent les destinées des hommes..., et ils étaient spécialement placés dans certaines étoiles.... Dans la suite on imagina en chaque dixaine trois autres *dieux*, que l'on appela les *dispensateurs*; de sorte qu'il y en eut neuf par mois, qui furent encore divisés en un nombre infini de *puissances*. (Les Perses et les Indiens firent leurs sphères sur des plans semblables; et si l'on dressait un tableau de la description qu'en donne Scaliger à la fin de Manilius, l'on y verrait précisément la définition de leurs hiéroglyphes, car chaque article en est un.)

Ibidem, lig. 18. (*L'hémisphère d'hiver lui était antipode.*) Voilà précisément pourquoi le nom d'Ahrimanes était toujours écrit par les Perses renversé ainsi : *upɯɯʎʟ*.

Pag. 190, lig. 12. (*Typhon, c'est-à-dire le déluge, à raison des pluies.*) Typhon, prononcé *touphon* par les Grecs, est précisément le *touphan* arabe, qui veut dire *déluge;* et tous ces *déluges* des *mythologies* ne sont, tantôt que l'*hiver* et les pluies, et tantôt le débordement du Nil; de même que les prétendus *incendies* qui doivent terminer le *monde*, ne sont que la *saison* d'été. Voilà pourquoi Aristote, *De meteoris*, lib. 1, c. 14, dit que l'hiver de la grande année cyclique est un *déluge*, et son été un *incendie*. « Les Égyptiens, dit Porphyre, emploient chaque année un talisman en *mémoire* du monde; au solstice d'été, ils marquent de *rouge* les *maisons*, les *troupeaux*, les *arbres*, disant que ce jour-là tout le monde a été *incendié*. C'était aussi alors que se célébrait la danse *pyrrhique* ou de l'*incendie*. » (Et ceci explique l'origine des purifications par le feu et par l'eau, car ayant appelé le tropique du cancer *portes des cieux* et de la *chaleur* ou *feu* céleste, et celui du capricorne *porte du déluge* ou de l'*eau*, il fut censé que les esprits ou ames qui passaient par ces portes pour aller et venir aux cieux, étaient *rôtis* ou *baignés*: de là le *baptême* de Mithra, et le passage à travers les flammes, pratiqués dans tout l'Orient long-temps avant Moïse.)

Ibidem, lig. 14. (*Dans la Perse, en un temps postérieur.*) Dans un temps postérieur, c'est-à-dire lorsque le belier devint le signe équinoxial, ou plutôt lorsque le dérangement du ciel eut fait apercevoir que ce n'était plus le taureau.

Pag. 191, lig. 11. (*Tous les actes religieux du genre gai.*) Toutes les fêtes anciennes, relatives au retour ou à l'exaltation du soleil, portaient ce caractère : de là les *hilaria* du calendrier romain au *passage* (pascha) de l'équinoxe vernal. Les danses étaient des imitations de la marche des planètes. Celle des derviches la figure encore aujourd'hui.

Ibid., lig. 17. (*Tous les actes religieux du genre triste.*) On n'offre, dit Porphyre, de sacrifices sanglants qu'aux démons et aux génies malfaisants, pour détourner leur colère... Les démons aiment le *sang*, l'*humidité*, la puanteur. *Apud Euseb., Præp. evang.*, p. 173.

« Les Égyptiens, dit Plutarque, n'offrent de victimes sanglantes qu'à Typhon. On lui immole un bœuf roux; et l'animal de sacrifice est un animal exécré, chargé de tous *les péchés du peuple* (le bouc de Moïse). » Voyez *De Iside et Osiride.*

(*Ce partage des animaux en sacrés et abominables.*) Strabon dit, à l'occasion de Moïse et des Juifs : « De la superstition sont nées les prohibitions de certaines viandes et les circoncisions. » — Et j'observe, à l'égard de cette dernière pratique, que son but était d'enlever au symbole d'Osiris (phallus) l'*obstacle* prétendu de la fécondation : obstacle qui portait le sceau de Typhon, « dont la nature, dit Plutarque, est tout ce qui *empêche, s'oppose, fait obstruction.* »

Pag. 197, lig. 6. (*Les heureux n'y donneront point d'ombre.*) Il est à ce sujet un passage de Plutarque si intéressant et si explicatif de tout ce système, que le lecteur nous saura gré de le lui citer en entier; après avoir dit que la théorie du *bien* et du *mal* avait de tout temps exercé les physiciens et les théologiens : « Plusieurs, ajoute-t-il, croient qu'il y a deux dieux dont le penchant opposé se plaît, l'un au *bien*, et l'autre au *mal* ; ils appellent spécialement *dieu* le premier, et *génie* ou *dæmon* le second. Zoroastre les a nommés *Oromaze* et

Ahrimanes, et il a dit que de tout ce qui tombe sous nos sens, la lumière est l'être qui représente le mieux l'un ; les ténèbres et l'ignorance, l'autre. Il ajoute que *Mithra* leur est *intermédiaire* ; et voilà pourquoi les Perses appellent *Mithra* le *médiateur* ou l'*intermédiaire*. Chacun de ces dieux a des plantes et des animaux qui lui sont particulièrement consacrés : par exemple, les chiens, les oiseaux, les hérissons, sont affectés au bon génie ; tous les animaux *aquatiques* au mauvais.

Les Perses disent encore qu'Oromaze naquit ou fut formé de la lumière la plus pure ; Ahrimanes, au contraire, des ténèbres les plus épaisses ; qu'Oromaze fit *six* dieux aussi bons que lui, et qu'Arimanes leur en opposa six méchants ; qu'ensuite *Oromaze se tripla* (Hermès trismégiste), et s'éloigna du soleil autant que le soleil est éloigné de la terre, et qu'il fit les étoiles, et entre autres *Sirius*, qu'il plaça dans les cieux comme un *gardien* et une *sentinelle*. Or, il fit encore vingt-quatre autres dieux, qu'il plaça dans un *œuf* ; mais Ahrimanes en créa vingt-quatre autres qui percèrent l'*œuf*, et alors les biens et les maux furent mêlés (dans l'univers). Mais enfin Ahrimanes doit être un jour vaincu, et la terre deviendra *égale* et *aplanie*, afin que tous les hommes vivent heureux.

Théopompe ajoute, d'après les livres des mages, que tour à tour l'un de ces dieux domine tous les trois mille ans, pendant que l'autre a du *dessous* ; qu'ensuite ils combattent à armes égales pendant trois autres mille ans ; mais enfin que le mauvais génie doit succomber (sans retour). *Alors les hommes deviendront heureux, et ne donneront point d'ombre*. Or, le dieu qui médite ces choses, se repose en attendant qu'il lui plaise de les exécuter. » (*De Iside et Osiride*.)

L'allégorie se montre à découvert dans tout ce passage. L'*œuf* est la sphère des fixes, le *monde* ; les six dieux d'Oromaze sont les six signes d'été ; les six signes d'Ahrimanes, les six signes d'hiver. Les quarante-huit dieux créés ensuite sont les quarante-huit constellations de la sphère ancienne, partagée également entre Ahrimanes et Oromaze. Le rôle de *Sirius, gardien, sentinelle*, décèle l'origine égyptienne de ces idées ; enfin cette expression, que la terre deviendra *égale* et *aplanie*, et que les *hommes heureux ne donneront point d'ombre*, nous montre que le *paradis véritable* était l'*équateur*.

Ibidem, lig. 15. (*Les cérémonies de l'antre de Mithra.*)
Dans les antres factices que les prêtres pratiquèrent partout,
on célébrait des mystères qui consistaient, dit Origène contre
Celse, *à imiter les mouvemens* des *astres*, des *planètes* et de
tous les cieux. Les initiés portaient des noms de constellations,
et prenaient des figures d'animaux. L'un était déguisé en lion,
l'autre en corbeau, celui-ci en belier. De là les masques de
la première comédie. Voy. *Antiq. dévoilée*, tom. II pag. 244.
Dans les mystères de Cérès, le chef de la *procession* s'appelait le *créateur;* le porteur de flambeau, le *soleil;* celui qui
était près de l'autel, la *lune;* le héraut ou diacre, *Mercure*.
En Égypte, il y avait une fête où des hommes et des femmes
représentaient l'*année*, le *siècle*, les *saisons*, les parties du
jour, et ils suivaient Bacchus. (Athénée, lib. v, c. 7.) Dans
l'antre de *Mithra* il y avait une échelle à sept échelons ou
degrés, figurant les sept sphères des planètes, par où mon-
taient et descendaient les *ames;* c'est précisément l'échelle de
la vision de Jacob; ce qui indique, à cette époque, tout le
système formé. Il y a à la Bibliothèque royale un superbe
volume de peinture des dieux de l'Inde, où l'échelle se trouve
representée avec les ames qui y montent, *planche dernière*.

Voy. l'astronomie ancienne par Bailly, où nos assertions sur
les connaissances des prêtres sont amplement prouvées.

Pag. 200, lig. 1. (*Dont toutes les parties avaient une liaison
intime.*) Ce sont les propres paroles de Iamblique. *De myst.
Ægypt.*

Ibidem, lig. 4. (*Un fluide ìgn, électrique.*) Plus je considère ce que les anciens ont entendu par *æther* et *esprit*, et ce
que les Indiens nomment l'*akache*, plus j'y trouve d'analogie
avec le fluide électrique. Un fluide lumineux remplissant l'univers, composant la matière des astres, principe de mouvement
et de chaleur, ayant des molécules rondes, lesquelles s'insi-
nuant dans un corps, le remplissent en s'y dilatant, quelle
que soit son étendue : quoi de plus ressemblant à l'électricité?

Ibidem, lig. 7. (*Le cœur ou le foyer.*). Les physiciens,
dit Macrobe, appelèrent le soleil *cœur* du monde, c. 20, *Som.*

Scip. Les Égyptiens, dit Plutarque, appellent l'orient le *visage*, le nord le *côté droit*, le midi le *côté gauche* du monde (parce que le cœur y est placé). Sans cesse ils comparaient l'univers à un *homme*, et de là le *Microcosme* si célèbre des *alchimistes*. Observons, en passant, que les alchimistes, les cabalistes, les francs-maçons, les magnétiseurs, les martinistes, et tous les visionnaires de ce genre, ne sont que des disciples égarés de cette école antique. Consultez encore le pythagoricien *Ocellus Lucanus*, et l'OEdipus Ægyptiacus de Kirker, t. II, page 205.

Ibidem, lig. 28. (*Dans l'éther, au milieu de la voûte des cieux.*) Cette comparaison à un jaune d'œuf porte, 1° sur l'analogie de la figure *ronde* et *jaune*; 2° sur la situation au *milieu*; 3° sur le *germe* ou principe de vie placé dans le jaune. La figure ovale serait-elle relative à *l'ellipse des orbites ?* Je suis porté à le croire. Le mot *orphique* offre d'ailleurs une remarque nouvelle. Macrobe dit (*Som. Scipion.*, c. 14 et c. 20) que le soleil est la *cervelle* de l'univers, et que c'est par analogie que dans l'homme le crâne est *rond*, comme l'astre siége de l'intelligence : or, le mot *œrph* (par aïn) signifie en hébreu le *cerveau* et son *siége* (cervix); alors *Orphée* est le même que *Bedou* ou *Baits*; et les *bonzes* sont ces mêmes *orphiques* que Plutarque nous peint comme des charlatans qui ne mangeaient point de viande, vendaient des talismans, des pierres, etc., et trompaient les particuliers et même les *gouvernements*. Voy. un savant *Mémoire de Fréret, sur les Orphiques. Acad des Inscrip.* tom. XXIII, in-4°.

Pag. 201, lig. 10. (*Sur la tête une sphère d'or*.) *Voy.* Porphyre, dans Eusèbe, *Præpar. evangel.*, lib. III, pag. 115.

Pag. 203, lig. 13. (*De là tout le système de l'immortalité de l'ame*.) Dans le système des premiers spiritualistes, l'ame n'était point créée avec le corps, ou en même temps que lui, pour y être insérée; elle existait antérieurement et de toute éternité. Voici, en peu de mots, la doctrine qu'expose Macrobe à cet égard. *Som. Scip. passim.*

« Il existe un fluide *lumineux*, *igné*, *et très subtil*, qui, sous le nom d'*œther* et de *spiritus*, remplit l'univers; il compose la substance du soleil et des astres; il est le principe et l'*agent essentiel* de tout mouvement, de toute vie; il est la Divinité. Quand un corps doit être animé sur la terre, une molécule *ronde* de ce fluide gravite par la voie lactée vers la sphère lunaire; et parvenue là, elle se combine avec un *air* plus grossier, et devient propre à s'associer à la matière : alors elle entre dans le corps qui se forme, le remplit tout entier, l'anime, croît, souffre, grandit et diminue avec lui : lorsque ensuite il périt et que ses éléments grossiers se dissolvent, cette molécule *incorruptible* s'en sépare, et elle se réunirait de suite au grand océan de l'éther, si sa combinaison avec *l'air* lunaire ne la retenait : c'est cet air (ou *gaz*) qui, conservant les formes du corps, reste dans l'état d'ombre ou de fantôme, image parfaite du défunt. Les Grecs appelaient cette ombre l'*image* ou l'*idole* de l'ame; les pythagoriciens la nommaient son *char*, son *enveloppe*; et l'école rabbinique son *vaisseau*, sa *nacelle*. Lorsque l'homme avait bien vécu, cette ame entière, c'est-à-dire, son *char* et son *éther*, remontaient à la lune, où il s'en faisait une séparation ; le *char* vivait dans l'*élysée lunaire*, et l'*éther* retournait aux *fixes*, c'est-à-dire à *Dieu*; car, dit Macrobe, plusieurs appellent *Dieu* le ciel des fixes (c. 14).

« Si l'homme n'avait pas bien vécu, l'ame restait sur terre pour se purifier, et elle errait çà et là à la manière des ombres d'Homère, qui connut toute cette doctrine, en Asie, trois siècles avant que Phérécyde et Pythagore l'eussent rajeunie en Grèce. Hérodote dit, à cette occasion, que tout le *roman de l'ame et de ses transmigrations a été inventé par les Égyptiens*, et répandu en Grèce par des hommes qui s'en sont prétendus les auteurs. Je sais leurs noms, dit-il, mais je veux les taire (lib. 11). Cicéron y supplée, en nous apprenant positivement que ce fut Phérécyde, maître de Pythagore (*Tuscul.*, lib. 1, § 16). Dans la Syrie et dans la Judée, nous trouvons une preuve palpable de son existence, cinq siècles avant Pythagore, en cette phrase de Salomon, où il dit : « Qui sait si « l'esprit de l'homme monte dans les régions supérieures ? Pour « moi, méditant sur la condition des hommes, j'ai vu qu'elle « était la même que celle des animaux. Leur fin est la même;

« l'homme périt comme l'animal ; ce qui reste de l'un n'est pas
« plus que ce qui reste de l'autre ; tout est néant. » *Eccles.*,
c. III, v. 11.

Et telle avait été l'opinion de Moïse, comme l'a bien observé
le traducteur d'Hérodote (Larcher , dans sa première édition,
note 389 du liv. 11), où il dit aussi que *l'immortalité* ne
s'introduisit chez les Hébreux que par la communication des
Assyriens. Du reste, tout le système pythagoricien, bien analysé, n'est qu'un pur système de physique mal entendu.

Pag. 206, lig. 27. (*Ses noms mêmes, tous dérivés.*) En dernière analyse, tous les noms de la Divinité reviennent à celui
d'un *objet matériel* quelconque, qui en fut censé le siége.
Nous en avons vu une foule d'exemples : donnons-en un encore
dans notre propre mot *dieu*. Ce terme, comme on le sait, est
le *deus* des Latins, qui lui-même est le *theos* des Grecs. Or,
de l'aveu de Platon (*in Cratylo*), de Macrobe (*Saturn.* lib. 1,
c. 24), et de Plutarque (*Isis et Osiris*), sa racine est *théin*, qui
signifie *errer*, comme *planéin* ; c'est-à-dire qu'il est synonyme
à *planètes*, parce que , ajoutent ces auteurs, *les anciens Grecs,
ainsi que les barbares, adoraient spécialement les planètes*. Je
sais que l'on a beaucoup décrié cette recherche des étymologies ;
mais si, comme il est vrai, les *mots* sont les *signes* représentatifs des *idées*, la généalogie des uns devient celle des autres,
et un bon dictionnaire étymologique serait la plus parfaite
histoire de l'entendement humain. Seulement il faut porter
dans cette recherche des précautions que l'on n'a pas prises
jusqu'à ce jour, et entre autres il faut avoir fait une comparaison exacte de la valeur des lettres des divers alphabets. Mais,
pour continuer notre sujet, nous ajouterons que dans le phénicien, le mot *thàh* (par aïn) signifie aussi *errer*, et qu'il paraît être la source de *théin* : si l'on veut que *deus* dérive du grec
Zeus, nom propre de *Youpiter*, ayant pour racine *zaw, je vis*,
il reviendra précisément au sens de *you*, qui signifiera *l'ame
du monde*, le *feu principe*. *Div-us*, qui ne signifie que *génie*,
dieu du second ordre, me paraît venir de l'oriental *div* pour
dib, *loup* et *chacal*, l'un des emblèmes du *soleil*. A Thèbes,
dit Macrobe, *le soleil était peint sous la forme d'un loup* où

chacal (car il n'y a pas de *loups* en Égypte). La raison de cet emblème est sans doute que le *chacal* annonce par ses cris le lever du soleil, ainsi que le coq ; et cette raison se confirme par l'analogie du mot *lykos*, loup, et *lyké*, lumière du matin, d'où est venu *lux*.

Dius, qui s'entend aussi du soleil, doit venir de *dth*, épervier. « Les Égyptiens, dit Porphyre (*Euseb.*, *Præp. evang.*, p. « 92), peignent le soleil sous l'emblème d'un *épervier*, parce « que cet oiseau vole au plus haut des airs, où abonde la lu- « mière. » Et, en effet, on voit sans cesse au Kaire des milliers de ces oiseaux planer dans l'air, d'où ils ne descendent que pour importuner par leur cri qui imite la syllabe *dih*; et ici comme dans l'exemple précédent, se retrouve l'analogie des mots *dies*, jour, lumière, et *dius*, dieu, soleil.

Pag. 207, lig. 16. (*Hâtèrent par leurs disputes le progrès des sciences et des découvertes.*) L'une des preuves les plus plausibles que ces systèmes furent inventés en Égypte, réside surtout en ce que ce pays est le seul où l'on voie un corps complet de doctrine formé dès la plus haute antiquité.

Clément d'Alexandrie nous a transmis (*Stromat.* lib. vi) un détail curieux de 42 volumes que l'on portait dans la procession d'Isis. « Le chef, dit-il, ou chantre, porte un des instru- « ments, symboles de la musique, et deux livres de Mercure, « contenant, l'un des hymnes aux dieux, l'autre la liste des « rois. Après lui, l'*horoscope* (l'observateur du temps) porté « une palme et une horloge, symboles de l'astrologie ; il doit « savoir par cœur les quatre livres de Mercure qui traitent de « l'astrologie, le premier sur l'ordre des planètes, le second « sur les levers du soleil et de la lune, et les deux autres sur les « levers et aspects des astres. L'*écrivain sacré* vient ensuite, « ayant des plumes sur la tête (comme *Kneph*), et en main « un livre, de l'encre et un *roseau* pour écrire (ainsi que le « pratiquent encore les Arabes) ; il doit connaître les *hiérogly-* « *phes*, la description de l'univers, le cours du soleil, de la lune, « des planètes ; la division de l'Égypte (en 36 nômes), le cours « du Nil, les instruments, les ornements sacrés, les lieux saints, « les mesures, etc. Puis vient le *porte-étole*, qui porte la

« coudée de *justice*, ou mesure du Nil, et un *calice* pour les
« libations : dix volumes concernent les sacrifices, les hymnes,
« les prières, les offrandes, les cérémonies, les fêtes. Enfin
« arrive le *prophète*, qui porte dans son sein et à découvert
« une *cruche :* il est suivi par ceux qui portent les *pains* (comme
« aux noces de Cana). Ce prophète, en qualité de président des
« mystères, apprend dix (autres) volumes sacrés qui traitent
« des lois, des dieux et de toute la discipline des prêtres, etc.
« Or, il y a en tout quarante-deux volumes, dont trente-six
« sont appris par ces personnages ; les six autres sont du res-
« sort des *pastophores :* ils traitent de la médecine, de la con-
« struction du corps humain (l'anatomie), des maladies, des
« médicaments, des instruments, etc. »

Nous laissons au lecteur à déduire toutes les conséquences
d'une pareille encyclopédie. On l'attribuait à Mercure; mais
Iamblique nous avertit que tout livre composé par les prêtres
était dédié à ce *dieu*, qui, à titre de génie ou décan *ouvreur*
du zodiaque, présidait à l'ouverture de toute entreprise : c'est
le *Janus* des Romains, le *Guianesa* des Indiens, et il est remarquable que *Ianus* et *Guianes* sont homonymes. Du reste,
il paraît que ces livres sont la source de tout ce que nous ont
transmis les Latins et les Grecs dans toutes les sciences, même
en *alchimie*, en nécromancie, etc. Ce que l'on doit le plus
regretter est la partie de l'hygiène et de la diététique, dans
lesquelles il paraît que les Égyptiens avaient réellement fait
de grands progrès et d'utiles observations.

Pag. 208, lig. 18. (*Son dieu n'en fut pas moins un dieu égyptien.*) « A une certaine époque, dit Plutarque (*De Iside*), tous
« les Égyptiens font peindre leurs dieux-animaux. Les Thé-
« bains sont les seuls qui ne paient pas de peintres, parce qu'ils
« adorent un dieu dont les formes ne tombent pas sous les
« sens et ne se figurent point. » Et voilà le dieu que Moïse,
élevé à Héliopolis, adopta par préférence, mais qu'il n'inventa
point.

Ibid., lig. 20. (*Et Yahouh, décelé par son propre nom.*) Telle
est la vraie prononciation du *Jehovah* de nos modernes, qui

choquent en cela toutes les règles de la critique, puisqu'il est constant que les anciens, surtout les orientaux Syriens et Phéniciens, ne connurent jamais ni le *J* ni le *v*, venus des Tartares. L'usage subsistant des Arabes, que nous rétablissons ici, est confirmé par Diodore, qui nomme *Iaw* le *dieu* de Moïse (lib. 1); et l'on voit que *Iaw* et *Iahouh* sont le même mot : l'identité se continue dans celui de *Ioupiter;* mais afin de la rendre plus complète, nous allons la démontrer par le sens même.

En hébreu, c'est-à-dire dans l'un des dialectes de la langue commune à la basse Asie, le mot *Yahouh* équivaut à notre périphrase *celui qui est lui*, *l'être existant*, c'est-à-dire *le principe de la vie*, le *moteur* ou même le *mouvement* (l'ame universelle des êtres). Or, qu'est-ce que Jupiter ? Écoutons les Latins et les Grecs expliquant leur théologie : « Les Égyptiens, » dit Diodore d'après Manethon, prêtre de Memphis, « les Égyp-
« tiens, donnant des noms aux *cinq éléments*, ont appelé
« l'*esprit* (ou éther) *Youpiter*, à raison du *sens propre de ce*
« *mot;* car l'*esprit* est la *source de la vie*, l'auteur du *principe*
« *vital* dans les animaux; et c'est par cette raison qu'ils le re-
« gardèrent comme le *père*, le *générateur des êtres*. Voilà
« pourquoi Homère dit *père* et *roi* des hommes et des dieux. »
(*Diod.*, lib. 1, sect. 1.)

Chez les théologiens, dit Macrobe, Youpiter est l'ame du monde; de là le mot de Virgile : *Muses, commençons par Youpiter:* tout est plein de *Youpiter* (*Songe de Scipion*, c. 17); et dans les *Saturnales*, il dit : *Jupiter est le soleil lui-même;* c'est encore ce qui a fait dire à Virgile : « L'esprit alimente la
« vie (des êtres), et l'*ame* répandue dans les vastes membres
« (de l'univers) en agite la masse, et ne forme qu'un corps
« immense. »

« Youpiter, » disent les vers très-anciens de la secte des orphiques nés en Égypte, vers recueillis par Onomacrite, au temps de Pisistrate; « Youpiter, que l'on peint la foudre à la
« main, est le commencement, l'origine, la fin et le milieu de
« toutes choses : puissance une et universelle, il régit tout,
« le ciel, la terre, le feu, l'eau, les éléments, le jour, la nuit.
« Voilà ce qui compose son corps immense; ses yeux sont le

« soleil et la lune; il est l'éternité, l'espace. Enfin, ajoute Por-
« phyre, Jupiter est le *monde*, l'*univers*, ce qui constitue l'exis-
« tence et la vie de tous les êtres. Or, continue le même au-
« teur, comme les philosophes dissertaient sur la nature et les
« parties constituantes de ce *dieu*, et qu'ils n'imaginaient au-
« cune figure qui représentât tous ses attributs, ils le peigni-
« rent sous l'apparence d'un homme.... Il est *assis*, pour faire
« allusion à son essence immuable; il est découvert dans la
« partie supérieure du corps, parce que c'est dans les parties
« supérieures de l'univers (les astres) qu'il s'offre le plus à
« découvert. Il est couvert depuis la ceinture, parce qu'il est
« le plus voilé dans les choses terrestres. Il tient un sceptre
» de la main gauche, parce que le cœur est de ce côté, et que
» le cœur est le siége de l'entendement, qui (dans les hommes)
« règle toutes les actions. » (Voy. *Euseb.*, *Præpar. evang.*,
page 100.)

Enfin, voici un passage du géographe philosophe Strabon, qui lève tous les doutes sur l'identité des idées de Moïse, et de celles des théologiens païens.

« Moïse, qui fut un des prêtres égyptiens, enseigna que
« c'était une erreur monstrueuse de représenter la Divinité
« sous les formes des animaux, comme faisaient les Égyptiens,
« ou sous les traits de l'homme, ainsi que le pratiquent les
« Grecs et les Africains : cela seul est la *Divinité*, disait-il,
« qui compose le ciel, la terre et tous les êtres, ce que nous
« appelons le *monde*, l'*universalité* des *choses*, la *nature* ; or,
« personne d'un esprit raisonnable ne s'avisera d'en représen-
« ter l'image par celle de quelqu'une des choses qui nous en-
« vironnent. C'est pourquoi, rejetant toute espèce de simu-
« lacres (idoles), Moïse voulut qu'on adorât cette Divinité sans
« emblème et sous sa propre nature; il ordonna qu'on lui
« élevât un temple digne d'elle, etc. » *Geograph.*, lib. XVI, pag.
1104, édit. de 1707.

La théologie de Moïse n'a donc point différé de celle des sectateurs de l'*ame du monde*, c'est-à-dire des *stoïciens*, et même des Épicuriens.

Quant à l'histoire de Moïse, Diodore la présente sous un jour naturel, quand il dit, lib. XXXIV et XL, « que les Juifs

« furent chassés d'Égypte dans un temps de disette, où le pays
« était surchargé d'étrangers, et que Moïse, homme supérieur
« par sa prudence et par son courage, saisit cette occasion pour
« établir sa nation dans les montagnes de Judée. » A l'égard
des six cent mille hommes armés que l'*Exode* lui donne, c'est
une erreur de copiste, dont le lecteur trouvera la démonstration tirée des livres mêmes, au tom. 1er des *Recherches nouvelles sur l'Histoire ancienne*, pag. 162 et suivantes.

Ibid., lig. 25. (*Sous le nom d'Éi.*) C'était le monosyllabe écrit sur la porte du temple de Delphes. Plutarque en a fait le sujet d'un traité.

Pag. 209, lig. 13. (*Le nom d'Osiris même.*) Il se trouve en propres termes au chap. 32 du *Deutéronome*. « Les ouvrages « de *Tsour* sont parfaits. » On a traduit *Tsour* par *créateur*; en effet, il signifie donner des *formes*; et c'est l'une des définitions d'*Osiris* dans Plutarque.

Pag. 213, lig. 23. (*Satan, l'archange Michel.*) « Les noms des « anges et des mois, tels que Gabriel, Michel, Yar, Nisan, etc., « vinrent de Babylone avec les Juifs, » dit en propres termes le Talmud de Jérusalem. Voyez *Beausobre, Hist. du Manich.*, tom. II, pag. 624, où il prouve que les saints du calendrier sont imités des 365 anges des Perses ; et Iamblique, dans ses Mystères égyptiens, sect. 2, ch. 3, parle des anges, archanges, séraphins, etc., comme un vrai chrétien.

Pag. 214, lig. 9. (*Consacrèrent la théologie de Zoroastre.*) « Toute la philosophie des gymnosophistes, » dit Diogène Laërce, sur l'autorité d'un ancien, « est issue de celle des « mages, et plusieurs assurent que celle de Juifs en a aussi « tiré son origine; » (lib. 1, c. 9.) Mégastène, historien distingué du temps de Séleucus Nicanor, et qui avait écrit particulièrement sur l'Inde, parlant de la philosophie des anciens sur les *choses naturelles*, joint, dans un même sens les brachmanes et les Juifs.

Pag. 215, lig. 13. (*Ramener l'âge d'or sur la terre.*) Voilà la raison de tous ces oracles païens que l'on a appliqués à Jésus, et, entre autres, de la quatrième églogue de Virgile et des vers sibyllins si célèbres chez les anciens.

Pag. 216 lig. 21. (*Au bout des six mille ans prétendus.*) Lisez à ce sujet le chapitre 17 du tome I des *Recherches nouvelles sur l'Histoire ancienne*, où est expliquée la *Mythologie de la création*. La version des Septante comptait cinq mille et près de six cents ans; et ce calcul était le plus suivi : on sait combien, dans les premiers siècles de l'Église, cette opinion de la *fin* du monde agita les esprits. Par la suite, les saints conciles s'étant rassurés, ils la taxèrent d'hérésie dans la secte des *millénaires*; ce qui forme un cas bien singulier; car, d'après les propres Évangiles que nous suivons, il est évident que Jésus eût été un *millénaire*, c'est-à-dire un *hérétique*.

Pag. 217, lig. 22. (*Figuré par la constellation du serpent.*) « Les Perses, dit Chardin, appellent la constellation du serpent « Ophiuchus, *serpent d'Ève;* » et ce serpent *Ophiuchus* ou *Ophioneus* jouait le même rôle dans la théologie des Phéniciens; car Phérécydes, leur disciple et le maître de Pythagore, disait : « qu'*Ophioneus serpentinus* avait été le chef des rebelles à « Jupiter. » Voy. *Mars. Ficin. Apol. Socrat.*, p. m, 797, col. 2. Et j'ajouterai qu'*aphah* (par aïn) signifie en hébreu *vipère*, *serpent*.

Au sens physique, *séduire, seducere,* n'est qu'*attirer* à soi, mener avec soi.

Voy. dans Hyde, pag. 111, édit. de 1760, *De religione veterum Persarum*, le tableau de *Mithra*, cité ici.

Pag. 218, ligne 12. (*Persée monte de l'autre côté.*) Bien plus, la tête de Méduse, cette tête de femme *jadis si belle*, que Persée coupa et qu'il tient à la main, n'est que celle de la Vierge, dont la tête tombe sous l'horizon précisément lorsque Persée se lève; et les serpens qui l'entourent sont *Ophiuchus* et le *dragon* polaire, qui alors occupent le zénith. Ceci nous indique la manière dont les anciens astrologues ont composé toutes leurs figures et toutes leurs fables; ils prenaient les constellations qui se trouvaient en même temps sur la bande de l'horizon, et en assemblant les parties, ils en formaient des groupes qui leur servaient d'almanach, en caractères hiéroglyphiques: voilà le secret de tous leurs tableaux, et la solution de tous les monstres mythologiques. La Vierge est encore Andromède délivrée par Persée de la baleine qui la *poursuit* (*pro-sequitur.*)

Ibid., lig. 26. (*Allaité par une vierge chaste.*) Tel était le tableau de la sphère persique, cité par Aben-Ezra, dans le *Cœlum poeticum* de Blaeu, pag. 71. « La case du premier dé- « can de la Vierge, dit cet écrivain, représente cette belle « vierge à longue chevelure, assise dans un fauteuil, deux « épis dans une main, allaitant un enfant appellé *Jésus* par « quelques nations, et *Christ* en grec. »

Il existe à la Bibliothèque du Roi un manuscrit arabe, n° 1165, dans lequel sont peints les douze signes, et celui de la vierge représenté une jeune fille ayant à côté d'elle un enfant; d'ailleurs, toute la scène de la naissance de Jésus se trouve rassemblée dans le ciel voisin. L'*étable*, est la constellation du cocher et de la *chèvre*; jadis le *bouc;* constellation appelée *præsepe Jovis Heniochi, étable d'Iou;* et ce mot *Iou* se retrouve dans le nom d'*Iou-seph* (Joseph). Non loin est l'*âne* de Typhon (la grande ourse), et le bœuf ou taureau, accompagnements antiques de la crèche. Pierre, portier, est *Janus* avec ses clefs et son front chauve: les douze apôtres sont les génies des douze mois, etc. Cette vierge a joué les rôles les plus variés dans toutes les mythologies; elle a été l'*Isis des Égyptiens*, laquelle disait dans l'inscription citée par Julien: *Le fruit que j'ai enfanté est le soleil.* La plupart des traits cités par Plutarque lui sont relatifs, de même que ceux d'*Osiris* conviennent à *Bootes*. Aussi les sept étoiles principales de l'ourse, appelées *chariot de David*, s'appelaient-elles *chariot d'Osiris* (*voy*. Kirker); et la *couronne* qu'il a derrière lui était formée de lierre, appelé *chen-Osiris, arbre d'Osiris*. La *Vierge* a aussi été *Cérès*, dont les mystères furent les mêmes que ceux d'Isis et de Mithra; elle a été la *Diane* d'Éphèse; la grande déesse de Syrie, *Cybèle* traînée par les *lions; Minerve*, mère de Bacchus; *Astrée*, vierge pure, qui fut enlevée au ciel à la fin de l'*âge d'or; Thémis* aux pieds de qui est la balance qu'on lui mit en main ; la *Sibylle* de Virgile, qui descend aux *enfers* ou sous l'hémisphère avec son rameau à la main, etc.

Pag. 219, lig. 2. (*Vivrait abaissé, humble.*) Ce mot *humble* vient du latin *humi-lis, humi-jacens*, couché ou penché *à terre;* et toujours le sens physique se montre la racine du sens abstrait et moral.

Ibid., lig. 16. (*Renaissait ou résurgeait dans la voûte des cieux.*) Resurgere, *se lever une seconde fois*, n'a signifié *revenir à la vie* que par une métaphore hardie; et l'on voit l'effet perpétuel des sens équivoques de tous les mots employés dans les traditions.

Ibid., lig. 20. (*Chris*, c'est-à-dire le *conservateur*.) Selon leur usage constant, les Grecs ont rendu par *x* ou jota espagnol le *hâ* aspiré des Orientaux, qui disaient *hàris ;* en hébreu, *héres* s'entend du *soleil;* mais en arabe, le mot radical signifie *garder, conserver*, et *hâris, gardien, conservateur*. C'est l'épithète propre de *Vichenou ;* et ceci démontre à la fois l'identité des trinités indienne et chrétienne, et leur commune origine. Il est évident que c'est un même système, qui, divisé en deux branches, l'une à l'orient, l'autre à l'occident, a pris deux formes diverses: son tronc principal est le système pythagoricien de l'*ame* du *monde*, ou *Ioupiter*. Cette épithète de *piter* ou *père* ayant passé au *Démi-Ourgos* des platoniciens, il en naquit une équivoque qui fit chercher le *fils*. Pour les philosophes, ce fut l'*entendement, nous* et *logos*, dont les Latins firent leur *verbum;* et l'on touche ici au doigt et à l'œil l'origine du *père éternel* et du *verbe* son fils, qui *procède* de lui (*mens ex Deo nata*, dit Macrobe); l'*anima* ou *spiritus mundi* fut le *Saint-Esprit ;* et voilà pourquoi *Manès, Basilide, Valentin*, et d'autres prétendus hérétiques des premiers siècles, qui remontaient aux sources, disaient que Dieu le père était la lumière inaccessible et suprême du ciel (premier cercle, l'*aplanès*); que le fils était la lumière seconde résidante dans le soleil, et le Saint-Esprit

l'air qui enveloppe la terre. (Voy. *Beausobre*, t. 11, p. 586.)
De là, chez les Syriens, son emblème de *pigeon*, oiseau de *Vénus Uranie*, c'est-à-dire de l'air. « Les Syriens (dit *Nigidius*
« *in Germanico*) disent qu'une *colombe* couva plusieurs jours
« dans l'Euphrate un *œuf* de poisson, d'où naquit *Vénus*. »
Aussi ne mangent-ils pas de pigeon, dit *Sextus Empiricus*,
Inst. Pyrrh., lib. III, c. 23; et ceci nous indique une *période*
commencée au signe des poissons (solstice d'hiver). Remarquons d'ailleurs que si *Chris* vient de *Harisch* par un *chin*,
il signifiera *fabricateur*; épithète propre du soleil. Ces variantes, qui ont dû embarrasser les anciens, prouvent toujours
également qu'il est le véritable type de Jésus, ainsi qu'on l'avait déja aperçu dès le temps de Tertullien. « Plusieurs, » dit
cet écrivain, « pensent, avec plus de *vraisemblance*, que le
« soleil est notre Dieu; et ils nous renvoient à la religion des
« Perses. » (*Apologétique*, c. 16.)

Ibid., lig. 26. (*L'une des périodes solaires*). *Voy*. l'ode curieuse de *Martianus Capella* au soleil, traduite par Gébelin,
volume du *Calendrier*, pag. 547 et 548.

Pag. 228, lig. 17. (*Des sacrifices humains*.) Lisez la froide
déclamation d'Eusèbe, *Præp. ev.*, lib. 1, pag. 11, qui prétend que
depuis que Christ est venu, il n'y a plus eu ni guerres, ni tyrans,
ni *anthropophages*, ni pédérastes, ni incestueux, ni sauvages
mangeant leurs parents, etc. Quand on lit ces premiers docteurs
de l'Église, on ne cesse de s'étonner de leur mauvaise foi
ou de leur aveuglement. Un travail curieux serait de publier
aujourd'hui un demi-volume de leurs passages les plus remarquables, pour mettre en évidence leur folie. La vérité est que le
christianisme n'a rien inventé en morale, et que tout son mérite a été de mettre en pratique des principes dont le succès
a été dû aux circonstances du temps; c'est-à-dire que le despotisme orgueilleux et dur des Romains, dans ses diverses
branches militaires, judiciaires et administratives, ayant lassé
la patience des peuples, il se fit, dans les classes inférieures ou
populaires, un mouvement de réaction absolument semblable
à celui qui, depuis vingt-cinq ans, a lieu en Europe de la

part des peuples contre l'oppression des deux castes dites *sacerdotale* et *féodale*.

Pag. 230, lig. 19. (*Association d'hommes assermentés pour nous faire la guerre.* (C'était l'ordre de Malte, dont les chevaliers faisaient vœu de tuer ou de réduire en esclavage des musulmans, *pour la gloire de Dieu.*

Pag. 232, lig. 12. (*Un tarif de crimes.*) Tant qu'il existera des moyens de se purger de tout crime, de se racheter de tout châtiment avec de l'argent ou de frivoles pratiques; tant que les grands et les rois croiront se faire absoudre de leurs oppressions et de leurs homicides en bâtissant des temples, en faisant des fondations; tant que les particuliers croiront pouvoir tromper et voler, pourvu qu'ils jeûnent le carême, qu'ils aillent à confesse, qu'ils reçoivent l'extrême-onction, il est impossible qu'il existe aucune morale privée ou publique, aucune saine législation pratique. Au reste, pour voir les effets de ces doctrines, lisez l'*Histoire de la puissance temporelle des Papes*, 2 vol. in-8°, Paris, 1811.

Ibid., lig. 19. (*Jusque dans le sanctuaire du lit nuptial.*) La confession est une très-ancienne invention des prêtres, qui n'ont pas manqué de saisir ce moyen de gouverner.... Elle était pratiquée dans les mystères égyptiens, grecs, phrygiens, persans, etc. Plutarque nous a conservé le mot remarquable d'un Spartiate qu'un prêtre voulait confesser. *Est-ce à toi ou à Dieu que je me confesserai?* A Dieu, répondit le prêtre. En ce cas, dit le Spartiate, *homme*, retire-toi. (*Dits remarquables des Lacédémoniens.*) Les premiers chrétiens confessèrent leurs fautes publiquement comme les esséniens. Ensuite commencèrent de s'établir des prêtres, avec l'autorité d'absoudre du péché d'*idolâtrie*... Au temps de Théodose, une femme s'étant publiquement confessée d'avoir eu commerce avec un diacre, l'évêque Nectaire, et son successeur Chrysostôme, permirent de communier sans confession. Ce ne fut qu'au septième siècle que les *abbés* des couvents imposèrent aux moines et moinesses la confession deux fois l'année; et ce ne fut que plus tard encore que les évêques de Rome la généralisèrent. Quant aux musulmans, qui ont en horreur cette pratique, et qui n'accordent aux femmes ni un caractère moral, ni presque une ame, ils ne peuvent concevoir qu'un honnête homme puisse entendre le récit des actions et des pensées les plus secrètes d'une fille ou d'une femme. Nous, Français, chez qui l'éducation et les sentimens rendent beaucoup de femmes meilleures que les hommes, ne pourrions-nous pas nous étonner qu'une honnête femme pût les soumettre à l'impertinente curiosité d'un moine ou d'un prêtre?

Pag. 233, lig. 1. (*Corporations ennemies de la société.*) Veut-on connaître l'esprit général des prêtres envers les autres hommes, qu'ils désignent toujours par le nom de peuple, écoutons les docteurs de l'Église eux-mêmes. « Le *peuple*, dit l'évêque Synnésius (*in Calvit.*, pag. 515), veut absolument qu'on le trompe; on ne peut en agir autrement avec lui... Les anciens prêtres d'Égypte en ont toujours usé ainsi; c'est pour cela qu'ils s'enfermaient dans leurs temples, et y composaient, à son insu, leurs mystères; (et oubliant ce qu'il vient de dire) si le peuple eût été du secret, il se serait *fâché* qu'on le trompât. Cependant, comment faire autrement avec le peuple, puisqu'il est *peuple*? Pour moi, je serai toujours philosophe avec moi, mais je *serai prêtre* avec le peuple. »

« Il ne faut que du babil pour en imposer au peuple, écrivait Grégoire de Nazianze à Jérôme. (*Hieron. ad Nep.*) Moins il comprend, plus il admire... Nos Pères et docteurs ont souvent dit, non ce qu'ils pensaient, mais ce que leur faisaient dire les circonstances et le besoin. »

« On cherchait, dit Sanchoniaton, à exciter l'admiration par le merveilleux. » (*Præp. ev.*, lib. III.). Tel fut le régime de toute l'antiquité; tel est encore celui des brahmes et des lamas, qui retrace parfaitement celui des prêtres d'Égypte. Pour excuser ce système de fourberie et de mensonge, on dit qu'il serait dangereux d'éclairer le peuple, parce qu'il abuserait de ses lumières. Est-ce à dire qu'instruction et friponnerie sont synonymes? Non; mais comme le peuple est malheureux, par la sottise, l'ignorance, et la cupidité de ceux qui le mènent et l'endoctrinent, ceux-ci ne veulent pas qu'il y voie clair. Sans doute il serait dangereux d'attaquer de front la croyance *erronée* d'une nation ; mais il est un art philanthropique et médical de préparer les yeux à la lumière, comme les bras à la liberté. Si jamais il se forme une corporation dans ce sens, elle étonnera le monde par ses succès.

Pag. 234, lig. 3. (*Devins, magiciens.* Qu'est-ce qu'un) *magicien*, dans le sens que le peuple donne à ce mot ? C'est un homme qui, par des *paroles* et de *gestes*, prétend agir sur les êtres surnaturels, et les forcer de descendre à sa voix, d'obéir à ses ordres. Voilà ce qu'ont fait tous les anciens prêtres, ce que font encore ceux de tous les *idolâtres*, et ce qui, de notre part, leur mérite le nom de *magiciens*. Maintenant quand un prêtre chrétien prétend faire descendre Dieu du ciel, le fixer sur un morceau de levain, et rendre, avec ce talisman, les ames pures et en état de grace, que fait-il lui-même, sinon un *acte de magie?* Et quelle différence y a-t-il entre lui et un chaman tartare, qui invoque les *génies*, ou un brahme indien, qui fait descendre *Vichenou* dans un vase d'eau, pour chasser les mauvais esprits ? Mais telle est la *magie de l'habitude et de l'éducation*, que nous trouvons simple et raisonnable en nous, ce qui dans autrui nous paraît extravagant et absurde....

Ibid., lig. 25. (*Denrées du plus grand prix.*) Ce serait une curieuse histoire que l'histoire comparée des *agnus* du *pape* et des *pastilles* du *grand-lama!* En étendant cette idée à toutes les pratiques religieuses, il y a un très-bon ouvrage à faire : ce serait d'accoler par colonnes les traits analogues ou contrastants de croyance et de superstition de tous les peuples. Un autre genre de superstition dont il serait également utile de les guérir, est le respect exagéré pour les *grands;* et, pour cet effet, il suffirait d'écrire les détails de la vie privée de ceux qui gouvernent le monde, princes, courtisans et ministres. Il n'est point de travail plus philosophique que celui-là : aussi avons-nous vu quels cris ils jetèrent quand on publia les Anecdotes de la cour de Berlin. Que serait-ce si nous avions celles de chaque cour? Si le peuple voyait à découvert toutes les misères et toutes les turpitudes de ses idoles, il ne serait pas tenté de désirer leurs fausses jouissances, dont l'aspect mensonger le tourmente, et l'empêche de jouir du bonheur plus vrai de sa condition.

FIN DES NOTES.

LETTRE

AU

DOCTEUR PRIESTLEY.

RÉPONSE

DE VOLNEY

AU DOCTEUR PRIESTLEY,[1]

Sur un pamphet intitulé : OBSERVATIONS SUR LES PROGRÈS DE L'INFIDÉLITÉ, AVEC DES REMARQUES CRITIQUES SUR LES ÉCRITS DE DIVERS INCRÉDULES MODERNES, ET PARTICULIÈREMENT SUR LES RUINES DE M. DE VOLNEY, portant cette épigraphe :

> L'esprit peu pénétrant se tient volontiers à la surface des choses : il n'aime pas à les creuser, parce qu'il redoute le travail, la peine, et quelquefois il redoute plus encore la vérité.

J'AI reçu dans son temps, M. le docteur, votre brochure sur les *Progrès de l'infidélité*, ainsi que le billet, sans date, qui l'accompagnait. Ma réponse a été différée par des incidents d'affaires et même de santé que sûrement vous excuserez. D'ailleurs ce délai n'a pas d'inconvénients : l'affaire qui est entre nous n'est pas de celles qui pressent. Le monde n'en irait pas moins bien avec ou sans ma réponse, comme avec ou sans votre livre.

---

[1] Cet écrit est le texte original sur lequel fut faite la traduction anglaise, publiée à Philadelphie en ventose an 5.

J'aurais même pu me dispenser de vous répondre du tout, et j'y eusse été autorisé par la manière dont vous avez posé la question entre nous, et par l'opinion assez généralement reçue que dans certaines occasions, et avec certaines personnes la plus noble réponse est le silence. Vous-même paraissez l'avoir senti, vu l'extrême précaution que vous avez prise de m'interdire cette ressource ; mais comme dans nos mœurs françaises une réponse quelconque est toujours un acte de civilité, je n'ai point voulu perdre, vis-à-vis de vous, l'avantage de la politesse ; d'ailleurs, quoique le silence soit quelquefois très-expressif, tout le monde n'entend pas son éloquence ; et le public, qui n'a pas le temps d'approfondir des débats souvent de peu d'interêt, a le droit raisonnable d'exiger du moins un premier éclaircissement, sauf ensuite, si la question dégénère en clameurs opiniâtres d'un amour-propre blessé, d'accorder le droit de se taire à celui en qui il devient un acte de modération.

J'ai donc lu vos remarques critiques sur mon livre des *Ruines* que vous classez charitablement au rang des écrits des incrédules modernes ; et puisque vous voulez absolument que je vous exprime devant le public mes opinions, je vais remplir cette tâche peu agréable avec le plus de brièveté qu'il me sera possible, pour économiser le temps de nos lecteurs communs.

D'abord, M. le docteur, il me paraît résulter clairement de votre brochure que c'est bien moins mon livre que vous avez eu dessein d'attaquer, que mon caractère moral et ma propre personne; et afin que le public prononce à cet égard avec connaissance de cause, je vais lui soumettre ici divers passages propres à l'éclairer.

1° Vous dites, page 12 de la préface de vos sermons : « Au reste il y a des incrédules plus « ignorants que M. Paine, tels que MM. Vol-« ney, Lequinio et autres en France qui préten-« dent, etc. »

2° Dans la préface de vos *Observations sur les progrès de l'infidélité* : « Je puis dire avec vérité « que dans les écrits de Hume, de M. Gibbon, de « Voltaire, de M. Volney, il n'y a pas un seul « bon raisonnement : tous sont remplis d'*erreurs* « *grossières* et de faux exposés. »

Idem, page 38 : « Si M. Volney eût donné quel-« que attention à l'histoire des premiers temps du « christianisme, jamais il n'eût douté, etc. Mais il « est aussi inutile de raisonner avec un tel homme, « qu'avec un Chinois ou même un Hottentot. »

Idem, page 119 : « M. Volney, si nous en ju-« geons par ses nombreuses citations d'écrivains « anciens dans toutes les langues savantes de l'an-« cien monde oriental et occidental, doit les savoir « toutes; car il ne parle jamais de traduction : « cependant, à juger de son savoir par cet échan-

« tillon, il ne peut avoir la plus petite teinture de
« l'hébreu ni même du grec (1). »

Enfin, après m'avoir placardé et affiché dans votre titre même pour un *infidèle* et un *incrédule*; après m'avoir indiqué dans votre épigraphe pour l'un de ces esprits superficiels qui ne savent pas trouver, qui même ne veulent pas voir la vérité, vous dites, page 124, immédiatement à la suite d'un article où vous avez parlé de moi sous toutes ces dénominations : « De nos jours le progrès de
« l'infidélité est accompagné d'une circonstance
« qui, dans aucun autre temps, n'avait été aussi
« fréquente, du moins en Angleterre, savoir que
« les incrédules, en fait de révélation, commen-
« cent par nier l'existence et la Providence de Dieu,
« c'est-à-dire deviennent proprement athées. »

De manière que, selon vous, je suis un Hottentot, un Chinois, un incrédule, un athée, un ignorant, un homme de mauvaise foi, qui n'écrit que des faussetés et des sottises, etc., etc.

Or, je vous demande, M. le docteur, qu'importait tout cela au fond de la question? qu'a de commun mon livre avec ma personne? et puis, comment voulez-vous traiter avec un homme de si mauvaise compagnie?

---

(1) Volney se contente de rappeler cette assertion du docteur et dédaigne de la réfuter. Il n'y répondit, plusieurs années après, que par la publication de ses savans ouvrages sur les langues orientales. (*Note de l'éditeur.*)

En second lieu, l'invitation ou plutôt la sommation que vous me faites d'indiquer au public les méprises où je croirai que vous êtes tombé à l'égard de mes opinions, m'offre plusieurs remarques.

1° Vous *supposez* que le public attache une haute importance à vos méprises et à mes opinions. Mais je ne puis agir sur une supposition, *ne suis-je pas un incrédule ?*

2° Vous dites que le public attendra cela de moi. Où sont vos pouvoirs de faire agir et parler le public? *est-ce là aussi une révélation?*

3° Vous voulez que je redresse vos méprises : je ne m'en connais point l'obligation; je ne vous les ai pas reprochées. Sans doute il n'est pas exact de m'attribuer à choix ou indistinctement, comme vous l'avez fait, toutes les opinions semées dans mon livre, parce qu'ayant fait parler des personnages très-divers, j'ai dû leur donner des langages très-différents à raison de leurs différents caractères. Le rôle qui m'y appartient, puisque j'y parle moi-même, est celui du voyageur assis sur les ruines, méditant sur les causes des malheurs de l'humanité. Pour être conséquent, vous eussiez dû m'attribuer celui du sauvage hottentot ou samoyède qui argumente contre les docteurs, chap. 23, et je l'eusse accepté. Vous avez préféré celui de l'érudit historien, chap. 22; mais je ne puis voir là une méprise : j'y vois au contraire un projet insidieusement calculé, d'engager entre vous et moi, devant le public américain, un duel d'amour-propre dans lequel vous exciteriez tout l'intérêt des spectateurs, en soutenant la cause qu'ils approuvent, tandis que celle que vous m'imposez ne m'attirerait, même dans son succès, que des sentiments disgracieux. Telle est l'astuce de votre plan, que, m'attaquant comme incrédule à l'existence de Jésus, vous vous conciliez d'emblée la faveur de toutes les sectes chrétiennes, quoique, dans le fait, votre propre incrédulité à sa nature divine ne ruine pas moins le christianisme que l'opinion profane qui ne voit pas dans l'histoire les témoignages exigés par les lois anglaises, pour constater l'existence d'un fait; et que d'ailleurs il y ait un orgueil d'un genre extraordinaire dans la comparaison tacite, mais palpable, que vous faites de vous à *saint Paul et à Jésus-Christ*, par la ressemblance des mêmes travaux pour les mêmes objets. *Préface*, p. x.

Cependant, comme en fait d'attaque, la première impression a toujours un grand avantage, vous avez droit de vous promettre encore d'obtenir la couronne de l'apostolat : malheureusement pour votre plan, je ne me sens aucune disposition pour celle du martyre; et quelque glorieux qu'il me fût de tomber sous les coups de celui qui a terrassé Hume, Gibbon, Voltaire, et même Frédéric II, je me trouve obligé de refuser son cartel théologique, et cela pour une foule de bonnes raisons :

1° Parce que les querelles religieuses sont interminables, attendu que les préjugés de l'enfance et de l'éducation en excluent presque invinciblement une raison impartiale ; que de plus, la vanité des champions se trouve, par la publicité même, intéressée à ne jamais se désister d'une première assertion ; entêtement qui engendre l'esprit de secte et de faction.

2° Parce que personne au monde n'a le droit de me demander compte de mes opinions religieuses ; que toute inquisition, à cet égard, est une prétention à la souveraineté, un premier pas à la persécution ; et que la tolérance de ce pays, que vous invoquez, a bien moins pour but d'engager à parler que d'inviter à se taire.

3° Parce qu'en supposant que j'aie l'opinion que vous m'attribuez, je ne veux pas engager ma vanité à ne jamais s'en dédire, ni m'ôter la ressource de me convertir un jour sur un plus ample informé.

4° Parce que, en soutenant votre propre thèse, M. le docteur, si vous alliez être battu devant l'auditoire chrétien, ce serait un scandale effroyable ; et je n'aime point le scandale, même pour faire le bien.

5° Parce que, dans notre combat métaphysique,

les armes seraient par trop inégales; parlant votre langue naturelle qu'à peine je bégaye, vous feriez des volumes quand je ne ferais que des pages, et le public qui ne nous lirait point, prendrait le poids des livres pour celui des raisons.

6° Parce qu'encore, étant doué du don de la foi à une assez honnête dose, vous croiriez en un quart d'heure plus d'articles que ma logique n'en analyserait dans une semaine.

7° Parce que, si vous alliez m'obliger d'assister à vos sermons, comme à lire votre livre, le public dévot ne croirait jamais qu'un homme poudré et vêtu comme tout autre mondain, pût avoir raison contre un homme à grand chapeau (1), à cheveux plats, à face mortifiée, quoique l'Évangile, en parlant des Pharisiens *de ce temps-là,* dise qu'il faut se parfumer quand on jeûne (2).

8° Parce qu'une dispute serait toute jouissance pour vous qui n'avez rien autre chose à faire, tandis qu'elle serait toute perte pour moi qui puis employer mon temps d'une manière autrement utile.

Je ne vous ferai donc point ma confession,

---

(1) Le docteur Priestley était de la secte des Quakers.

(2) Quand vous jeûnez n'affectez pas la tristesse des hypocrites, qui se rendent le visage pâle et défait, afin que les hommes remarquent qu'ils jeûnent :

Mais, quand vous jeûnez, parfumez-vous la tête et lavez-vous le visage. *Saint Matthieu,* chap. VII, vers. 16 et 17.

M. le docteur, sur l'objet religieux de votre question; mais, en revanche, je puis vous dire mon avis comme littérateur sur le fond même de votre livre. Ayant lu autrefois beaucoup d'ouvrages théologiques, j'étais curieux de savoir si, par quelque procédé chimique, vous aviez aussi découvert des êtres réels dans ce monde d'êtres invisibles : malheureusement je me trouve obligé de déclarer au public, qui, selon votre expression, préface, p. xix, *espère d'être instruit, d'être conduit à la vérité et non à l'erreur par moi*, que je n'y ai pas vu un seul argument neuf, mais seulement la répétition de tout ce qu'ont dit et rebattu des milliers de gros volumes, dont tout le fruit a été de procurer à leurs auteurs une courte mention dans le dictionnaire des hérésies. Vous supposez partout comme prouvé ce qui est en question, avec cette circonstance singulière, que faisant feu, comme le dit Gibbon, de votre double batterie contre ceux qui croient trop et contre ceux qui ne croient pas assez, vous donnez pour mesure précise de la vérité votre propre sensation, en sorte qu'il faudra avoir tout juste votre taille pour passer par la porte de la nouvelle Jérusalem que vous bâtissez à Northumberland.

Après cela votre réputation comme théologien eût pu me devenir un problème; mais je me suis rappelé le principe de l'association des idées, si bien développé par Locke, *que vous estimez*, et que par cette raison je me trouve heureux de vous citer, quoique ce soit à lui que je doive ce pernicieux usage de ma raison qui me fait refuser de croire ce que je ne comprends pas : j'ai donc compris que le public, ayant d'abord attaché l'idée du talent au nom de M. Priestley, *docteur en chimie*, avait continué de l'unir et de l'*associer* au nom de M. Priestley, devenu *docteur en théologie;* ce qui pourtant n'est pas la même chose, et ce qui est un mécanisme d'autant plus vicieux qu'il pourrait par la suite donner lieu à l'inverse (1). Heureusement vous avez vous-même élevé une barrière de séparation entre vos admirateurs, en avertissant, dès la première page de votre pamphlet actuel, qu'il était spécialement destiné aux *croyants*. Pour coopérer à ce but judicieux, je dois néanmoins vous faire observer qu'il est deux passages essentiels à en retrancher, vu qu'ils donnent une grande prise aux arguments des incrédules.

Vous dites, préface, page XII : « *Ce qui est ma-*

---

(1) Le docteur N...., théologien, et le docteur Black, chimiste, étaient au café à Edimbourg. On jeta sur la table une nouvelle brochure théologique du docteur Priestley : « En vérité, dit le docteur N...., cet homme ferait mieux de s'en tenir à la chimie; car, d'honneur, il n'entend rien en théologie. Pardonnez-moi, répondit le docteur Black, il est prêtre, il fait son métier; car, de bonne foi, il n'entend rien en chimie. »

« nifestement contraire à la raison naturelle ne
« peut être reçu par elle : » Et page 62. « Quant à
« l'intellect, les hommes et les animaux naissent
« dans le même état, ayant les mêmes sens externes,
« qui sont les seuls canaux de toutes les idées, et
« par conséquent la source de toutes les connais-
« sances et de toutes les habitudes morales qu'ils
« acquièrent. »

Or, si vous admettez, avec Locke et avec nous autres infidèles, que chacun a le droit de rejeter ce qui répugne à sa raison naturelle, et que toutes nos idées, toutes nos connaissances ne s'acquièrent que par l'intermède de nos sens, que devient le système de la révélation, et tout cet ordre de choses du temps passé si contradictoire à l'état présent, excepté quand on le considère comme un rêve de l'esprit humain ignorant et superstitieux ? Avec vos deux seules phrases, M. le docteur, je renverserais tout l'édifice de votre foi.

Mais ne redoutez point de ma part cette abondance de zèle : par la raison que je n'ai point la fantaisie du martyre, je n'ai point non plus celle des conversions; elle appartient à ces tempéraments ardents, ou plutôt acrimonieux, qui prennent la violence de leur persuasion pour l'enthousiasme de la vérité ; la manie de faire du bruit, pour la passion de la gloire; et pour l'amour du prochain, la haine de ses opinions et le désir secret de le gouverner. Pour moi, qui n'ai point reçu de la nature les qualités inquiètes d'un apôtre, et qui n'eus point en Europe le caractère d'un *dissenteur*, je ne suis venu en Amérique, ni pour agiter les consciences, ni pour fonder une secte, pas même pour établir une colonie où, sous prétexte de religion, je me ferais un petit empire. On ne m'a vu évangéliser mes idées, ni dans les temples, ni dans les places publiques, et je n'ai point exercé ce charlatanisme de bienfaisance par lequel un prédicateur connu (1), mettant à contribution la générosité du public, s'est procuré ici les honneurs d'un auditoire plus nombreux, et le mérite de distribuer, à son gré, un argent qui ne lui coûte rien, et qui lui attire une gratitude et des remercîments dérobés à la main des vrais donateurs.

Comme étranger ou comme citoyen, ami sincère de la paix, je ne porte dans la société, ni l'esprit de dissension, ni le désir de causer des secousses; et parce que je respecte en chacun ce que je veux qu'il respecte en moi, le nom de la liberté n'est pour moi que le synonyme de la justice : comme homme, soit modération, soit paresse, spectateur du monde plutôt qu'acteur, je suis de jour en jour moins tenté de conduire les

---

(1) Le docteur Priestley lui-même, qui *donna* un sermon au profit des *immigrants*, comme les comédiens donnent une pièce au profit des pauvres.

âmes et les corps des autres : n'est-ce pas assez pour chacun de gouverner ses fantaisies et ses propres passions? Si par l'une de ces fantaisies, croyant être utile, je publie quelquefois mes pensées, je le fais sans entêtement, et sans exiger cette foi implicite dont vous voudriez bien me communiquer le ridicule, page 123.

Tout mon livre des *Ruines*, que vous traitez si mal, et qui *vous a pourtant amusé*, porte évidemment ce caractère : au moyen des opinions contrastantes que j'y ai jetées, il respire en général un esprit de doute et d'incertitude qui me paraît le plus convenable à la faiblesse de l'entendement humain, et le plus propre à son perfectionnement, en ce qu'il y laisse toujours une porte ouverte à des vérités nouvelles; tandis que l'esprit de certitude et de croyance fixe, bornant nos progrès à une première opinion reçue, nous enchaîne au hasard, et pourtant sans retour, au joug de l'erreur ou du mensonge, et cause les plus graves désordres dans l'état social; car, se combinant avec les passions, il engendre le fanatisme, qui, tantôt de bonne foi et tantôt hypocrite, toujours intolérant et despote, attaque tout ce qui n'est pas lui, se fait persécuter quand il est faible, devient persécuteur quand il est fort, et fonde une religion de terreur qui anéantit toutes les facultés, et démoralise toutes les consciences; tellement que, soit sous l'aspect politique, soit sous l'aspect religieux, l'esprit de doute se lie aux idées de *liberté*, de *vérité*, de *génie;* et l'esprit de certitude aux idées de *tyrannie*, d'*abrutissement* et d'*ignorance*.

D'ailleurs, si, comme il est vrai, l'expérience d'autrui et la nôtre nous apprennent chaque jour que ce qui nous a paru vrai dans un temps, nous semble ensuite prouvé faux dans un autre, comment pouvons-nous attribuer à nos jugements cette confiance aveugle et présomptueuse qui poursuit de tant de haine ceux d'autrui? Il est raisonnable, sans doute, et il est honnête d'agir selon la sensation présente et selon sa conviction ; mais si, par la nature des choses, cette sensation varie en elle-même et dans ses causes, comment ose-t-on imposer à soi et aux autres une invariable conviction ? comment surtout ose-t-on exiger cette conviction dans des cas où il n'y a point réellement de sensation, ainsi qu'il arrive dans les questions purement spéculatives, où l'on ne peut démontrer aucun fait présent?

Aussi lorsqu'ouvrant le livre de la nature, bien plus authentique et bien plus facile à lire que des feuilles de papier noirci de grec ou d'hébreu; lorsque je considère que la différence d'opinions de trente ou quarante religions, et de deux ou trois mille sectes, n'a pas apporté et n'apporte pas encore le plus petit changement dans le monde physique; lorsque je considère que le cours des saisons, la marche du soleil, la quantité de pluie et de beau temps sont les mêmes pour les habitants de chaque pays, chrétiens, musulmans, idolâtres, catholiques, protestants, etc., etc., je suis porté à croire que l'univers est gouverné par d'autres lois de justice et de sagesse que celles que suppose un égoïsme étroit et intolérant : et comme, en vivant avec des hommes de cultes très-divers, j'ai remarqué qu'ils avaient cependant des mœurs très-semblables; c'est-à-dire que dans toute secte chrétienne, mahométane, et même parmi des gens qui n'appartiennent à aucune, j'ai trouvé des hommes qui pratiquaient toutes les vertus privées ou publiques, et cela sans affectation; tandis que d'autres, parlant sans cesse de Dieu et de la religion, se livraient à toutes les habitudes perverses condamnées par leur propre croyance, je me suis persuadé que la partie morale était la seule essentielle comme elle est la seule démontrable des systèmes religieux; et comme de votre aveu même, page 62, *le seul but de la religion est de rendre les hommes meilleurs pour les rendre plus heureux*, j'ai conclu qu'il n'y avait réellement dans le monde que deux religions, celle du *bon sens* et de la *bienfaisance*, et celle de la *malice* et de *l'hypocrisie*.

En terminant cette lettre, M. le docteur, je me trouve embarrassé du sentiment que je dois vous offrir; car en me déclarant, page 123, qu'en tout cas vous ne vous souciez guère du *mépris de gens comme moi* (1), quoique je ne vous en eusse jamais témoigné, vous m'indiquez clairement que vous ne vous souciez pas non plus de mon estime : c'est donc à votre bon goût et à votre discernement que je laisse le soin d'apprécier le sentiment qui convient à ma situation, et qui appartient à votre caractère.

C.-F. VOLNEY.

Philadelphie, 2 mars 1797.

(1) « Et que m'en revient-il ici (de mes travaux de ministre évangélique), si ce n'est peut-être de m'attirer le mépris *de gens tels* que M. Volney, qu'à la vérité cependant je me sens assez capable de supporter? »

Ce langage est d'autant plus étrange, que dès long-temps M. Priestley n'avait reçu de ma part que des honnêtetés. En 1791 je lui adressai un mémoire sur la chronologie, à l'occasion des tableaux qu'il avait publiés : pour toute réponse il m'injuria en 1792..... Après m'avoir injurié, me trouvant ici l'hiver dernier, il me fit prier à dîner chez son hôte et ami M. Russell ; après m'avoir fait beaucoup de politesses à ce dîner, il m'invective de nouveau dans un pamphlet ; après m'avoir invectivé, il me rencontre dans la rue de Spruce, veut me prendre la main comme à un ami, et il parle de moi sous ce nom en grande compagnie. Je demande au public, qu'est-ce que le docteur Priestley ?

DISCOURS

SUR

L'ÉTUDE PHILOSOPHIQUE

DES LANGUES.

24.

AVERTISSEMENT

DE L'AUTEUR.

L'Académie française a des séances de trois espèces, qu'il ne faut pas confondre : chaque semaine, elle tient une séance d'*office*, consacrée à la rédaction du *Dictionnaire*, objet spécial de son institution; chaque année, elle tient une séance *publique*, où elle rend compte de ses travaux; enfin, depuis deux ans, le premier mardi de chaque mois elle tient une séance *privée*, que l'on pourrait appeler *réunion de famille*. En s'imposant librement celle-ci, avec l'agrément du gouvernement, l'Académie française a eu le double but de resserrer les liens de l'amitié entre ses membres, et d'exciter leur émulation réciproque par la communication confidentielle de leurs ouvrages, projetés ou exécutés : ces lectures, auxquelles les seuls membres de l'Institut sont admis, procurent à leurs auteurs des observations dictées par la bienveillance et le bon goût. De ces séances, sont déja sorties, sur le sujet toujours profond de la grammaire, des idées lumineuses, et des fragmens d'histoire et de poésie d'un mérite éminent. A la séance d'octobre dernier, un académicien, dont le public a toujours accueilli les productions ingénieuses, termina la lecture d'une *Dissertation sur l'origine, la formation, la variété, le progrès et le déclin des langues* : les opinions se partagèrent sur certains points de sa théorie déja indiquée dans une feuille du Moniteur, il y a quelques années; ce partage est devenu le motif du *présent dis-*

cours.... Son auteur, conduit par ses études à d'autres résultats, a trouvé convenable de les exposer à son tour. Son travail, préparé rapidement pour novembre, n'a été lu que le premier mardi de décembre.... Les avis ont pu se partager aussi ; mais le temps qui appartenait à une autre lecture, n'a pas permis d'entrer en discussion sur celle-ci...... (1) ; c'est donc sur sa propre responsabilité qu'il publie aujourd'hui son opinion, à laquelle le principal intérêt qu'il attache est d'appeler l'attention des esprits méditatifs sur une branche de connaissances trop peu cultivée en France.

---

(1) Elle dura cinq quarts d'heure.

DISCOURS

SUR

L'ÉTUDE PHILOSOPHIQUE

DES LANGUES.

§. Ier.

NOUVEAUTÉ DE CETTE ÉTUDE CHEZ LES MODERNES;
IGNORANCE ABSOLUE DES ANCIENS A CET ÉGARD.

M<small>ESSIEURS</small>,

J'appelle étude *philosophique* des langues toute recherche impartiale tendante à connaître ce qui concerne les langues en général; à expliquer comment elles naissent et se forment; comment elles s'accroissent, s'établissent, s'altèrent et périssent;

à montrer leurs affinités ou leurs différences, leur filiation, l'origine même de cette admirable faculté de parler, c'est-à-dire de manifester les idées de l'esprit par les sons de la bouche, sons qui à leur tour deviennent, à titre d'éléments, un sujet digne de méditation. L'un de nos confrères, pour qui nous professons tous des sentimens d'estime et d'amitié, a déja mérité nos remercîments par le soin qu'il a pris de porter notre attention vers un sujet si intimement lié à nos fonctions de grammairiens français : M. Andrieux, en s'interrogeant sur la plupart des questions que je viens de citer, nous en a fait sentir l'importance et l'étendue, en même temps que, par le doute méthodique dont il a revêtu ses opinions et ses vues, il nous a indiqué combien ce sujet nous est encore neuf et difficile. Aujourd'hui, Messieurs, si je marche sur sa trace, c'est moins avec la prétention de vous apporter un surcroît d'instruction qu'un surcroît de preuves de notre inexpérience, permettez-moi de dire *nationale*, et de notre infériorité, sur ces questions, relativement aux étrangers.

Eh ! comment serions-nous avancés dans l'étude des langues, surtout dans l'étude philosophique, lorsque rien, dans notre éducation française, ne nous y prépare, lorsque, dans notre éducation littéraire et religieuse, divers préjugés y sèment des obstacles : nous nous vantons d'avoir eu pour maîtres les beaux esprits de Rome et de la Grèce; voyons-nous qu'aucun d'eux se soit occupé de l'étude des langues sous les rapports étendus que je viens de citer ? Trouvons-nous dans leurs écrivains d'autre mention de langues et de langage que pour mépriser, sous le nom de *Barbare*, ce qui n'est pas romain ou grec ? L'encyclopédiste Pline l'ancien, nous instruit agréablement, sans doute, quand il nous dit que dans une ville de la Colchide, Rome entretenait *cent trente* interprètes pour répondre à cent trente peuples divers qui venaient y pratiquer un commerce *déjà déclinant*, puisque Pline ajoute qu'antérieurement ils venaient au nombre de *trois cents*. J'entends encore avec un vif intérêt cet auteur me dire que dans l'Ibérie, la Gaule, l'Italie, on avait compté les langues par centaines ; et je le conçois, quand je songe qu'avant les conquérants, chaque ville, chaque territoire nourrissait un peuple ennemi de son voisin, et séparé de lui en toutes choses ; mais de telles citations et autres semblables n'atteignent point à nos questions : il y a plus, je ne me rappelle point avoir lu, en aucun auteur grec ou latin, la mention d'aucune grammaire étrangère composée par curiosité ou par motif de commerce ou d'instruction. Avons-nous même aucune grammaire grecque composée avant notre ère ? Chez les Romains de la république, ce genre d'étude fut tardif ; Varron seul le signale par son érudition et ses vues philosophiques.

§. II.

ÉCOLE GRECQUE : SYSTÈMES ÉTABLIS AVANT LES FAITS OBSERVÉS.

Chez les Grecs comme chez les Romains, on peut dire que l'étude du langage n'a eu qu'un but rhétorique, je veux dire l'art d'émouvoir les passions, art suscité par la nature du gouvernement de ces peuples, long-temps resté plus ou moins démocratique : on ne peut le nier, ces peuples furent d'habiles artistes à cet égard ; mais sous le point de vue d'étude philosophique du langage, je ne crains pas de dire qu'ils sont restés presque aussi enfants que les sauvages de l'Amérique du nord, les uns et les autres nous racontant gravement, sur l'autorité de leurs ancêtres, que l'art de parler fut inventé par les manitous, les génies et les dieux. Un peuple peut produire de grands peintres, de grands poëtes, de grands orateurs, sans être avancé dans aucune *science exacte* : ces talents tiennent à l'art d'exprimer les sensations et les passions ; mais approfondir des connaissances métaphysiques telles que la formation des idées et leur manifestation par le langage, cela est d'une tout autre difficulté. Je ne vois que Platon, cette abeille de toute science, ce poëte de toute philosophie, qui montre en ce genre quelques aperçus dans son dialogue intitulé *Kratyle;* et cependant, après la lecture de ce morceau, on se trouve peu avancé dans la solution des deux questions proposées à Socrate : il est même permis de dire que le résultat le plus clair est l'artificieux procédé du compositeur, qui, ayant posé la double question de savoir si le langage est né *de la nature des choses*, ou *de la convention des hommes*, a déguisé son embarras sous les tergiversations de Socrate, qui raisonne tantôt pour et tantôt contre, et qui indique plutôt le faible que le fort de chaque opinion.

Aujourd'hui que, par les progrès généraux de la civilisation humaine et de toutes les connaissances physiques et morales, nous avons sous nos yeux plus de *six cents* vocabulaires de nations diverses, et plus de *cent* grammaires ; aujourd'hui que, dans ces vocabulaires, nous voyons les objets des besoins les plus simples et les plus naturels exprimés par des noms totalement divers, les raisonnements de Platon deviennent bien peu de chose, et c'est aux faits que nous devons demander de l'instruction.

A côté des tâtonnements systématiques et des théories prématurées des anciens, je ne vois qu'un seul fait, presque puéril en apparence, mais qui donne lieu à des inductions assez lumineuses : je veux parler de l'expérience imaginée par un roi d'Égypte, dans l'intention de découvrir la race d'hommes la plus ancienne. Cette expérience nous est racontée par un historien dont les anciens n'ont point su apprécier le mérite, mais dont la fidélité et l'instruction, constatées aujourd'hui par une élite de savants dans l'expédition française en Égypte, replacent l'autorité et le crédit au premier rang des témoignages anciens. Voici ce que dit cet historien, qui est *Hérodote* :

§. III.

ÉCOLE ÉGYPTIENNE.

« Le roi Psamméticus fit remettre deux enfants
« nouveau-nés, pris au hasard, entre les mains
« d'un berger, chargé de les élever au milieu de
« ses troupeaux royaux, avec l'injonction de ne
« jamais proférer devant eux une seule parole, et
« de les laisser constamment seuls dans une habi-
« tation séparée. Ce berger devait leur amener des
« chèvres, à certains intervalles, les faire téter,
« et ne plus s'en occuper ensuite. Psamméticus,
« en prescrivant ces diverses précautions, se pro-
« posait de connaître, lorsque le temps des va-
« gissements du premier âge serait passé, dans quel
« langage ces enfants commenceraient à s'exprimer.
« Les choses s'étant exécutées comme il l'avait or-
« donné, il arriva qu'après deux ans écoulés, au
« moment où le berger, qui s'était conformé aux
« instructions qu'il avait reçues, ouvrait la porte

« et se préparait à entrer, les deux enfants, ten-
« dant les mains vers lui, se mirent à crier en-
« semble, *Békos*. Le berger n'y fit d'abord pas
« beaucoup d'attention ; mais en réitérant ses vi-
« sites et ses observations, il remarqua que les en-
« fants répétaient toujours le même mot : il en
« instruisit le roi, qui ordonna de les amener en
« sa présence. Psamméticus ayant ouï de leur bou-
« che le mot *békos*, fit rechercher si cette expres-
« sion avait un sens dans la langue de quelque
« peuple ; il apprit que les Phrygiens s'en servaient
« pour dire du *pain*. Les Égyptiens, après avoir
« pesé les conséquences de cette expérience, con-
« sentirent à regarder les Phrygiens comme d'une
« race plus ancienne qu'eux. »

Raisonnons sur ce fait : des savants d'Égypte veulent, par l'entremise de leur roi, savoir quelle est la *langue naturelle* de l'homme ; quelle langue il parle avant d'avoir eu aucun maître, et reçu ou fait aucune convention.

Ils ont donc cru, ces savants, qu'il y a une langue *naturelle*, un langage inné, un instinct de parler comme un instinct de manger et de marcher. Si leur opinion était vraie, toute langue originale, toute langue de peuple sauvage devrait être la même ; tout individu égaré dans les forêts de Hanovre et de Champagne, comme nous en avons vu, devait dire *bék* ; or, nous ne voyons rien de semblable.

Nos savants de Psammétique ont cru que deux enfants séquestrés parleraient sans maître; ils n'ont donc pas cru le langage né des conventions de l'état social. Mais que serait, à quoi servirait une langue sans la société?

Les deux enfants ont prononcé un premier mot; ce mot, vous le sentez, n'a pas été précisément le grec *bék-os* : l'historien s'est plié au génie de sa langue, à l'intolérante habitude de sa nation, qui veut toujours ajouter ses finales harmonieuses à la roideur des mots *barbares*. Les enfants ont dit *bék* : les savants égyptiens ont supposé que ce mot était de pure invention ; mais vous, Messieurs, qui calculez toutes les circonstances de cette épreuve, vous n'oubliez pas que ces enfants ont chaque jour entendu le cri de deux chèvres, et vous sentez qu'ils n'ont fait qu'imiter ce cri : cette imitation est une chose naturelle, et ici nous voyons *l'onomatopée* se montrer comme moyen premier du langage. Ces petites machines nerveuses ont répété le cri qui les frappait, et qui, s'étant lié à l'action de l'animal dont elle tiraient leur subsistance, est devenu l'indice de leurs besoins, de leur désir de boire et de manger ; par cette liaison, la convention s'est établie entre les deux enfants et le berger ou tout autre être humain, même entre les enfants et la chèvre; et comme nous savons que la chèvre sent elle-même ce langage, nous y voyons la preuve que les animaux même y participent dans la proportion de leurs facultés.

En vérité, c'est un sujet d'étonnement que de voir les savants de Psamméticus, sourds et aveugles à de tels indices; mais en même temps, c'est pour nous une nouvelle preuve que, quand notre esprit est imbu d'un préjugé, il perd la faculté de voir tout ce qui est hors de sa ligne; ce sont les yeux d'un malade de la jaunisse, qui ne peut voir les objets que *jaunes;* pourrions-nous bien répondre de notre santé à nous-mêmes, sur un nombre de sujets?

Nos Égyptiens s'enquièrent chez quel peuple existe le mot *bék;* le hasard veut que dans la langue phrygienne il signifie *pain*, et les voilà qui concluent qu'il y a liaison intime, affinité naturelle entre le mot *bék* et la substance *pain*: quelle misérable logique! D'abord le mot *bék* a pu exister en d'autres langues; les Égyptiens en ont-ils fait la recherche chez les Chinois, les Tartares, les Indous, les Celtes, mêmes chez leurs voisins Arabico-Phéniciens? nous le trouverions, s'il était nécessaire, certainement avec d'autres sens. Mais en outre, comment ont-ils pu supposer un mot *naturel*, pour un objet qui ne l'est pas, qui est *objet d'art*, inventé tardivement, pour une opération très-compliquée, puisqu'il a fallu semer du froment, le recueillir, le battre, le moudre, le pétrir, le lever, le cuire pour en faire du *pain;* ensuite, comment sur un seul mot fonder une opinion généralisée? comment n'avoir pas continué l'expérience pour en voir le développement, et surtout la solution de la grande difficulté, celle de la construction grammaticale? Qui pourra nier qu'à cette époque tous ces savants n'aient été de *grands enfants* dans l'art des expériences, dans l'étude de la nature, dans la science subtile de l'idéologie?

Prenons acte de ce fait, pour apprécier les connaissances métaphysiques de l'ancien monde connu à cette époque; nous pouvons croire que les druides et les brahmanes n'étaient pas plus avancés.

C'était vers l'an 648, Thalès venait de naître; moins de deux siècles après, l'an 460, Hérodote était en Égypte, où il recevait cette anecdote consignée dans des mémoires historiques : il là racontait, quatorze ans plus tard, à la multitude des Grecs assemblés dans le Cirque Olympique (vers 446); quarante-six ans plus tard (vers l'an 400), Platon, qui avait voyagé et séjourné en Égypte, et qui connaissait le livre d'Hérodote, professait dans son dialogue de Kratyle l'opinion des savants égyptiens. Ne devient-il pas très-probable que Platon, ici, comme sur tant d'autres points, n'a été que l'écho des métaphysiciens d'Égypte?

Aristote, qui suivit Platon, et qui lui est supérieur en toute branche de science positive, n'est pas plus avancé ici; dira-t-on qu'il a implicitement résolu la question de la formation du langage par son axiome profond et célèbre, *Nihil* est *in intellectu quod non prius fuerit in sensu* (Rien n'est dans l'entendement qui n'ait d'abord été dans la sensation)? Sans doute, la conséquence est bien que l'homme seul a pu inventer les signes de ses idées; qu'aucun agent extérieur n'a pu lui souffler ou suggérer ces signes quand leurs modèles n'existaient pas ; qu'en un mot le langage est le fruit de son organisation physique, et de ses conventions artificielles et sociales. Mais quand on voit combien peu Aristote lui-même a su tirer parti de son grand principe métaphysique, on ne peut nier que les conséquences n'en soient restées bien occultes, jusqu'à ce que Locke, il y a cent trente ans seulement, soit venu les mettre en une évidence qui a paru une création; encore est-il vrai que malgré qu'après lui l'esprit lumineux des Condillac et des Tracy ait de plus en plus éclairci le problème, il n'a point encore reçu tous les développements qu'il requiert.

L'école d'Alexandrie, qui fut le plus heureux fruit des conquêtes d'Alexandre, dut produire des recherches et des raisonnements sur nos questions; mais on a droit de penser qu'elle ne fut que l'écho du passé.

§ IV.

ÉCOLE JUIVE.

A côté de cette école, je ne dirai pas, naquit,

je dis, sortit de son obscurité l'école juive, qui, loin d'offrir rien de nouveau, ne fit que reproduire des doctrines surannées. En effet, lorsque la cosmogonie juive nous parle d'un premier couple humain, crée par *Dieu*, ou par les *dieux*, elle nous présente d'une manière seulement différente ce que disent la plupart des autres cosmogonies ; et lorsqu'elle ajoute que le premier homme donna des noms propres à tous les oiseaux du ciel, à tous les animaux de la terre ; comme plusieurs de ces noms, en langue hébraïque, sont caractéristiques de leurs facultés ou actions et propriétés, c'est-à-dire, de leur nature, il s'ensuit que l'auteur, ou les auteurs de cette cosmogonie, ont été dans l'opinion égyptienne que nous venons de voir, et à laquelle les idées innées de Platon ont du donner une nouvelle force. Cette induction en acquiert elle-même, quand les Juifs nous attestent que les sciences égyptiennes ont été la souche des leurs.

Je n'aperçois pas une semblable analogie à un autre fait qu'ils nous citent, relatif encore à la question des langues, je veux dire, celui de leur *confusion* à l'occasion de la tour de Babel, c'est-à-dire de la pyramide de Babylone, qui fut l'observatoire astronomique des prêtres chaldéens, cité par tous les historiens, comme existant depuis un temps immémorial. Il m'est d'autant plus nécessaire d'exposer ici le propre texte, Messieurs, que, par un cas étrange, vous allez voir qu'il se trouve ne pas porter le sens qu'on lui a donné jusqu'à ce jour.

« Toute la terre avait une seule *lèvre* (c'est-à-
« dire un seul langage, et un seul parler ou dis-
« cours), et des hommes partis de l'Orient, s'é-
« tablirent dans la vallée de Sennar, et ils se di-
« rent : Pétrissons de la terre, cuisons des briques ;
« et la brique leur devint pierre, la boue, mor-
« tier ; et ils se dirent : Bâtissons-nous une ville
« et une tour dont la tête soit dans le ciel ; fai-
« sons-nous-un nom (ou un *signal* : le mot hébreu
« a les deux sens), afin que nous ne soyons pas
« dispersés sur la terre : et Dieu descendit pour
« voir cette tour, et il dit : Ce peuple n'a qu'une
« lèvre ou langue : rien ne les empêchera d'exé-
« cuter leur pensée (leur projet) : descendons,
« et confondons leur lèvre ; qu'ils ne s'entendent
« plus l'un l'autre ; et Dieu les dispersa ainsi, et
« ils cessèrent de bâtir leur ville..... »

Voilà, Messieurs, le texte littéral : il veut quelques observations grammaticales. D'abord, le mot hébreu traduit, la terre (*Ars*, en arabe *Ard*), n'a pas rigoureusement le sens que les interprètes lui donnent ; ils avouent que les Hébreux n'ont eu aucune idée de la terre *globe* ; que ce peuple a cru confusément qu'elle était une grande île portée sur l'eau, sans savoir sur quoi portait l'eau ; que ce peuple parfaitement ignorant en toutes choses physiques (1), ne connaissait rien à trois cents lieues au delà de ses frontières, etc. La vérité est que dans la langue hébraïque, le mot *terre* est habituellement pris pour *pays*, lequel n'a point de terme propre; partout on lit, la *terre* de Juda, la *terre* d'Israël, la *terre* de Chanaan, la *terre* d'Égypte, la *terre* de Sennar, ce qui ne signifie que *pays* : or, l'on n'a aucun droit de distinguer en français ou en latin, ce que l'original ne distingue pas; et si l'on veut raisonner par probabilités naturelles, on ouvre la porte à un genre de discussions que les interprètes entendent rejeter à leur gré.

Secondement, les interprètes et la Vulgate, qui les guide, ont traduit : « Faisons-nous un *nom*, « une renommée, afin que nous ne soyons pas dis- « persés ». Entre les deux membres de cette phrase, il n'y a aucune analogie. Je traduis avec le savant Vossius, *faisons-nous un signal*; ce qui est un des sens reconnus du mot hébreu (*shem*) : là, il y a analogie; un *signal* élevé, visible de loin, est propre à empêcher la dispersion. Serai-je hérétique pour ces observations? Je pourrais en faire encore une sur ce mot : *Dieu descendit*, et de suite il est dit : *descendons*. Si je ne comprends pas ce surcroît de descente, l'une au singulier et l'au-

---

(1) Voyez les *Commentaires* de dom Calmet.

tre au pluriel, serai-je traduit devant un jury anglais? J'arrive au fond de la question.

Le narrateur dit que toute la *terre* ou contrée n'avait qu'une langue, il ne la spécifie pas cette langue. Quelqu'un a-t-il le droit de décréter que ce fut l'*hébraïque ?* il me semble que non ; d'abord parce que le texte lui-même ne le spécifie pas; 2° parce que dans l'histoire d'Abraham, ce père de la race hébraïque, lorsque le texte dit *qu'il naquit dans la terre de Sennar* (bien connue pour être un pays *syrien*), qu'ensuite son père l'emmena dans le pays de *Harran* (également *syrien*), ce texte donne droit de penser que la langue nationale de la famille d'Abraham fut le *syrien* ou *syriaque*, dont, au temps de Jacob et de Laban, l'existence formelle nous est attestée, et se continue sans interruption jusqu'à des époques postérieures et certaines; 3° enfin, parce que l'on peut démontrer historiquement et grammaticalement que l'hébreu n'est qu'un dialecte phénicien formé depuis Abraham, par l'incorporation que lui et ses descendants ne cessèrent de faire à leur naissante et faible tribu, des naturels du pays où ils s'établirent.

Je ne prétends point contester aux interprètes, que les constructeurs de la tour de Babylone aient tout à coup oublié leur langue; je ne me fais pas juge des possibilités naturelles : une langue peut s'oublier par un mal subit de cerveau; mais décréter, comme le font nos *infaillibles*, que ces constructeurs parlèrent tout à coup des langues nouvelles, c'est ce que je nierais dans un concile, parce que le texte m'y autorise *par son silence;* il dit nûment: *Confondons leur langage, afin qu'ils ne s'entendent plus l'un l'autre;* or, ceci ne dit pas du tout qu'ils parlèrent d'autres langues, mais seulement qu'ils cessèrent de se comprendre; et ils purent cesser par défaut de prononciation, par bredouillage, par confusion de termes, par emploi involontaire d'un mot pour l'autre; enfin, d'une manière que l'on n'a ni l'obligation, ni le droit de spécifier; *ils ne s'entendirent plus*, voilà tout.

Actuellement, Messieurs, appréciez l'extrême légèreté, la préoccupation aveugle de tant de docteurs qui ont voulu, qui veulent encore que cet événement soit la source où il faut chercher l'origine des innombrables langues qu'a parlées et que parle l'espèce humaine. Lesquels des savants de Psamméticus ou des nôtres sont les plus aveugles, les plus entêtés de préjugés?

Si je trouve à l'ancienne doctrine juive, sur le langage *naturel*, une analogie, et presqu'une origine profane, je n'assurerai pas que j'en trouve une semblable au récit historique que je viens de vous présenter; néanmoins, vous me permettrez une citation qui est du moins singulière; elle m'est fournie par les historiens de cette même ville de Babylone, dans un récit que nous a transmis Diodore de Sicile.

« Après la mort de *Ninus*, fondateur de l'empire
« *assyrien*, sa femme, *Sémiramis*, compagne et
« rivale de sa gloire, voulut, par des actions éton-
« nantes, surpasser son mari. Ninus avait employé
« plusieurs années à bâtir une ville, immense à
« la vérité, mais qui, placée en pays montueux,
« sur un fleuve rebelle (le Tigre), n'était qu'une
« grande et inerte bourgade. Sémiramis voulut
« construire une cité commerciale et militaire, qui
« fût à la fois l'entrepôt des marchandises de l'Inde
« et de la basse Asie, le boulevard d'un pays riche
« par lui-même, l'asyle d'une population nombreuse
« contre l'invasion de l'ennemi, l'épouvantail des
« Arabes du désert, et en même temps le marché
« nécessaire et opulent qui les attirât en temps de
« paix : en un mot, Sémiramis traça le plan de
« Babylone ; ce fut un carré de douze mille mètres,
« ou trois lieues de longueur sur chaque côté,
« flanqué d'un mur de soixante-quinze pieds de
« hauteur, etc. Sémiramis projetant déja d'autres
« grandes entreprises, statua que celle-ci ne du-
« rerait qu'un an ; pour cet effet, elle leva une
« corvée de *deux millions* d'hommes, pris dans
« la population bigarrée de son vaste empire, de-
« puis les sources de l'Indus jusqu'à l'Euxin (ou
« mer Noire), et depuis le Caucase jusqu'à l'Arabie
« Heureuse. Qu'on se figure la sensation, la ru-

« meur que dut causer le spectacle d'une telle
« multitude diverse de costumes, de mœurs, et
« surtout de langages où de dialectes dont le nom-
« bre a pu passer quatre-vingts ou cent! Qu'on
« voie cette multitude, jetée confusément, distri-
« bué militairement sur ses ateliers; occupée prin-
« cipalement à fabriquer l'incroyable quantité de
« briques qu'exigèrent de telles murailles, et des
« quais proportionnés sur l'Euphrate, et un pont,
« et deux *châteaux forts;* enfin, une *pyramide*
« appelée *tour* par les gens du pays, c'est-à-dire
« par les Arabes chaldéens, dont le dialecte,
« comme l'hébreu et le syrien, n'a que le mot
« *tour* pour exprimer tout édifice saillant et élevé (1).
« Cette *tour,* encore subsistante au temps d'Héro-
« dote, et qui, sur *trois cent sept* pieds de base,
« et autant d'élévation, dut être un objet si frap-
« pant dans une plaine rase, ne fut pas un stérile
« monument comme ceux d'Égypte : ce fut un ma-
« gnifique et utile cadeau que l'habile Sémiramis
« fit aux prêtres du pays, *les chaldéens,* pour leur
« servir d'observatoire astronomique, et favoriser
« de plus en plus l'étude d'une science qui les
« avait rendus célèbres au dehors, et puissants au

---

(1) *Tour,* en arabe et en hébreu *bourdj* et *bourg;* d'où
viennent l'allemand et l'anglais, *burg, borough,* et le français,
bourg, par la raison que les *tours* ou *clochers* ont toujours été
le signal d'un lieu habité.

« dedans, sur l'esprit d'un *peuple conquis* que
« cette reine voulait apprivoiser. Qu'on juge de
« l'étonnement de ce peuple ignorant et supersti-
« tieux, ne connaissant que sa langue arabe et que
« le désert qui entourait son île. Supposons que
« deux ou trois cents ans après on eût demandé
« à de telles gens pourquoi et comment avait été
« bâtie cette montagne, il me semble entendre ces
« Arabes répondre :

« Aux temps anciens, il vint du côté de la
« Perse (qui est l'Orient) des hommes puissants
« à qui il prit fantaisie d'élever cette *tour;* ils
« voulaient, dit-on, monter au ciel, et cela pour
« regarder nos dieux (c'est-à-dire les astres, dieux
« du temps et du pays); mais la confusion se mit
« dans leur langage, *par un pouvoir divin*, et ils
« furent obligés de se disperser (comme firent les
« ouvriers de Sémiramis); en mémoire de cet
« événement, cette ville a gardé chez nous le nom
« de *Babul,* c'est-à-dire *confusion* (1). »

Entre ce récit et celui des Juifs, je conviens
que plusieurs circonstances diffèrent, et surtout
que des objections chronologiques peuvent être
suscitées contre l'identité ; mais en traitant mon

---

(1) *Babil*, en français, est bien analogue ; et en égyptien, le mot *barbar* ou *berber*, pour désigner l'homme étranger, semble n'être que l'équivalent de *babul*, comme signe d'un *bredouillage* qu'on ne comprend pas.

sujet didactique et sec par lui-même, en traversant les plaines arides du vieil Orient, j'ai pensé, Messieurs, que vous me permettriez de cueillir une fleur historique pour vous l'offrir en délassement.

§ V.

ÉCOLE CHRÉTIENNE.

Du sein de l'école juive sortit l'école chrétienne; pendant le premier siècle, ses disciples, tous illettrés, tous de la classe du peuple, uniquement livrés à la morale pratique, négligèrent et repoussèrent, comme futilité, toute étude qui n'eût pas pour but d'obtenir l'autre vie. Dans le second et troisième siècle, des hommes lettrés, convertis aux idées nouvelles, y joignirent celles de leur éducation, c'est presque dire celles de Platon, alors dominantes. Il ne put manquer de naître bientôt des dissentiments sur toute question abstraite; mais parce que l'essence du système naissant était la charité fraternelle, l'égalité des droits, la communauté des biens, tout ce qui n'attaqua point ces bases fut laissé au libre arbitre ; on put disserter sur le langage d'Adam, savoir s'il fut hébreu ou syriaque; sur la manière dont il put donner des noms aux animaux sans les connaître; sur la confusion du langage, sur la prétendue naissance des langues, dont quelques docteurs voulurent compter soixante-douze, quand d'autres les réduisaient à quatre, qu'ils nommaient langues mères, etc.

Un évêque, père de l'Église, put nier cette confusion, comme cause, et l'admettre seulement comme conséquence de la dispersion, sans en être moins reconnu pour un saint. (Grégoire de *Nysse.*)

Cet état de liberté dura jusqu'au commencement du quatrième siècle; alors se fit une véritable révolution dans la société chrétienne, et cela par suite des décrets de l'assemblée de Nicée, qui introduisant dans le régime des fidèles la hiérarchie civile et presque militaire de l'*empereur* gréco-romain, changea la démocratie de l'Église primitive en une oligarchie sacerdotale rapidement devenue despotique. Dès lors il ne fut plus permis d'établir des raisonnements sans l'approbation des *supérieurs surveillants* (epi-scopoi); comme toute opinion devint affaire de parti, il devint dangereux ou inutile de suivre toute étude opposée ou étrangère aux passions ou aux volontés des puissants : tout emploi de la raison humaine fut une acte d'indépendance vis-à-vis des docteurs qui se constituèrent interprètes de Dieu, qui se firent presque *dieux parlants.* Tout ce que nous appelons idéologie, étude raisonnable de l'entendement humain, fut décrédité au point que je pourrais citer des sentences d'évêques qui ont interdit l'étude de la grammaire : elles me seraient fournies par un de nos savants confrères à qui je dois ma remarque.

On peut dire que cette léthargie de l'esprit humain n'a cessé qu'au seizième siècle, et cela, par le concours de plusieurs circonstances; par la prise de Constantinople (1453), qui tout à coup jeta en Europe une quantité de livres et d'hommes savants; par le désir que firent naître ces livres de multiplier leurs copies; par la naissance de l'imprimerie, qui étendit rapidement l'instruction ou le moyen de l'acquérir; enfin, par l'insurrection de l'Allemagne contre la théocratie italienne, d'où sont nées des libertés de tout genre, qui chaque jour ont tendu à développer le bon sens naturel et la raison de l'homme.

Parmi les études qui se ranimèrent, celle des langues fut une des premières, à raison du besoin d'entendre et d'interpréter les livres anciens. Les esprits curieux ne tardèrent pas d'établir des comparaisons rendues plus piquantes par leur nouveauté. Le premier essai connu en ce genre, fut un vocabulaire que l'italien *Pigafetta* fit imprimer vers 1536, contenant un recueil de mots de divers peuples chez qui il avait voyagé. Deux travaux plus réguliers, plus importants, le suivirent; l'un de Guillaume *Postel*, né Français, qui, à la date de 1536, publia en langue latine, à Paris, son livre intitulé, *Linguarum XII, characteribus differentium, alphabeti introductio ac legendi modus facillimus*, avec une dissertation sur l'origine et *l'antiquité* de *l'hébreu*, et une comparaison des langues orientales entre elles, et avec le latin et le français : l'autre, de Teseo *Ambrogio*, né à Pavie, où il fit imprimer aussi en latin, en 1539, son *Introduction aux langues chaldaïque, syriaque, arménienne*, et ses remarques sur dix autres langues. Ces deux productions ont le mérite de présenter les essais ou tâtonnements de l'art en tout genre. Ambrogio avait eu pour maîtres des moines syriens, arméniens, abyssins, appelés à Rome par les largesses des papes : Postel avait voyagé au Levant aux frais du roi de France ; ceci donne un mérite particulier à leur méthode de prononciation. Dix ans plus tard (1548), le Hollandais Théodore *Buchmann*, qui a grécisé son nom en celui de *Bibliander*, mit au jour son livre intitulé, *de Ratione communi omnium linguarum*, etc., où il prétendit expliquer leurs principes communs par les exemples de dix ou de douze langues : il faut lui savoir gré d'avoir excité l'émulation de ses successeurs, en leur ayant présenté le premier essai du *Pater noster*, *traduit* ou *écrit* en quatorze langues.

Il serait trop long de citer en détail tous les ouvrages accumulés depuis lui sur cette matière ; il me suffira d'indiquer les principaux qui suivent :

En 1558, le livre de Conrad Gesner, intitulé, *Mithridates, seu de differentiis linguarum*;

En 1580, le traité de Jean Gorop Békan, intitulé, *Hermathena*, ou Mercure et Minerve;

En 1592 et 1593, *Specimen 40 diversarum linguarum et dialectorum*, de Jérôme Mejeser, avec le *Pater noster* en cinquante langues;

En 1610, le fragment de Scaliger, *de Europeorum linguis*;

En 1613, le Trésor de l'histoire des langues, par Duret;

En 1616, l'Harmonie étymologique des langues, par Étienne Guichart;

En 1667, les Prolégomènes de Walton, auteur de la célèbre Polyglotte;

En 1679, l'*Atlantica* de Olaüs Rudbek, en même temps que le jésuite Kirker publiait *sa Tour de Babel*;

En 1697, le *Glossarium universale hebraicum*, de Thomassin;

En 1703, le *Pater noster* en plus de cent langues, par l'anglais Muller;

En 1715, le même *Pater*, par Chamberlayne, encore plus étendu et plus correct.

A cette époque, l'on avait déja beaucoup fait pour l'érudition; beaucoup de matériaux étaient rassemblés pour le raisonnement : presque aucun pas n'était fait encore vers la connaissance de la vérité, parce qu'aucun pas n'avait été dirigé par un sens droit, libre de préjugé. Tous les écrivains que j'ai cités, et leurs semblables que j'ai omis, étaient partis de deux faits principaux, considérés comme indubitables; savoir, qu'un premier homme, appelé Adam, avait naturellement ou miraculeusement parlé la langue hébraïque; et en second lieu, qu'un événement, appelé la confusion de Babel, avait subitement introduit dans le monde une foule de langues, d'où procédaient toutes les diversités que nous voyons. Les efforts des savants n'avaient tendu qu'à mieux démontrer l'un et l'autre fait par des étymologies dont l'abus était d'autant plus grand, que très-souvent la vraie prononciation des mots était dénaturée.

En voyant cette unanimité de tant de docteurs, qui ne croirait que réellement leurs opinions avaient des bases positives? Ici se montre un nouvel exemple de l'aveuglement invincible que causent les préjugés de l'éducation, rivés par une autorité *coërcitive*. Vous venez de voir, Messieurs, qu'au sujet de la confusion et de la dispersion, le texte original ne disait point ce qu'on lui faisait dire sur l'apparition de langues nouvelles; eh bien! en scrutant le texte relatif au langage d'Adam, vous allez voir qu'il n'autorise pas mieux l'idée que ce langage ait été l'idiome hébraïque. Voici ce texte très-littéral; Genèse, chap. 11, vers. 6 :

« Et Dieu forma l'homme de la poussière de la

« *terre* ; il souffla sur sa face un souffle de vie, et
« l'homme devint une *ame* vivante. » Puis, même
chap., vers. 26 «: Et Dieu forma de la terre, toute
« bête des champs, tout volatile du ciel, et il les
« amena à l'homme, pour voir comme il les nom-
« merait ; et tout ce que l'homme nomma est le
« nom de cette ame vivante ; et l'homme donna
« des noms à tout gros animal, et à tout volatile
« du ciel, et à toute bête des champs. »

Rien autre que ces passages n'est relatif au langage d'Adam ; l'on ne saurait me citer aucune autre phrase qui y ait trait. Or, il est évident que ce texte ne décide point qu'Adam ait donné des noms en *langue hébraïque* : aucune autorité n'a le droit de voir ici plus qu'il ne s'y trouve : dira-t-on que cela est probable, que cela est conforme au *raisonnement naturel*? J'accepterai l'arbitrage des probabilités et de la raison naturelle, si l'on veut l'établir constant ; mais par ces moyens mêmes, je prouverais que ce put, que ce dut être plutôt en langue syriaque. Toute dispute à part, je m'en tiens au texte ; rien n'y est spécifié ; les assertions des savants ne sont que des hypothèses, et les interprètes ont posé en principe ce qui est en problème ; aussi ne peuvent-ils s'accorder entre eux.

§ VI.

ÉCOLE PHILOSOPHIQUE. OBSERVATION DES FAITS, ÉTABLIE COMME PRÉLIMINAIRE INDISPENSABLE A TOUTE THÉORIE.

Ce ne fut que vers 1710, qu'un homme d'un esprit simple et droit, sortant de la route commune, émit les premières idées judicieuses sur la manière de poser la question de l'étude des langues ; cet homme fut Guillaume Leibnitz. En lisant dans les Mélanges de Berlin sa dissertation ou méditation *sur les origines des peuples, déduites principalement des indices de leurs langues*, on voit qu'il n'osa heurter de front des préjugés qui ont pour logique ordinaire le sabre ou le tison. Il prend un circuit ingénieux, mais efficace, pour arriver à son but ; sa doctrine peut se résumer dans les articles suivants :

« L'étude des langues ne doit pas être con-
« duite par d'autres principes que ceux des autres
« sciences exactes. Pourquoi commencer par l'in-
« connu afin d'arriver au connu ? Le bon sens
« n'indique-t-il pas d'étudier d'abord les langues
« modernes qui nous sont palpables, afin de les
« comparer l'une à l'autre, de constater leurs
« différences ou leurs affinités, et de passer en-
« suite aux langues qui les ont précédées dans les

« siècles antérieurs, afin de rendre sensibles leur
« filiation, leur origine, et par ce moyen remon-
« ter d'échelon en échelon aux langues les plus
« anciennes, dont l'analyse devra fournir les seu-
« les conclusions que nous puissions nous per-
« mettre ? »

L'on voit que Leibnitz proposa aux juges d'un grand procès, de ne pas prononcer sans avoir examiné les pièces ; il est des temps où le cœur passionné rejetterait même cette évidence ; à son époque on se lassait de disputes ténébreuses : ce rayon produisit un effet conciliant. L'idée de Leibnitz est devenue le guide des recherches philologiques qui se sont multipliées dans le dix-huitième siècle ; des voyageurs de toute nation, des missionnaires de toute secte, ont rivalisé à recueillir des grammaires et des vocabulaires. Les savants d'Europe ont pu comparer une foule d'idiomes des tribus sauvages d'Amérique, d'Afrique, de Tartarie, et des îles de l'Océan. Il restait à mettre en ordre tous ces matériaux ; la fin du siècle dernier et le commencement de celui-ci ont vu, en moins de trente ans, trois grandes tentatives de cette opération, aussi honorables pour leurs auteurs qu'instructives pour leur auditoire (1).

---

(1) Je ne parle point de celle de *Court de Gébelin*, qui appartient plutôt aux romans qu'à la science.

La première fut celle dont l'impératrice Catherine II traça de sa propre main le plan en 1784. Par ses ordres, le professeur Pallas fit paraître, dès 1786, le célèbre ouvrage écrit en langue russe, ayant pour titre *Vocabulaire de toutes les langues du monde*, au nombre d'environ deux cents. J'ai rendu compte de ce livre à l'Académie Celtique, en 1806; je n'en connaissais que deux volumes in-4°; j'ai appris depuis qu'un troisième avait paru, mais n'avait été distribué qu'à un nombre assez limité de personnes. J'ai fait voir, dans l'exécution de cet ouvrage, plusieurs défauts assez graves, nés sans doute de la précipitation du travail, puisque les deux premiers volumes, recueillis jusqu'en Italie, furent imprimés en deux ans; cela ne l'empêche pas d'être un des plus beaux présents faits à la philosophie par un gouvernement.

La seconde tentative a été le livre de l'abbé *don Lorenzo Hervas*, intitulé : *Catalogue des langues des nations connues, dénombrées et classées selon la diversité de leurs idiomes et dialectes*, etc. L'ouvrage, écrit en espagnol, est en six volumes in-8°, dont le premier est daté de Madrid, l'an 1800, et le sixième, Madrid, l'an 1806.

Vous rendre, Messieurs, un compte détaillé de cette composition étendue et compliquée, eût exigé plus de temps que vous ne pouvez m'en accorder. Je me bornerai à vous dire que l'auteur, favorisé de beaucoup de moyens de fortune et de crédit; usant de tous les secours littéraires que lui procurèrent Rome et l'Italie pendant vingt-cinq ans de séjour; trouvant sous sa main la plupart des livres imprimés en son genre d'étude; jouissant des matériaux accumulés à la propagande par des missionnaires de toute robe, ainsi que des Mémoires recueillis par les jésuites dans les quatre parties du monde, n'a pu manquer d'acquérir des notions plus justes, plus étendues qu'aucun de ses prédécesseurs, principalement sur ce qui concerne les éléments grammaticaux, les affinités, les différences des langues modernes.

Quant aux langues anciennes, et surtout quant aux filiations et aux origines en général, il n'a pu se garantir des préjugés que lui imposaient et son éducation et sa robe, et le respect de l'évêque de Rome, et la terreur de l'inquisition; il n'a pas douté un instant que la confusion de Babel n'ait produit la diversité des langues, et qu'il ne faille reprendre l'origine des principales dans la personne de quelque enfant ou petit-enfant de Noé encore qu'il soit théologiquement impossible de prouver par les textes, hébreu ou grec, la présence d'aucun membre de cette famille à l'événement cité; et encore qu'il soit permis par le génie ou caractère de la langue hébraïque et de ses analogues, de regarder comme des noms collectifs de peuples et de pays, les noms qu'il a plu à des interprètes superficiels d'établir comme des noms d'individus. Ce préjugé d'Hervas, dont je pense avoir bien démontré l'erreur, l'a jeté dans beaucoup de conclusions fausses, et l'on ne doit le lire qu'avec la défiance due aux opinions systématiques; cela n'empêche pas de regretter qu'un tel livre, si rapproché de nous par son idiome espagnol, n'ait pas été traduit, ou du moins largement extrait par quelque bon esprit français.

La troisième tentative a été l'ouvrage allemand intitulé : « *Mithridates*, ou *Science générale des lan-*
« *gues*, avec le *Pater noster*, traduit en plus de cinq
« cents idiomes ou dialectes, par Adelung, con-
« seiller aulique, et bibliothécaire de l'électeur de
« Saxe ». Le premier volume de cet ouvrage in-8°. a paru en 1806 à Berlin, lorsque se terminait à Madrid celui d'Hervas. Un second volume a suivi en 1809 : l'auteur n'a pas eu la consolation d'achever son entreprise, fruit de trente ans d'études assidues. Une digne suppléant, le savant professeur *Vater*, a publié, en 1812, un troisième volume nourri en partie des matériaux d'Adelung; en 1816, un quatrième en deux parties, et enfin, un volume de supplément. Le quatrième traite des langues des deux Amériques, le troisième de celles de l'Afrique; les deux premiers de celles d'Asie et d'Europe, tant anciennes que modernes. Comme je n'ai pas le bonheur d'entendre l'idiome

allemand, je n'ai pu prendre une connaissance directe de cet important et curieux ouvrage : seulement, quelques portions de traductions que je me suis procurées, celle entre autres de la préface, que je dois à l'amitié d'un honorable collègue, M. le comte de la Roche-Aimon, me permettent d'avoir une idée approximative du plan et de l'esprit de l'auteur. Il diffère d'Hervas en beaucoup de points, et surtout en indépendance d'opinions : il a connu quelques parties du livre espagnol, mais non pas toutes; il envisage son sujet, moins sous le point de vue historique, que sous l'aspect philosophique et grammatical; il s'applique surtout à étudier les opérations de l'esprit humain dans la construction du langage, dans ce que l'on appelle syntaxe, ordre et disposition des idées. Quoique protestant, il ne se tient point lié par la Bible, ni par les récits de la tour de Babel. L'étendue de son instruction excite l'étonnement; la droiture de son esprit et de son intention inspire le respect. Il est naturel que sur des sujets si divers, il y ait quelques parties faibles; l'on ne pourrait guère se permettre une traduction littérale de ce livre, quelquefois diffus, et surtout dans les deux premiers volumes; mais ce serait un grand service rendu à notre littérature, que d'en publier un volumineux extrait.

Il me reste à observer qu'il partage avec tous ceux de son genre, un défaut, un vice radical qui a jusqu'ici entravé la science, et qui, s'il n'est corrigé, empêchera son perfectionnement. Ce vice consiste en ce que les vocabulaires de tant de nations diverses, recueillis par les Européens, ont été soumis à un même système de lettres, qui néanmoins n'ont point les mêmes valeurs; de là, il est résulté qu'un même vocabulaire, par exemple le chinois, le malais, l'arabe, le mexicain, etc., se présente à notre lecture sous des formes tout-à-fait différentes, selon qu'il a été transcrit par un écrivain anglais ou italien ou allemand; les mots deviennent surtout méconnaissables, si, par un cas fréquent, ils se composent de prononciations inusitées dans la langue du copiste; car, alors, pour les exprimer, ce copiste a tantôt imaginé, tantôt emprunté de son propre alphabet, des combinaisons de lettres qui aggravent la confusion.

Par exemple, les Arabes ont une consonne appelée *djim*, qui vaut notre *dj*; les Allemands, qui n'ont point notre *ja*, ont imaginé de rendre l'arabe par *dsch*, ce qui donne quatre lettres pour une, sans exprimer, ou plutôt en dénaturant la vraie prononciation. Il en résulte que, pour peindre le mot arabe *djahs*, une bête de somme, ils écrivent *dschahhsch*, c'est-à-dire dix lettres pour cinq, ou plutôt pour quatre, avec une file vraiment ridicule de lettres *h*. Leurs voyageurs nous sont inintelligibles en mots géographiques et patronymiques : ils peuvent en dire autant de nous, et des Anglais, et des Italiens; par suite de ce vice, le *Pater noster*, qui en hébreu, en syriaque, en arabe, en éthiopien, a réellement des mots et des prononciations extrêmement ressemblantes, offre dans les transcriptions des savants polyglottes une véritable confusion de Babel.

Pour remédier à ce vice capital, j'ai depuis vingt-cinq ans proposé et poursuivi un système d'orthographe dont j'ai discuté les principes et démontré les nombreux avantages dans mes deux traités de la *Simplification des langues orientales*, et de *l'Alphabet européen appliqué aux langues asiatiques*. Les principes sur lesquels mon système est fondé sont aujourd'hui reconnus pour aussi solides, aussi clairs que ceux de l'algèbre; mais leur application, et l'emploi des lettres nouvelles que je n'ai pu me dispenser de proposer, sont, et seront combattus par les anciennes habitudes, jusqu'à ce que le temps ait amené des habitudes nouvelles dans une nouvelle génération.

Maintenant, Messieurs, si vous désirez que je résume les conséquences des raisonnements et des faits que j'ai eu l'honneur de vous exposer, vous en trouverez plusieurs, je pense, dignes de votre attention, les unes par leur importance, les autres par leur nouveauté. D'abord, si vous considérez d'un côté tout ce que nous avons ignoré jusqu'à notre époque sur les langues en général (sans parler de ce que nous ignorons encore); si vous comparez le vaste théâtre géographique des langues ci-devant inconnues, à l'étroite sphère de celles où nous n'avons cessé de rouler, vous penserez qu'il ne suffit pas de savoir le grec et le latin pour raisonner sur la philosophie du langage, pour bâtir de ces théories que l'on appelle des grammaires universelles; vous sentirez que notre exclusive admiration du grec et du latin n'est qu'un tribut irréfléchi payé par notre enfance à la vanité scolastique de nos instituteurs, qui veulent tout savoir, et à l'orgueil militaire des peuples anciens, qui tinrent pour non existant ce qu'ils ignoraient. Que diraient-ils aujourd'hui, ces Grecs et ces Romains si fiers de leurs idiomes, *issus des dieux* comme leurs ancêtres, si nous leur prouvions que leur latin pélasgique, que leur grec soi-disant autochthone, ne furent qu'une émanation, qu'un des dialectes de la langue d'une nation scythique dont le siége ou foyer fut la Boukarie, au nord de l'Indus, et touchant la Bactriane par les quarante degrés de latitude; que du sein de cette nation, favorisée d'un beau ciel et d'un beau sol, et qui vécut à la fois agricole et pastorale, sortirent, a des époques ignorées de l'histoire, des essaims de guerriers, qui, comme on a vu plus tard les Gaulois, comme on a vu ensuite les Tartares de *Tamerlan* et les Mongols de *Techinguiz-Kan*, étendirent leurs invasions successives depuis les plaines du Gange, où leur race persiste, jusqu'aux îles britanniques, où leurs traces s'aperçoivent encore? Depuis cent ans, le langage de cette nation scythique, retrouvé par nos savants européens dans les livres sacrés de l'Inde, sous le nom de *sanscrit*, est de plus en plus reconnu pour être la base, non seulement d'une infinité de mots, mais encore du système grammatical d'une foule de langues modernes et anciennes : de presque tous les dialectes actuels de l'Indostan ; de l'ancien dialecte goth et *moesogoth*, du vieux teuton ou *Deutche*, qui fut le *Dace* des Romains; de son dérivé, le plat allemand, d'où dérivent à leur tour, le hollandais et l'anglo-saxon; enfin de l'ancien grec lui-même, et de ses collatéraux, l'étrusque et le latin; de manière que les Pélasgues, si célèbres par leurs migrations, ont du être, comme les *Tchingares* (nos Bohémiens), une tribu d'origine *indoscythe*, chassée à l'ouest par des convulsions guerrières : sans doute ce furent les descendants de ces Scythes *sanskritiques*, qui, sous le nom grec de *massagètes* (équivalant au sanscrit *Maha Sagatai, grands Scythes*), soutinrent contre les Égyptiens le procès d'antiquité nationale dont parle Hérodote; et ce fait, lui seul, rend communs aux Scythes les huit ou neuf mille ans dont les Égyptiens citaient à Solon et Platon, des preuves que ces hommes célèbres nous attestent être, non des fables, mais des faits authentiques portant avec eux leurs preuves.

En résumé, les Grecs si fiers de leur langue et de leur génie, n'ont été que les cousins germains des Gètes et des Thraces : la situation géographique a fait la différence; et nos littérateurs dédaigneux, qui repousseraient cette commune origine, les feraient ressembler à ces parvenus qui méconnaissent leurs parents.

Une seconde conséquence, nouvelle et importante, est que désormais il est prouvé que l'homme seul, par ses moyens naturels, a pu, a dû inventer plusieurs langues. Cette vérité résulte des différences tranchantes remarquées entre divers systèmes grammaticaux, dont quelques-uns sont vraiment bizarres. Les savants philologues s'accordent à reconnaître plus de trente idiomes originaux ou *langues mères;* or, il suffit qu'une seule langue soit d'invention humaine, pour conclure que toutes peuvent l'être : dès lors disparaît le besoin que se fit l'ignorance des premiers raisonneurs en ce genre, d'appeler les dieux, les génies à l'éducation primitive de l'homme, et à la suggestion de son langage. Expliquer ce qu'on ne conçoit point par des moyens encore plus inconcevables, est un procédé par trop bizarre; imaginer que l'homme puisse réciter subitement des mots dont il n'a ni l'habitude ni le besoin, et qui seraient les signes d'idées qui ne sont pas nées, c'est une autre contradiction qui seule caractérise et les inventeurs et leurs disciples.

Du reste, la création naturelle des langues ne doit point alarmer ceux qui veulent absolument que toutes les races humaines soient issues d'un seul couple primitif : j'avoue que je n'entends pas mieux l'apparition naturelle d'un premier couple que de plusieurs; mais comme je ne vois aucune utilité morale et politique à l'une et à l'autre hypothèse, je demande la permission de rester indifférent : seulement je remarque qu'en admettant un seul couple primitif, il a pu arriver, par la suite, que quelque couple de sourds et de muets ait vécu isolé, et qu'il ait produit une race bien conformée, qui aurait été contrainte de se faire une langue. Nier la possibillité de cette invention, c'est prétendre que tout ce que l'on ne conçoit pas ne peut exister ; plus je vieillis, moins j'ai cette pretention ; sans sortir du cours des choses naturelles, il me semble que les lois de l'entendement humain suffisent seules à résoudre le problème; aussi a-t-il été déja tenté deux fois de manière à faire espérer un succès final; une première fois par le président *de Brosses*, en son traité de la *Formation mécanique des langues* (1); une seconde fois par l'auteur écossais, lord *Munboddo* et son *Essai sur l'origine et les progrès du langage;* ce second ouvrage a sur le premier ce grand avantage, que *Munboddo* ne s'est pas restreint à

---

(1) Publié en 1765; 2 vol. in-12. *Voyez* chap. VI, t. 1.

la méthode didactique, comme l'a fait de Brosses; mais il a nourri ses raisonnements d'une foule d'observations et d'anecdotes curieuses, fournies par les voyageurs et les historiens sur les peuples sauvages et les individus trouvés solitaires dans les bois : de manière que sa théorie prend un coloris animé qui la rend plus persuasive. *Munboddo* prouve par des faits que l'homme solitaire n'a ni motif ni moyen de parler; que le langage naît seulement de l'état social; que ses premiers éléments sont, 1.° les cris ou interjections; 2.° les imitations des bruits naturels, d'où naît l'onomatopée, ou *création des mots*, sur laquelle vient se greffer la convention de prendre un son pour signe d'une idée.

Dès lors que la question de l'origine du langage est expliquée, toutes ses subséquentes découlent aisément les unes des antres.

Par exemple, celle de l'accroissement ou extension d'une langue, n'offre pas de difficulté réelle : l'on conçoit comment, sur un premier canevas donné, l'esprit humain prolonge de nouvelles lignes dans la direction de celles qui existent; comment, en acquérant des idées nouvelles, il les peint par des mots tirés de la même famille; comment il combine les anciens mots pour en faire de nouveaux : l'étude des étymologies est démonstrative à cet égard; les procédés des enfants le seraient également, si au lieu d'en faire des perroquets, nous les laissions un peu raisonner et parler d'eux-mêmes.

Une seconde question, l'état stationnaire d'une langue, se conçoit facilement : en effet, qu'un peuple vive isolé ; qu'il ait acquis une somme d'idées suffisante à ses besoins, à ses habitudes ; que par la nature de son gouvernement il ne puisse étendre la sphère de ses connaissances : chez un tel peuple, la langue peut subsister des siècles sans avancer ni reculer ; j'en fournirais des exemples au besoin. Cet état stationnaire et limité est bien plus répandu qu'on ne pense ; il a lieu chez presque tous les peuples montagnards, chez les peuples pasteurs, s'ils peuvent se préserver des guerres externes ; enfin chez les nations même civilisées, et cela dans les classes et professions où le temps de l'homme et de la famille est absorbé par les soins de la subsistance ; ces classes ne connaissent de la langue nationale, que la portion qui leur est nécessaire : amenez un paysan, un ouvrier, dans nos assemblées scientifiques, vous verrez combien de mots ils ne comprennent pas ; faites-les suivre un raisonnement ou une narration, vous verrez qu'ils n'ont pas l'usage de plusieurs modes et temps de nos verbes. On se fait illusion, lorsqu'on parle des nations comme de corps sociaux homogènes à la manière des corps physiques ; elles ne sont que des confédérations de peuples différents, qui, sous le nom de riches, de pauvres, de propriétaires, de prolétaires, d'oisifs, de laborieux, ont des sphères d'idées, et par conséquent des *dictionnaires* de mots très-différents. Nous qui en faisons un, ne sentons-nous pas à chaque instant, qu'à côté de nous il en existe d'autres relatifs aux arts, aux sciences, aux métiers, tous faisant partie de l'idiome français, et qui cependant nous sont plus ou moins étrangers ?

Une troisième question, celle de l'altération d'une langue, veut être divisée en deux branches.

L'altération par le mélange des mots étrangers : c'est l'effet des guerres, des invasions, du commerce. Ce mal vient de l'extérieur.

L'altération par l'amaigrissement, l'appauvrissement, c'est-à-dire, par l'oubli ou le non emploi des expressions et des tournures élégantes, par l'introduction des termes et des tournures triviales, de mauvais goût, de peu de justesse. Ce mal vient de l'intérieur.

L'altération par mots étrangers, effet des invasions, des conquêtes, est trop claire pour s'y arrêter ; elle est plus ou moins grande, selon l'affinité ou la dissemblance des deux langues qui se mêlent ; elle devient totale, si leur construction grammaticale est diverse, c'est-à-dire, si l'exposition des idées marche dans un ordre différent. Ce cas amène des décompositions du langage existant, d'où sort un langage nouveau, mixte de ceux qui précèdent. Notre langue française en a fourni un exemple très-instructif, depuis que l'un de nos savants et ingénieux confrères (1) a démontré sa formation de toutes pièces, par un travail fait pour servir de modèle.

L'altération par appauvrissement intérieur s'explique aisément par un exemple.

Lorsqu'en 1789 la nation française concourut par toutes les classes qui la composent, à nommer ses représentants dans l'assemblée dite Constituante, les lois et les harangues, pendant trois ans, parlèrent le français le plus noble et le plus correct. La Convention succéda : vous savez quel langage parlèrent alors les harangues et les lois? Pourquoi cette différence? parce que, dans le premier cas, le langage fut celui des classes cultivées et lettrées; tandis que, dans le second, il fut celui des classes qui ne connaissaient que le dictionnaire des besoins. Les choses furent au point, que l'on dut parler un mauvais style, comme l'on dut porter un mauvais habit de sans-culotte.

Les éternels Romains, que ramène sans cesse notre éducation de collège, vont me fournir un autre exemple.

Dans l'origine, ce peuple est un mélange

---

(1) M. Raynouard, dans ses *Recherches sur l'origine et la formation de la langue romane*, etc. (Chez Firmin-Didot, rue Jacob).

d'hommes bannis de divers états de l'Italie, sur un mauvais sol volcanique que personne n'envie ; ils ont un langage où domine le grec mêlé de mots gaulois, phéniciens, teutons, introduits par les guerres et le commerce ; ce langage s'amalgame, s'identifie par la communauté d'habitude entre ceux qui s'en servent ; il s'augmente d'une génération à l'autre en proportion des idées nouvelles ; Rome s'agrandit, rassemble une croissante population, qui, par sa concentration, prend bientôt identité de mœurs et de langage ; après la ruine de Carthage, cette population, débarrassée du souci des guerres, commence à s'occuper de jouissances, à cultiver les sciences et les arts : la langue se polit et s'adoucit ; les prononciations dures deviennent pénibles à des bouches efféminées et délicates : on substitue les consonnes douces aux fortes. On dit : *leguiones* (*legiones*) pour *lekiones* ; *maguistratus* pour *makistratos* ; *effugiunt* pour *exfokiont* ; *dictatori alto* pour *dictatored altod* (1).

Dans cette population partagée en deux nations ou factions rivales (les plébéiens et les patriciens), leurs forces respectives balancées mettent chaque citoyen dans le cas d'exprimer librement ses sentiments, ses pensées : cette liberté donne aux expressions de l'énergie, de l'étendue ; le besoin de

---

(1) Vieux latin de la deuxième guerre punique.

persuader perfectionne l'art de présenter les idées ; l'homme devient éloquent parce qu'il est libre ; la langue acquiert son maximum de perfection ; l'esprit produit ses chefs-d'œuvre. Bientôt survient un changement dans l'état des choses et dans la forme du gouvernement : les riches se sont unis pour opprimer, ils se divisent pour régner. Du sein des rivaux s'élève un maître; Rome tremble devant l'*imperator* entouré de soldats licteurs; les courages ont été brisés par les proscriptions; la terreur est maintenue par les délations. Que deviendra le langage? l'homme n'a plus de sentiments généreux à manifester, plus d'idées hardies ou justes à émettre; ses expressions vont devenir incertaines, timides, tortueuses, même fausses et menteuses ; ses phrases seront maniérées, embarrassées; son style n'aura de couleur que pour l'adulation et le panégyrique : on croira la langue appauvrie; ce sera le cœur et l'esprit. Les barbares viendront; leur langage se mêlera au latin, la confusion suivra, et ce ne sera qu'avec le temps que l'on verra naître un amalgame nouveau et bizarre.

Une dernière question, celle de la disparition, de la perte totale d'une langue, trouve un exemple singulier dans le récit d'un voyageur que je crois Pallas : deux hordes tartares étaient en guerre ; l'une surprit l'autre, elle extermina tous les mâles, et garda seulement les petits enfants et les femmes, comme un moyen d'accroître promptement sa population; les femmes des vaincus ne surent ou ne voulurent pas apprendre la langue de leurs maîtres; les enfants qui naquirent, élevés dans la langue des mères, la conservèrent de préférence, et par un cas singulier, la langue des vaincus supplanta, en deux générations, la langue des vainqueurs.

Mais il est bien temps de terminer ces considérations tracées à la hâte; je pense avoir prouvé que l'étude des langues fut à peu près nulle chez les anciens, que chez les modernes elle a d'abord été remplie de préjugés et d'erreurs; qu'elle n'a commencé d'être réellement philosophique, c'est-à-dire conforme au sens droit et à l'indication des faits, que depuis un siècle; que de nombreux matériaux se trouvent enfin rassemblés; mais qu'il reste encore beaucoup à faire pour en construire un édifice régulier qui nous présente la théorie et la pratique, s'appuyant et s'expliquant réciproquement; enfin, comme dans l'écrit même que j'ai l'honneur de vous soumettre, je ne puis me dissimuler quelques lacunes, et que je dois y soupçonner d'involontaires erreurs, il devient une nouvelle preuve de cette expérience nationale dont nous devons nous faire le reproche, relativement à cette branche de connaissances : heureux s'il devenait un motif d'émulation, et si l'Académie française en prenait occasion de délibérer sur les moyens de répandre parmi nous l'élite ou du moins les principaux résultats des ouvrages qui honorent et enrichissent l'esprit de nos voisins.

FIN.

TABLE

DES MATIÈRES

CONTENUES DANS CE VOLUME.

Notice sur la vie et les écrits de C.-F. Volney... Pag. j

LES RUINES.

Invocation..	1
Chapitre Ier. — Le voyage.................................	3
Chap. II. — La méditation....................................	6
Chap. III. — Le fantôme.....................................	12
Chap. IV. L'exposition.......................................	19
Chap. V. — Condition de l'homme dans l'univers......	26
Chap. VI. — État originel de l'homme...................	29
Chap. VII. — Principe des sociétés.......................	31
Chap. VIII. — Source des maux des sociétés...........	34
Chap. IX. — Origine des gouvernements et des lois....	36
Chap. X. — Causes générales de la prospérité des anciens états...	40
Chap. XI. — Causes générales des révolutions et de la ruine des anciens états......................................	46
Chap. XII. — Leçons des temps passés répétées sur les temps présents..	58
Chap. XIII. — L'espèce humaine s'améliorera-t-elle?..	76
Chap. XIV. — Le grand obstacle au perfectionnement.	86
Chap. XV. — Le siècle nouveau............................	92
Chap. XVI. — Un peuple libre et législateur...........	98
Chap. XVII. — Base universelle de tout droit et de toute loi...	101

Chap. XVIII. — Effroi et conspiration des tyrans.... 104
Chap. XIX. — Assemblée générale des peuples...... 108
Chap. XX. — La recherche de la vérité............ 114
Chap. XXI. — Problème des contradictions religieuses. 127
Chap. XXII. — Origine et filiation des idées religieuses. 160
§ Ier. Origine de l'idée de Dieu : culte des éléments et des puissances physiques de la nature........ 166
§ II. Second système. Culte des astres, ou sabéisme. 170
§ III. Troisième système. Culte des symboles, ou idolâtrie................................. 175
§ IV. Quatrième système. Culte des deux principes, ou dualisme............................. 187
§ V. Culte mystique et moral, ou système de l'autre monde................................. 193
§ VI. Sixième système. Monde animé, ou culte de l'univers sous divers emblèmes............... 197
§ VII. Septième système. Culte de l'ame du monde, c'est-à-dire de l'élément du feu, principe vital de l'univers............................... 202
§ VIII. Huitième système. Monde-machine : culte du Démi-Ourgos, ou Grand-Ouvrier.......... 204
§ IX. Religion de Moïse, ou culte de l'ame du monde (You-piter)............................ 208
§ X. Religion de Zoroastre..................... 209
§ XI. Brahmisme, ou système indien............ 210
§ XII. Boudhisme, ou système mystique........ 211
§ XIII. Christianisme, ou culte allégorique du soleil. 212
Chap. XXIII. — Identité du but des religions......... 222
Chap. XXIV. — Solution du problème des contradictions................................. 236

LA LOI NATURELLE.

Avertissement de l'éditeur.................... 247
Chap. premier. — De la loi naturelle............. 249
Chap. II. — Caractères de la loi naturelle.......... 253

Chap. III. — Principes de la loi naturelle par rapport
 à l'homme.................................... 260
Chap. IV. — Bases de la morale, du bien, du mal,
 du péché, du crime, du vice et de la vertu....... 266
Chap. V. — Des vertus individuelles.............. 270
Chap. VI. — De la tempérance................... 273
Chap. VII. De la continence 277
Chap. VIII. — Du courage et de l'activité.......... 281
Chap. IX. — De la propreté..................... 285
Chap. X. — Des vertus domestiques............... 287
Chap. XI. — Des vertus sociales; de la justice....... 293
Chap. XII. — Développement des vertus sociales..... 297
Notes servant d'éclaircissements et d'autorités à divers
 passages du texte............................. 308

Lettre de Volney au docteur Priestley........ 353

Discours sur l'étude philosophique des langues..... 371

Avertissement.................................. 373
 § Ier. Nouveauté de cette étude chez les modernes :
  ignorance absolue des anciens à cet égard....... 375
 § II. École grecque : systèmes établis avant les faits
  observés.................................... 378
 § III. École égyptienne 380
 § IV. École juive............................. 385
 § V. École chrétienne......................... 394
 § VI. École philosophique : observation des faits,
  établie comme préliminaire indispensable à toute
  théorie..................................... 401

FIN DE LA TABLE.

Planche 2.

1. Pyramides.
3. Gaze.
4. Jourdain.
5. M.t Sinaï.
7. Bahrain, Isles.
8. Persépolis.
9. Ecbatane.

10. Babylone.
11. Ninive.
12. Kachemir.
13. Krimée.
14. Constantinople.
15. La-sa.

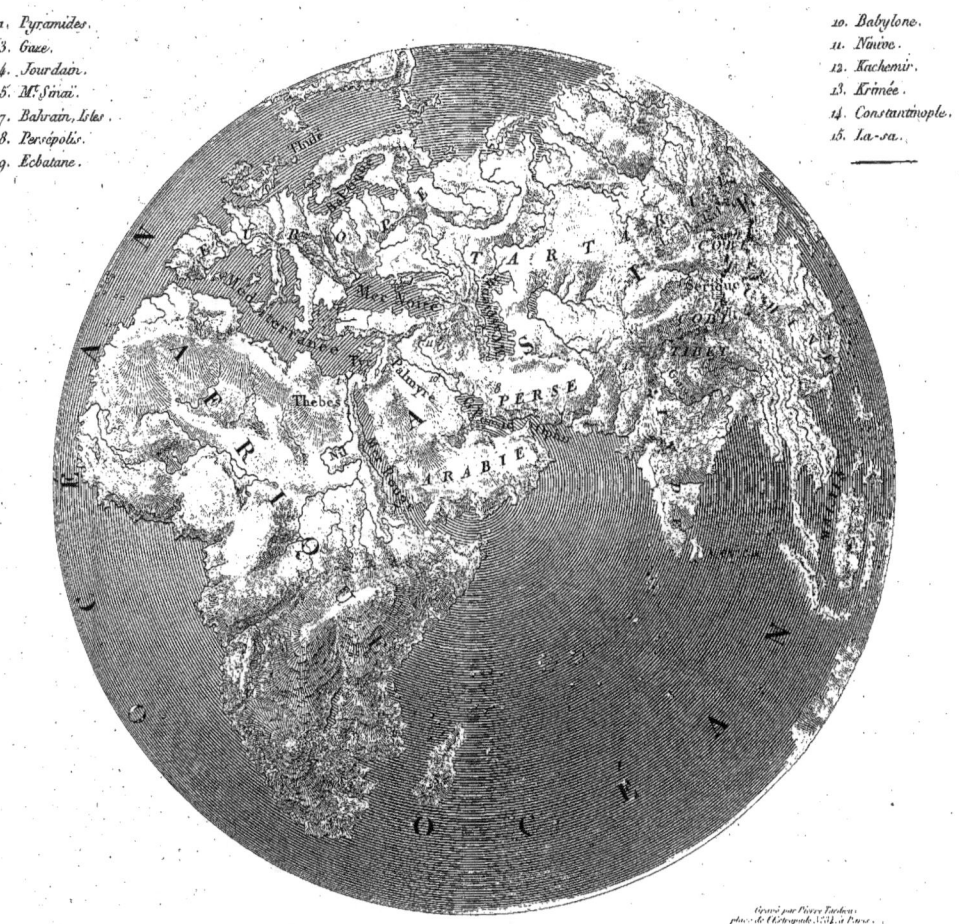

TABLEAU DU CIEL ASTROLOGIQUE DES ANCIENS.

Planche III.

Pour l'explication des Mystères de la Religion

des Perses des Juifs et des Chretiens

Gravé par Pierre Tardieu place de l'Estrapade N° 34 à Paris.

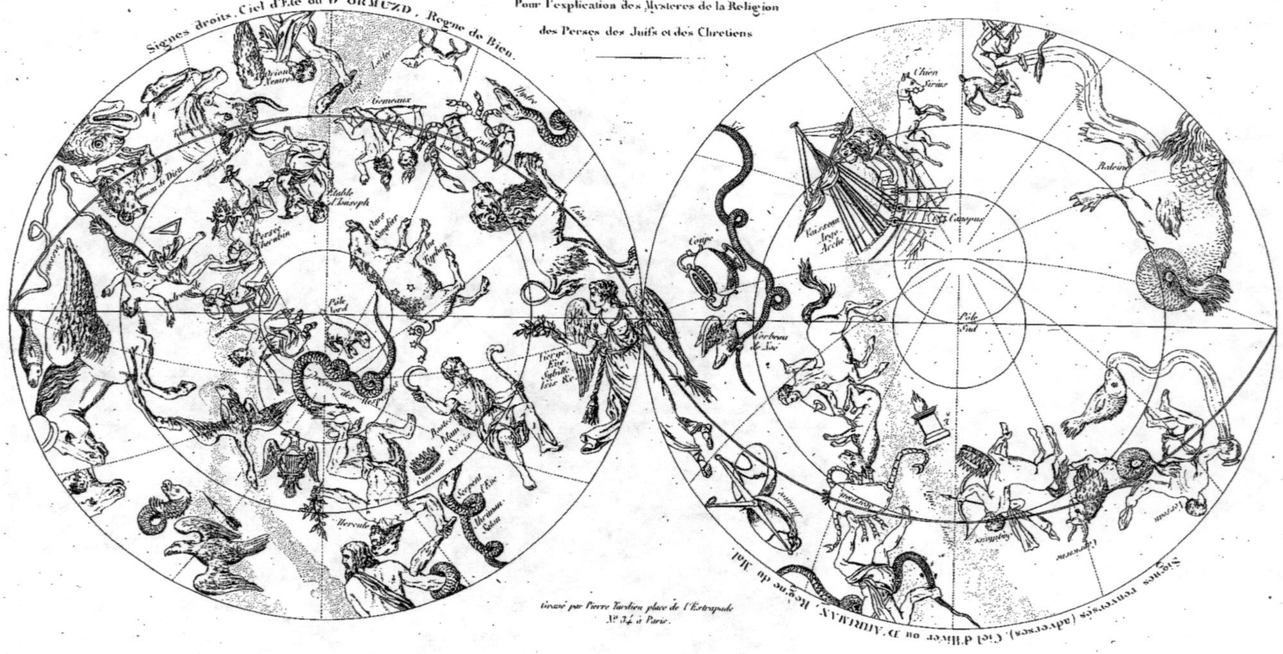

www.ingramcontent.com/pod-product-compliance
Lightning Source LLC
Chambersburg PA
CBHW072104220426
43664CB00013B/1995